JN417714

랑가나단 박사의

『도서관학의 5법칙』에서 배우는

도서관이 나아갈 길

▲ 취리히에 머물 당시의 랑가나단

THE FIVE LAWS OF
LIBRARY SCIENCE

1 BOOKS ARE FOR USE.
2 EVERY READER HIS BOOK.
3 EVERY BOOK ITS READER.
4 SAVE THE TIME OF THE READER.
5 A LIBRARY IS A GROWING ORGANISM.

S R RANGANATHAN. 14

▲ 일본 강연을 기념하여 붓으로 쓴 5법칙

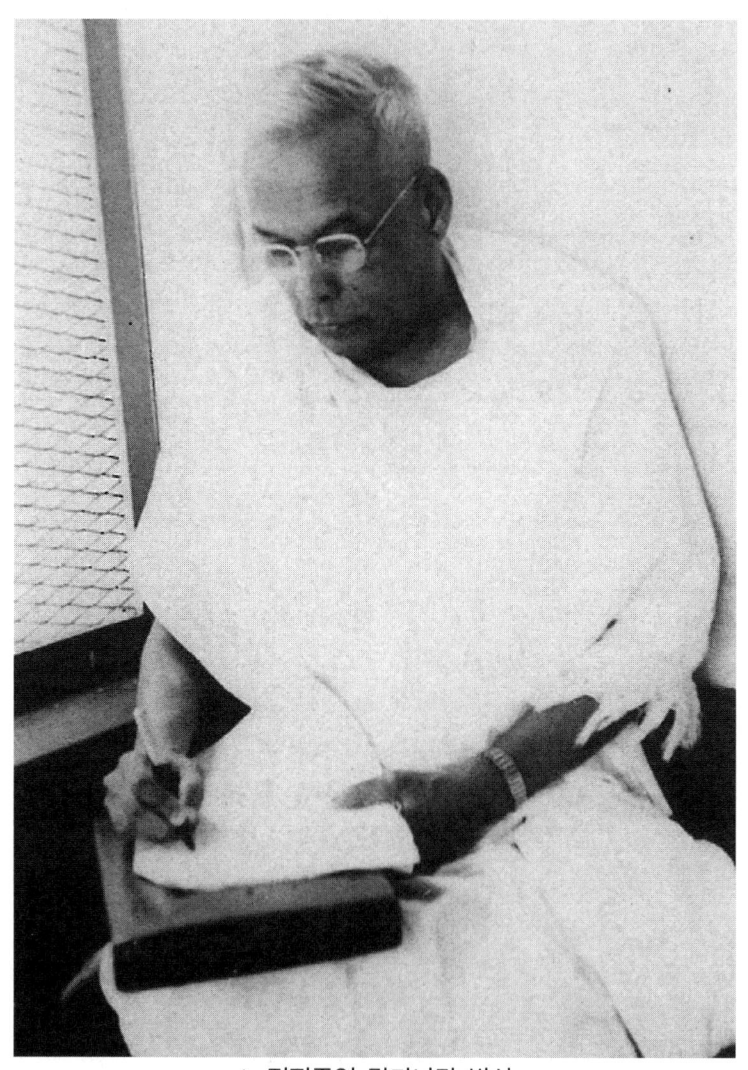

▲ 집필중인 랑가나단 박사

랑가나단 박사의

『도서관학의 5법칙』에서 배우는

도서관이 나아갈 길

타케우치 사토루 저

오동근 역

도서출판 태 일 사

JLA 圖書館實踐シリーズ 15

圖書館の歩む道:
ランガナタン博士の五法則に學ぶ

竹内悊 解說

吳東根 譯

서 문

— 한국어판에 붙여 —

이 책은 랑가나단 박사의 명저 『도서관학의 5법칙』의 해설서인 『図書館の歩む道: ランガナタン博士の五法則に学ぶ(타케우치 사토루 해설, 일본도서관협회, 2010)』의 번역서입니다.

랑가나단 박사는 1892년 인도 남부의 대도시 마드라스(현재는 첸나이: Chennai)의 교외에서 태어났습니다. 인도의 서사시 라마야나(Ramayana)를 부친이 낭송하는 것을 들으면서 자라고, 대학에서는 수학을 전공, 조교수가 되어 학생 한 사람 한 사람의 수학에 대한 흥미와 능력에 따라 지도를 시작하였습니다. 이것이 그 클래스 전체의 이해도를 높여 「타고난 교사」라는 말을 들었다고 합니다.

1924년에 마드라스대학 도서관장에 선임되고, 영국에서 도서관학을 공부하면서, 각종의 도서관을 견학하고 귀국하여, 도서관의 근대화를 시도하였습니다. 결과적으로 박사는 인도 고래(古來)의 사람과 자연에 대한 관점 위에 서구의 과학적 사고 방식을 배우고, 아울러 도서관에 대해 깊이 생각한 사람이었던 것입니다. 그의 저작은 단행본 50책과 논문 및 도서관 계획이 2,000점에 달하고 있는데, 『도서관학의 5법칙』이 바로 그 최초의 저작으로, 그 후의 업적의 원천이 되었습니다. 이것은 그때까지의 경험과 지식과 연구를 바탕으로 하여, 도서관이란 무엇인가, 사람의 성숙과 성장을 위해 충실히 발전시키기 위해서는 어떻게 해야 하는가, 그러한 생각을 과학적으로 조합하기 위해서는 어떻게 해야 하는가를 진지하게 생각하였습니다. 그리고 그 결과를 5개의 법칙으로 정리하여, 그 하나하나를 불과 4개에서 6개 단어로 된 영어로 표현하였습니다. 이것은 천재적인 일입니다. 이로써 랑가나단 박사와 5법칙은 도서관계에서 모르는 사람이 없다고 일컬어질 정도가 되었습니다.

그러나 지명도와 내용의 이해도가 반드시 일치하는 것은 아닙니다. 이 5법칙에 대해 랑가나단 박사는 400페이지에 달하는 해설을 썼습니다. 이것이 바로 5법칙 그 자체입니다. 이 5법칙을 올바로 이해하기 위해서는, 이 전부를 원문으로 읽는 것이 정도(正道)일 것입니다. 그러나 누구나가 그렇게 할 수는 없기 때문에 완역본이 필요하게 됩니다. 다행히 한국에는 완역본이 출판되어 있으므로, 여러분은 그것을 보시면 좋을 것입니다. 우리 일본의 경우도 완역본이 출판되어 있는데, 30년이나 지나 입수하기가 어려워졌습니다. 그 때문에 앞으로 도서관에 대해 배우고자 하는 학생이나 지역의 사람들에게, 완역판을 통독하는 것은 상당히 큰일입니다. 그렇기 때문에 안내서가 필요하게 되었습니다. 이를 위해 이 『랑가나단 박사의 「도서관학의 5법칙」에서 배우는 도서관이 나아갈 길』이 나오게 되었던 것입니다. 그것은 산에 오를 때 지도를 선택하는 것과 비슷합니다. 베테랑은 상세한 지도를 선택하지만, 초보자에게는 우선 간단한 지도가 필요할 것입니다.

결론적으로 저의 이 책은 등산로의 입구에 있는 대략적인 안내도입니다. 이 안내도의 가치를 인정하여 한국어로 번역해주신 분은 계명대학교 교수 오동근 박사입니다. 저로서는 이렇게 기쁠 수가 없습니다. 도서관에서 일하기 시작한 지 59년, 그 중에서 얻은 큰 명예의 하나입니다. 오 선생에게 감사의 말씀을 드리면서, 여러분이 이 안내서로부터 완역판을 거쳐, 나아가 원서를 읽고, 5법칙을 더 깊이 이해하시길 기대합니다.

그것은 이 5법칙이 「이것을 지키고, 이것을 따르라」고 요구하는 것이 아니라, 「도서관을 생각하는 이치로서 이 다섯 개의 기둥을 세웠다. 이것을 실마리로 하여, 도서관에 대해 생각해보자」라고 독자에게 말을 걸고 있기 때문입니다. 그에 대해 생각함으로써, 5법칙이 의미하는 바를 깊고 넓게 이해하게 되고, 다섯 개의 법칙 하나하나가 다른 법칙과 밀접하게 제휴하여 도서관을 구성한다는 사실이 분명하게 알 수 있게 되는 것입니다. 결국 이 5법칙과 그 해석은 고정된 것이 아니라, 독자가 각각의 조건 아래에서 생각하고, 그 생각을 바탕으로 하여 도서관 서비스를 전개하고, 그렇게 함으로써, 이러한 사고 방식이 확실하다는 것을 증명하는 것입니다. 그 결과로 5법칙 각각에 새로운 해석이 더해지고, 전체적으로 성장해 가게 될 것입니다.

그러한 변화와 함께, 불과 26개 단어로 제시된 5법칙의 에센스는 시대가 달라지고 지역이 변하더라도 도서관이 나아가야 할 길을 제시해 주고 있습니다. 바로 거기에 5법칙이 갖는 「법칙성」이 있다고 저는 생각하고 있습니다.

그러한 랑가나단 박사의 사고 방식의 기초에는 박사의 인간관, 교육관이 있습니다. 즉 사람의 능력에는 거의 차이가 없지만, 차이가 나타나는 것은 지도를 잘하느냐 못하느냐에 달려 있다는 것입니다. 적절하지 못한 지도 때문에 생겨난 단점은 비난하기보다는 수정할 수 있도록 지원해야 합니다. 이를 위해서는 다양한 자료를 갖추고 그 사람에게 적절한 것을 제공할 수 있는 도서관이 중요하다는 것입니다. 이것은 맨 앞에서 살펴본 「수학 교사로서의」 랑가나단에게도 이미 나타나 있습니다. 즉 수학 교사로서의 이 사람 안에 참고 사서로서의 랑가나단이 일찍부터 자리 잡고 있었던 것입니다.

5법칙에는 그려져 있지 않은 이러한 사실은 박사의 아들 랑가나단 요게시와르(Yogeshwar) 씨로부터 들은 것입니다. 이 분과는 1970년에 비행기에서 우연히 옆 자리에 앉게 되어, 이야기를 나눈 적이 있었습니다. 그로부터 40년 가까이 지난 후에, 저의 질문에 친절하게 대답해 주었을 뿐만 아니라, 랑가나단 박사의 귀중한 사진을 몇 장이나 제공해 주셨습니다. 이 분은 유럽에서 산업 공학(industrial engineering)이라는 새로운 분야를 개척하고 있는데, 랑가나단 박사가 1955년에 5법칙을 개정할 때에는 조수로서 부친을 도왔던 분입니다. 아울러 박사가 돌아가신 후에는 자식의 입장에서 전기를 출판하고, 저에게도 보내주셨습니다. 저에게는 이 이상의 협력자가 없습니다.

그 이외에도, 지금까지 신세를 진 은사나 친구들은 여기에 이름을 적을 수 없을 정도로 너무나 많습니다. 저의 원고를 참을성 있게 기다려 책으로 만들어 주신 것은 일본도서관협회입니다. 그리고 오늘 한국어판을 내어주신 오동근 선생과 출판의 실무를 맡아주신 태일사의 여러분이 계십니다. 이 분들에게 진심으로 감사의 말씀을 드리면서, 이 한국어판의 독자 여러분에 의한 새로운 도서관상의 창조와 그것을 뒷받침하는 5법칙에 대한 큰 기대를 표명하며, 인사를 마칩니다.

2012년 9월

타케우치 사토루

서 언

시얄리 라맘리타 랑가나단(Shiyali Ramamrita Rangnathan: 1892-1972)은 인도에서 태어난 국제적인 도서관학자이다. 그의 최초의 저작 『도서관학의 5법칙』(*The Five Laws of Library Science*)은 세계의 도서관계와 정보 관리의 세계에서 중요하게 여겨져 왔다. 이 책은 그 제2판의 대략적인 해설서로, 이른바 「랑가나단이라는 산」에 오를 때 산기슭에 마련된 안내도로 참고해 주기 바란다.

『도서관학의 5법칙』의 초판은 1931년에 출판되었고, 이 책이 근거로 삼고 있는 제2판은 1957년에 나왔다. 그와 같이 오래된 책에 도대체 어떤 가치가 있을까 하는 의문을 가질는지도 모른다. 그러나 이 원저(原著)의 사고 방식과 그것을 바탕으로 하는 실천은 오늘날에도 여전히 빛을 발하고 있다. 아니, 다양한 가치관에서 도서관을 이야기하고 있는 오늘날에조차, 이 사고 방식을 재검토할 필요가 있다고 말할 수도 있을 것이다.

원저의 초판을 일본에 소개한 것은 도서관학계 선배의 한 사람인 타케바야시 쿠마히코(竹林熊彦)로, 1935년의 일이다. 「도서관 활동을 이렇게 훌륭하게 조감적(鳥瞰的)으로 서술하면서 열의를 담고 있는 것을 본 적이 없다」고 칭송하고, 1952년에 다시 5법칙의 각 항목에 대해 소개한 바 있다. 본인이 랑가나단의 이름을 들었던 것은 그 2년 후, 토요대학(東洋大學)에서 사서 강습을 받을 당시의 일이었는데, 도서관 통론과 분류법의 선생님이 열성을 가지고 랑가나단의 생각을 설명했던 기억을 잊을 수 없다. 그 후 많은 논문과 도서관학 개론, 『콜론분류법』

(*Colon Classification*)에 관한 여러 논문을 통해 그의 업적에 대한 설명이 이루어져, 도서관에 대해 공부한 사람 가운데 그의 이름을 듣지 못한 사람이 없을 정도가 되었다.

1950년대 이후, 그때까지의 「향상하고자 해도 향상되지 않는」 상황이 변화하기 시작하고, 이 5법칙의 제1법칙이 나타내는 ≪책은 이용하기 위한 것이다≫라는 생각이 일본의 도서관에 뿌리를 내리기 시작하였다. 그리고 ≪모든 사람에게는 그 사람의 책을≫이라는 제2법칙과, ≪모든 책에게는 그 책의 독자를≫이라는 제3법칙이 「도서관은 책을 대출하는 곳」이라는 형식으로 널리 알려지고, 나아가 IT 기법을 채택함으로써, 대출 절차가 간단하게 되었다. 그것은 제4법칙 ≪독자의 시간을 절약하라≫를 만족시켰다고도 볼 수 있다. 그러나 제4법칙이 의도하는 바는 대출을 간단하게 하여 독자의 편의를 도모함과 동시에, 그렇게 함으로써 생겨나게 된 도서관인의 시간과 노동력을 참고서비스를 충실하게 하기 위해 사용하는 것이었다. 이를 통해 비로소 제4법칙을 만족시킬 수 있는 것이다. 그리고 제5법칙 ≪도서관은 성장하는 유기체이다≫는 그러한 도서관이 갖는 다이내믹한 생명력을 나타내는 것으로, 사람을 위해 존재하는 도서관의 본연의 모습을 명확하게 하고 있다.

그런데 오늘날 우리들은 도서관이란 무엇인가라는 것을 다양한 각도에서 생각할 필요성을 갖게 되었다. 이 5법칙은 그것을 생각하는 중요한 재료의 하나이다. 1981년 교토대학(京都大學)의 모리 코우이치(森耕一) 교수는 칸사이지구(關西地區)의 도서관학 연구자들과 이 원저의 전역(全譯)을 완성하여, 일본도서관협회에서 출판하였다. 이것은 세부에 이르기까지 원저를 충실하게 일본어로 옮긴 학술적 노작(勞作)으로, 도서관을 생각하는 데 큰 힘이 되었다. 그러나 이 책은 이미 절판(絶

版)되었다. 그리하여 이제부터 도서관의 일을 배우거나 또는 다시 공부하고자 하는 사람을 위한 평이한 해설서의 출판이 기획되어, 그 집필의 의뢰를 받게 되었다. 고사(固辭)를 하였지만, 결국 받아들이게 되었다. 그러고 나서는 시행착오의 연속이었다. 많은 분들의 도움을 받아, 오늘에야 겨우 이러한 형식으로 정리하였다.

이 책이 도서관에 대해 이제부터 배우고자 하는 분들과 실무 경험을 바탕으로 다시 한 번 생각고자 하는 분들, 지역의 도서관의 건전한 발전을 바라는 분들, 학교 도서관의 일을 생각하는 분들에 의해, 5법칙으로부터 도서관을 생각할 때 대략적인 안내도가 될 수 있기를 바란다. 한 걸음 더 나아가, 완역서(完譯書)를 참고하고, 원저(原著)를 접함으로써, 랑가나단 박사의 생각에 직접 부딪혀 보기를 기대한다. 만일 가까운 도서관이 없다면, 도서관 상호 대차라는 방법도 있을 것이다.

이 책이 여기에 이르기까지에는 많은 분들의 도움이 있었다. 우선 랑가나단 박사의 모든 저작의 저작권을 가지고 있는 사라다랑가나단도서관학기금(Sarada Ranganathan Endowment for Library Science)은 5법칙 제2판의 요약 및 해설의 출판을 흔쾌히 허락해주었다. 박사의 아드님 요게시와르(Yogeshwar) 씨는 1970년에 우연히 단 한 번 비행기에 같이 탔었을 뿐임에도 불구하고, 자신의 저서와 박사의 사진, 본인의 질문에 대한 답변 등, 여러 가지로 힘을 보태주셨다. 일찍이 카와타쿠마타로(川田熊太郎) 선생은 원전(原典)을 읽을 때 주석서(註釋書)에 의존해서는 안 되며, 처음에는 알 수 없더라도, 원전 자체와 맞붙어서, 서서히 자신의 이해를 넓혀 나가는 것이라고 가르쳐 주셨다. 그 조언을 듣고 또 60년이 흘렀다. 그 말씀을 지키면서 동시에, 본인의 오해나 고착된 믿음을 바로잡는 커다란 힘을 모리 코우이치(森耕一) 교수 아래에서 완역을 행했던 와타나베 신이치(渡辺信一), 후카이 요우코(深井

耀子), 시부타 요시유키(澁田義行) 선생의 작업으로부터 도움을 받았다. 호세이대학(法政大學) 교수를 역임한 오가와 토루(小川徹) 씨는 원고를 몇 차례나 살펴보고 귀중한 조언을 해주셨다. 세이케이대학(成蹊大學)에서 도서관학을 담당하고 있는 이토우 지로(伊藤二郎) 씨는 이 책의 내용을 뒷받침하는 선생의 업적의 수집에 힘을 빌려주셨다. 또한 랑가나단 박사 자필의 5법칙이 센다 마사오(仙田正雄) 선생의 저작에 게재되어 있다는 사실을 알려주신 것은 치바현립도서관(千葉縣立圖書館)의 오오이시 유타카(大石豊) 씨이다. 그 전재(轉載)의 허락을 얻는 데는, 일본도서관협회 시오미 노보루(塩見昇) 이사장, 전 일본도서관연구회 사무국 엔도우 신지로우(遠藤眞次郎) 님, 센다 마사오(仙田正雄) 선생의 아드님 유우조우(雄三) 님의 배려가 있었다.

그리고 다년간에 걸쳐 이 나이 많은 노서생(老書生)을 뒷받침해 주셨던 일본도서관협회 사무국장 마츠오카 카나메(松岡要) 씨, 출판위원회 위원 마츠시마 시게루(松島茂) 씨, 시행착오와 방황에도 행동을 같이 해주었던 일본도서관협회 출판부의 우치이케 유우리(內池有里) 씨에게 깊이 감사드린다. 이 분들의 힘이 없었더라면, 이 책은 발행되지 못했을 것이다.

2010년 4월 30일

타케우치 사토루 (竹內悊)

범 례

1. 이 책은 원저(原著)를 거의 3분의 1로 축약하였다. 생략된 부분은 다음과 같다.
   - 1-1. 원저의 제8장. 그 중 도서관학의 5법칙의 보충은 그 이전의 각 장의 말미에 부가하였다.
   - 1-2. 원저 중에서, 1930년대 인도 독자에게만 의미가 있는 부분, 오늘날의 일본 독자에게는 반드시 필요하다고 생각되지 않는 부분, 현재의 도서관 상황에서 볼 때 설명이 필요하지 않은 부분 등.
   - 1-3. 축약이나 생략한 장 및 절의 기호는 그 해설 부분의 끝에 표시하였다.

2. 원저의 모습을 전하고자 한 부분
   - 2-1. 원저의 장과 절은 그 기호와 함께 가능한 한 수록하였다. 소절은 그 표제어를 돋움체로 하고, 그 요약문의 끝에 원저의 기호를 표시하였다. 이렇게 함으로써, 이 책과 완역서와 원저의 장절(章節)을 연결할 수 있다.

     예: **현대의 도서관장**【127절】 또는【121-126절】
   - 2-2. 소절 중의 「세목」의 기호는 생략하고, 그 표제어의 문자를 고딕체로 대체하여, 요약문 안에 포함시켰다.

     예: 도서관인에게는 당연히 **학식**이 필요로 …
   - 2-3. 숫자의 의미에 대해

     장과 절의 앞머리의 숫자는 서수가 아니라, 다음과 같은 의미를 구성하는 것이다.

20 ⇒ 2의 0 : 제2장의 총괄의 뜻

21 ⇒ 2의 1 : 제2장의 제1절

211 ⇒ 2의 1의 1 : 제2장 제1절 제1소절

즉 숫자의 수가 작을수록 그곳에서 다루는 내용의 범위가 넓고, 증가하면 좁아진다. 숫자가 끊어지고 새로운 수가 시작되는 경우는, 다음의 구분으로 옮겨갔음을 의미하며, 결락(缺落)이 아니다.

2-4. 요약문 중의 수치 데이터: 모두 원저(原著)대로 하였다.

2-5. 요약문은 원저자의 의도를 각각의 항목마다 가능한 한 간결하게 표현하였다. 원저의 의도를 전하는 것을 목적으로 하였으나, 원문에 충실한 번역서는 아니다.

3. 요약문 중의 용어

3-1. 책 : 도서라고 하기보다 일상어로서의 「책」을 사용하였다.

3-2. 독자 : 원저의 "reader"를 그대로 따라 「독자」로 번역하였다.

3-3. 직원 : 「도서관인」으로 하였다.[1]

3-4. 배열(排列) · 배가(排架) : 보통은 배열(配列) · 배가(配架)라고 쓰는데, 여기에서는 책이나 카드 등을 「배열(配列)」하는 것이 아니라, 그 「그룹을 만드는」 것을 의미한다. 그렇게 함으로써 책을 쉽게 찾을 수 있도록 하고, 또한 같은 그룹 내의 책을 비교할 수 있다. 그 때문에 그런 의미를 담고 있는 「배(排)」를 사용하였다.

---

1) 역자주: 원문에는 "「圖書館員」으로 하고, 그 약어로서 「館員」도 사용하였다"라고 되어 있으나, 한국의 용례에 따라 「도서관인」으로 통일하였다.

3-5. 목록 저록 : 책이나 그 밖의 자료의 특징을 기술하는 한 단위. 카드 목록의 경우는 1매의 카드.

그 실례: 서명 저록의 한 예

도서관이 나아갈 길 (랑가나단 박사의『도서관학의 5법칙』에서 배우는) 도서관이 나아갈 길 / 타케우치 사토루 저; 오동근 역 . -- 대구: 태일사, 2012. -- p. cm . -- 원저: 圖書館の歩む道: ランガナタン博士の 五法則に學ぶ / 竹內悊 解說. 東京: 日本圖書館協會, 2010.

3-6. 요약문 안의 기호

≪ ≫로 묶어 표시한 단어는 5법칙의 의미를 다른 단어로 표현한 것이다.

1), 2), 3) 등은 요약문에 대한 해설자의 보충 또는 주이다.

해설문 안의 영문 이탤릭체는 서명, 그 다음에 나타나는 "S. R. Ranganathan 저"는 랑가나단 박사의 저서임을 나타내는 것이다.

목 차

제 I 부

랑가나단의 세계

도서관학의 5법칙*

◎ 책은 이용하기 위한 것이다.	Books are for use.
◎ 모든 사람에게 그 사람의 책을.	Every person his or her book.
◎ 모든 책에게 그 책의 독자를.	Every book its reader.
◎ 독자의 시간을 절약하라.	Save the time of the reader.
◎ 도서관은 성장하는 유기체이다.	A library is a growing organism.

(*Ranganathan, S. R. *The Five Laws of Library Science*. 2nd ed. ©1963. p.9)

제1장

도서관학의 5법칙과 랑가나단의 사고 방식

1.1. 도서관학의 5법칙의 개요

랑가나단(S. R. Ranganathan) 박사는 도서관이란 무엇인가, 사람이 살아가는 데 어떤 역할을 수행하는가에 대해 깊이 생각했던 사람이다. 이를 위해 도서관의 업무를 과학 연구의 방법론을 바탕으로 하여 관찰하고, 자신의 경험, 그리고 책과 사람과의 관계의 역사와 목전(目前)의 실체를 함께 고찰하여, 그 결과를 26개 단어의 영문으로 정리하였다. 그 생각의 깊이와 표현의 간결함은 정말로 천재만이 해낼 수 있는 일이다.

그러나 그 때문에, 이 26개 단어가 전부라고 생각하는 경향이 있다. 실은 이 도서관학의 5법칙 자체와 저자에 의한 그 해설은 몇 번을 읽어도 다 읽어낼 수 없는 깊이와 넓이를 가지고 있다. 더구나 이 생각은 초판(1931년) 이래로 더욱더 깊이를 더하여, 모든 것이 크게 변화한 오늘날에조차도, 여전히 계속하여 큰 의미가 있으며, 나아가 장래의 발전 가능성을 보여주고 있는 것이다.

1.2. 도서관학의 5법칙의 구조

이 5법칙은 단지 다섯 개 항목이 열거되어 있는 것이 아니다. 그 기반이 있고, 그 위에 5법칙이 구축되어 있다고 볼 수 있다. 우선 그 구조를 〈그림 1-1〉에서 살펴보고자 한다.

다만 〈그림 1-1〉이 원저(原著)에 나와 있는 것은 아니다. 원저를 반복하여 읽는 중에, 이러한 구조를 본인이 볼 수 있었던 것이다. 그리고 그렇게 생각하면, 랑가나단의 의도에 접근할 수 있다고 생각하였다. 그것을 여기에 참고로 덧붙이는 것이다. 비판적으로 살펴봐 주시기 바란다.

① 5법칙의 구조를 나타내는 삼각추의 아래에, ≪모든 사람에게 교육을≫이 있다. 이것은 5법칙을 뒷받침해주는 숨겨진 기반이라고 말할 수 있을 것이다. 원저는 이것이 기초이며, 책은 이를 위해 사용하는 것이라고 반복하여 설명하고 있다. 「교육」이라고 하면, 학교에서 선생님으로부터 가르침을 받는다는 이미지가 있는데, 여기에서 말하는 「교육」은 좀 더 넓게, 인간의 성숙과 성장에 대한 지원을 의미한다. 랑가나단은 모든 사람이 교육을 받을 권리를 가지며, 또한 교육을 받을 능력을 갖추고 있다고 생각하였다. 그리고 사람들이 정보와 지식을 자유로이 입수하고, 그렇게 함으로써 생각하고, 자신의 성숙·성장을 도모한다. 모두가 그렇게 됨으로써 민주주의 사회가 성립한다. 지식을 철저히 가르치고, 그것을 깨닫게 하는 것만이 교육이 아니라고 말하고 있다. 이것이 도서관학의 5법칙을 꿰뚫고 있는 생각이다.

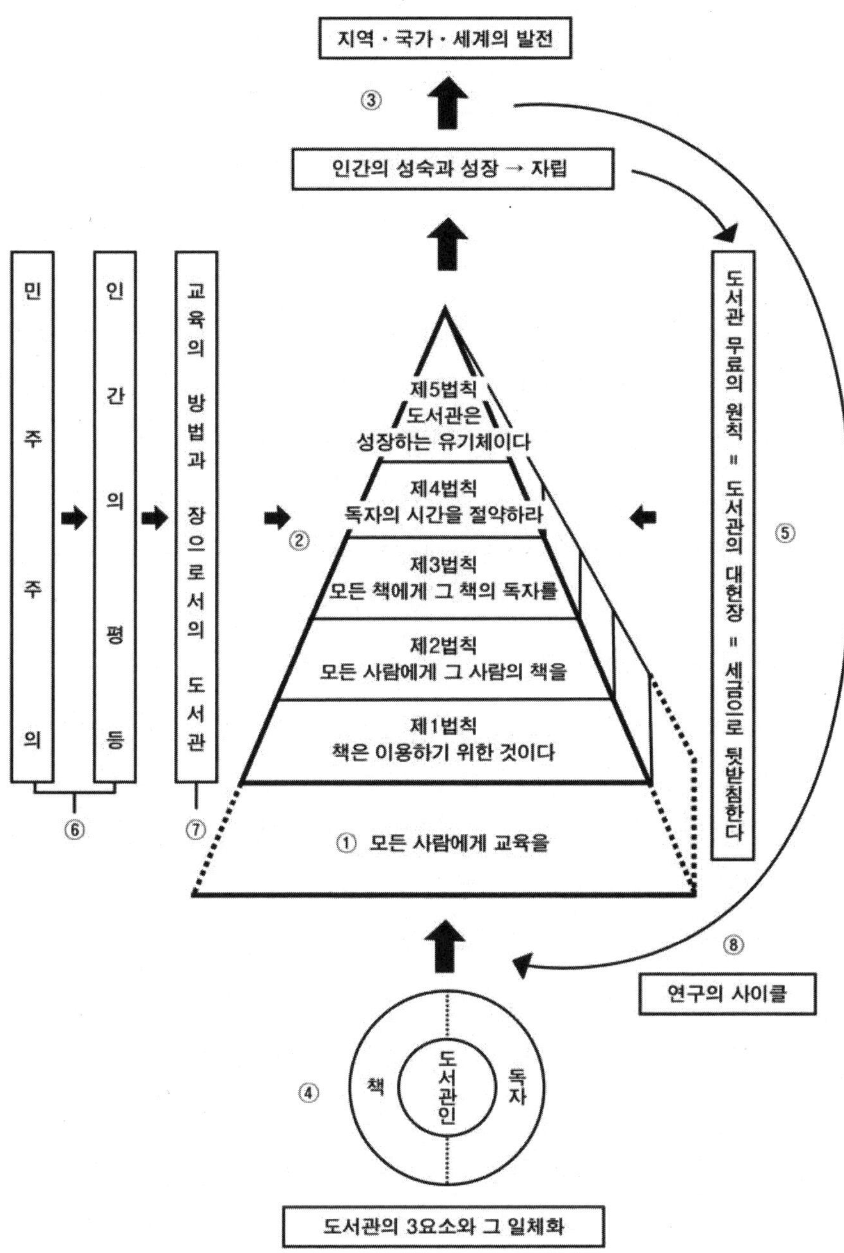

〈그림 1-1〉 도서관학의 5법칙의 구조

② 이 위에 5법칙이 온다. 제1법칙인 ≪책은 이용하는 것≫은 넓은 의미에서 말하는 교육을 위한 것이다. 누구나가 교육을 받고, 그렇게 함으로써 자신을 기르고, 그 사람답게 살아가는 것이 제1법칙의 큰 목적으로, 이 5법칙 전체를 포함하는 기본적인 사고 방식이다. 그리고 그것을 실현하기 위해 제2법칙부터 제4법칙이 있으며, 제5법칙에 이르러, 사람을 위해 계속적으로 진보하는 도서관의 모습을 볼 수 있다. 제2법칙은 한 사람 한 사람의 다양한 요구라는 면에서 도서관의 책을 생각한다. 제3법칙은 책의 다양성을 위주로 한다. 그리고 제4법칙은 이용자로부터 본 도서관의 이상형이다. 책과 사람을 연결해주는 업무를 가능한 한 짧은 시간에 적확(的確)하게 행하는 데는 책의 선택으로부터 수입(受入), 정리, 보존, 제공에 이르는 상세한 업무가 확실하게 조직되어 있는 것과, 정보와 지식을 다루는 도서관인의 학식과 경험, 센스, 이 업무를 통하여 사람을 위해 일한다고 하는 열의, 이러한 것들이 종합되어 있어야 하는 것이다.

제5법칙은 도서관을 ≪성장하는 유기체≫, 즉 생명체의 하나라고 주장한다. 처음에는 인간과 마찬가지로, 계속해서 커지는 것의 설명이었는데, 그로부터 출발하여 오늘날에는 지구상의 모든 생물과 마찬가지로, 진화와 변용(變容)을 반복하여, 사람이 살아가는 것을 뒷받침해주는 존재라고 생각하게 되었다.

③ 그 도서관이 목표로 하는 것, 그것은 사람이 정보와 지식을 자유로이 입수하고, 그렇게 함으로써 스스로 성숙과 성장을 도모하여 자립하는 인간이 되는 것이다. 그러나 도서관이 그 목표를 향하여 사람을 끌고 가는 것은 아니다. 그렇게 할 수 있도록 한 사람

한 사람에게 지원을 제공해준다. 그것이 그 사람들의 노력으로, 지역, 국가, 그리고 세계의 발전에 연결되어 가는 것이다.

④ 도서관의 3요소로서 랑가나단은 독자와 책, 그리고 그것을 연결하기 위해 일하는 도서관인을 들었다. 그런데 도서관을 좋아지게 하는 것도 나빠지게 하는 것도 도서관인에 달렸다. 그래서 랑가나단은 5법칙에서 도서관인은 어떠해야 하는가에 대해 반복적으로 설명하고 있다. 그 도서관인이 책과 독자를 연결해 주고, 그 결과가 또한 도서관 활동에 반영되는 것이다.

⑤ 도서관에서는, 책과 독자 사이에 금전을 개재시켜서는 안 된다. 「이만큼 돈을 지급했기 때문에, 이만큼의 서비스를 얻을 수 있었다.」라는 식의 업무는 아니라고 랑가나단은 주장한다. 정보와 지식은 모든 사람이 자유로이 사용해야 하기 때문이다. 그것은 의무 교육 무료의 사고 방식과 공통하는 것이다. 이 「도서관 무료의 원칙」을 그는 영국의 마그나 카르타(Magna Carta: 대헌장)에 견주어, 「도서관의 대헌장(大憲章)」이라고 불렀다. 모두가 무료로 도서관을 사용하기 위해서는, 사람들이 그 능력에 따라 공평하게 부담하는 「세금」의 지원을 받아야 한다. 그 경비는 일견 큰 것처럼 보일 수 있지만, 그것을 통해 사람을 기르고, 지역을 위한 역할을 하도록 함으로써, 몇 배가 되어 지역으로 돌아온다는 사실을 깊이 인식해야 할 것이다. 다만 이를 위해서는 「시간」이 필요하다. 도서관의 관리 · 운영과 도서관 정책에 관련된 사람들은 그것을 시야에 넣은 장기적인 시간관을 가져야 한다. 사람이 정보와 지식을 자유로이 사용할 수 있으면, 우선 사람이 생동감이

넘치게 되고, 그렇게 됨으로써 지역이 생동감이 넘치게 된다. 그 때문에 도서관이 존재하는 것이다 — 랑가나단은 그렇게 생각했던 것이다.

⑥ 도서관은 민주주의와 밀접하게 관련되며, 그 기반을 조성하는 것이다. 이 「민주주의」는 정치학상의 개념을 말하기보다는 사회 생활이나 인간 관계에 옛날부터 존재하는 가치 의식의 하나로, 여기에서는 「인간의 평등」이라는 형식으로 표현된다. 그것은 앞서 살펴본 ①과 관련되어 있다.

⑦ 「인간의 평등」 위에, 도서관의 활동이 있다. 그것은 사람이 많은 책 속에 들어가, 자신의 생각과 다른 사람의 생각을 비교해보는 장소이다. 학교 교육 중에서는, 한 사람의 학생이 수업에서 배운 것을 자기 나름대로 이해하는 곳, 즉 어린이들에게는 자신이 가진 생각의 실험실이며, 아울러 새로운 상상과 창조의 세계로 들어가는 입구가 되는 것이다. 그것은 학교 교육에서나, 사회 교육에서나, 교육 방법의 하나로서 자리매김할 수 있을 것이다. 또한 혼자서 그것을 하는 사람은 자신을 발견하는 극히 귀중한 장소가 된다. 즉 도서관이란 단순히 책을 늘어놓고 대출하는 곳이 아니라, 사람이 정보와 지식을 현명하게 사용하여, 그 사람답게 살아가도록 지원해준다는 커다란 목적과 기능을 가지고 있는 것이다.

⑧ 이 5법칙은 도서관을 생각하는 경우 연구의 스텝이며, 또한 그 사이클도 제시해준다. 즉 제1법칙에서 제5법칙까지의 스텝을 따라가면, 제5법칙에서 다른 교육 · 연구 기관의 방식과 비교하고,

그로부터 새로운 가설을 만들어내게 된다. 그 여부를 확실하게 하려고, 제1법칙으로 되돌아가, 제5법칙에 이르는 과정을 재검토 한다. 그 사이클에서 앞으로의 도서관관(圖書館觀)을 심화하고, 이론적 근거와 서비스를 확대하게 된다.

1.3. 『도서관학의 5법칙』에서 사용하고 있는 표현법

이 『도서관학의 5법칙』은 정말로 랑가나단 박사답게 독특한 표현으로 쓰여 있다. 그러나 그러한 특징이 전체의 이해를 방해하는 경우도 있을 것이다. 여기에서는 그 몇 가지에 대해 해설해 보고자 한다.

1) 5법칙의 의인화

도서관학의 5법칙 각각이 사람으로서 표현되어 있다. 특히 대화의 경우, 상대가 도서관의 일을 알지 못한 채 발언하거나, 자신의 업무에 확신을 갖고 있지 않을 경우에, 조용히 그 생각을 들으면서, 도서관이 주민에 대해 갖는 커다란 의미를 설명하는, 평온하고 교양이 풍부한 여성으로서 표현되고 있다. 그 법칙을 상대에게 밀어붙이는 것은 아니다. 이것은 인도의 모든 계층의 사람들에게 도서관의 의의를 전달하고, 이해를 얻어내고자 하는 저자의 바람을 나타내는 것이다. 그 기초에는 예를 들면 인도 고래(古來)의 학예의 여신, 사라스바티(Saraswati)[1] 등의 이미지가 있는 것으로 여겨진다.

---

1) 일본에서는 벤자이텐(弁財天)으로서 재신(財神)으로 간주되고 있다.

2) 책의 의인화

제3법칙인 ≪책이 자신을 읽어줄 사람을 찾는다≫라는 표현이 이것이다. 물론 도서관인이 책의 특징을 알고, 그것을 독자에게 전달하는 것이지만, 그 한편으로는 「사물이라 하더라도 인격을 갖는다」라는 사고 방식의 표현이기도 하다. 이것은 랑가나단의 「콜론분류법」(Colon Classification)에 나타나 있는 생각이다. 이렇게 생각함으로써, 책이라는 것의 성격을 더 분명하게 할 생각이었을 것이다. 「사물」로서라면 언제나 같은 표현으로 족하겠지만, 「인격」을 갖게 되면, 시간과 장소에 따라 그 내용이 변화한다. 「책」이란 정말로 그러한 것, 즉 독자에 따라 내용이 변용(變容)하는 것이다. 이 의인화는 그러한 책의 일면을 부각시키는 효과를 갖는다.

3) 단어의 생략

도서관학의 5법칙 자체가 극히 짧은 단어로 표현되어 있다는 사실은 앞에서 살펴본 바 있다. 제2법칙과 제3법칙에서는, 주어 다음의 동사를 생략하고 있다. 이것 역시 인도 고전의 표현법에서 나온 것인데, 동사를 생략함으로써, 독자가 스스로 그 문장의 의미를 깊이 생각한다는 장점을 갖는다. 만일 저자가 하나의 동사를 사용하면, 독자는 그 단어의 범위에서 벗어나려고 하지 않는다. 도서관 활동의 실태는 정말로 다양하기 때문에, 하나로 한정되면 해석의 자유가 상실된다. 랑가나단은 이 점에서 탁월한 교사이며, 또한 엄격한 교육 방법을 실행한 사람이었다.

4) 「법칙」이라는 표현

이것은 도서관 실무의 규범으로, 법칙이라고 이름 붙여야 할 것은 아니라는 의견이 있다. 그것은 이 단어를 어떻게 해석하느냐에 달려 있을 것이다. 우선 원문의 「Laws」를 법칙으로 번역한 것은 1981년의 모리 코우이치(森耕一) 교수가 감역(監譯)한 책에서 시작되었다. 그 때까지는 원칙이나 5칙이라고 했었다. 모리 교수는 랑가나단이 뉴턴(Newton)의 운동의 법칙을 인용하여 설명하고 있다는 사실과 5법칙을 생각하는 과정이 과학상의 법칙을 발견하는 순서와 겹친다는 사실에서, 이 단어를 채택했다고 생각한다.

그 과정이란 문제의 소재를 확인하고, 그에 대한 현상과 사실을 모으고, 그 근저(根底)에 있는 것으로 생각되는 법칙을 명확하게 하기 위해, 귀납법(歸納法)을 사용하여 그 데이터를 집약하고, 그로부터 가설을 세우고, 그것이 올바르다는 것을 실험이나 연역법(演繹法)에 의해 확실하게 하고, 그 검증을 거쳐 얻은 것을 법칙으로 간주하는 것이다. 이 사고 과정을 랑가나단 자신이 설명하고 있다는 사실, 나아가 이 5법칙은 장래의 연구를 위한 출발점이 되어, 새로운 해석을 낳아 도서관에 대한 고찰을 풍부하게 할 가능성을 담고 있는 것이라는 사실을 고려했던 것은 아닐까?

5) 도서관「학」의 5법칙

「법칙」이라는 단어는 그렇다고 하더라도, 이것은 도서관 실무의 규범이 아닌가? 이것을 굳이 「학」이라고 하는 것은 왜일까라는 의견도 있다. 분명히 도서관은 현장을 가지며, 실무가 독자에게 도움이 되지 않으면 역할을 수행할 수 없다. 5법칙 중 제1법칙부터 제4법칙까지가 실무에 바탕을 두고 쓴 것임은 확실하다. 그러나 그 과정에서도, 경험의 집적(集積)이었던 도서관 실무를 사회과학의 연구 대상으로 하고, 앞서 살펴본 절차를 거쳐 도달한 결론이기 때문에, 그것을 「학」이라고 부르는 것은 지장이 없다고 생각한다. 그러나 또 하나, 제5법칙이 있다. 이 ≪성장하는 유기체≫라는 법칙은 처음에는 건물이 커져 가는 것에서 출발하였다. 그 후 생각이 성숙되어, 「사회의 요구에 따라, 진화 · 변용(變容)을 반복하는 생명체」라는 생각에 이르렀다. 여기에 다른 학문 분야와의 접점(接點)이 있으며, 그 분야의 가설에서 배우기도 하고, 독자적인 가설을 세우기도 하여 도서관 현상을 연구할 수 있는 것이다. 나아가 그 성과를 최초의 출발점에 적용하여 5법칙을 재인식하고, 그렇게 함으로써 다시 도서관이라는 사회 현상을 연구한다는 전망을 열었다. 그리하여 연구의 사이클과 다른 학문과의 학제적(學際的) 협력의 길이 열릴 것이다. 사람의 도서관 현상을 연구 대상으로 하는 학문은 그렇게 하여 발전하는 것이라고 생각한다.[2)]

2) 도서관 현상: 사람은 책을 수집하여 보관하고, 비장(秘藏)하기도 하고 공개하기도 한다. 책이 대량이 되면 혼란이 발생하여, 조직화의 필요성이 생겨난다. 컬렉션이 해체되어, 책이 다른 컬렉션에 들어가는 경우도 있다. 여기에서 그 형성, 유지, 무시, 파괴, 재구성이라는 힘이 작용한다. 인간은 옛날부터 이것을 반복하고 있기 때문에, 이것을 도서관 현상이라고 부르고, 연구 대상으로 삼는다. 도서관학 또는 문헌정보학은 이 현상을 연구하고, 그 방법 · 과정 · 결과를 밝히고자 하는 학문으로, 구극(究極)의 목표는 그러한 현상을 제시해 마지않는 「인간이란 무엇인가」에 있다고 말할 수 있을 것이다. 거기에서 다른 학문과의 공통의 광장이 생겨난다. 또한 백과사전과 유서(類書), 대 총서의 편찬과 보존, 복제, 이용 등도 이와 아주 흡사한 현상으로 생각된다.

6) 도서관학의 5법칙의 발견자 랑가나단

또 한 가지 표현의 특징을 들어보고자 한다. 그것은 랑가나단이 이 5법칙을 「창조했다」라고는 말할 수 없을 것이다. 책과 인간 사이에 옛날부터 존재하는 변하지 않는 것을 랑가나단이 이상의 방법에 의한 연구를 통해 「발견」했던 것으로, 자의적(恣意的)으로 만들어낸 것은 아니라고 말할 수 있을 것이다. 그것을 찾아내어, 정리하고, 자신의 단어로 새로운 형식을 부여했던 것이다. 이른바 뉴턴(Newton)과 사과의 관계이다. 이것도 또한 「법칙」이라는 표현을 뒷받침하는 것은 아닐까?

7) 또 하나의 우려

마지막으로 내가 가지고 있는 우려를 덧붙이고자 한다. 이 도서관학의 5법칙은 천재가 한 일이기 때문에, 단어의 선정 방법이 교묘하다. 읽으면 이미 그것만으로 알 수 있다는 생각이 드는 경향이 있다. 예를 들면 ≪도서관은 성장하는 유기체이다≫라는 제5법칙은 그것을 아는 것만으로 모든 것을 아는 것 같은 생각이 드는 것 같다. 그리고 그것을 자신의 생각으로 만들어, 그것을 이야기하고 싶다는 유혹을 느낀다. 즉 그곳에 사고가 정지되어 앞으로 나아갈 수 없는데, 말만 앞설 우려가 있는 것이다. 이 책에서는 그에 대한 자계(自戒)로서 원저자의 사고 방식을 더듬어 나가고자 한다. 이 점에 대해서도, 여러분의 의견을 듣고자 한다.

제2장
저자 랑가나단

2.1. 수학의 세계에서 도서관으로

1) 성장 과정

랑가나단(Shiyali Ramamrita Ranganathan, 1892-1972)은 인도 남부 마드라스주(Madras State)[1]의 작은 마을 시얄리(Shiyali)[2]에서 태어났다. 부친은 소규모의 지주(地主)로, 아득한 옛날에 북부 인도에서 이주해온 브라만의 자손이었다. 그 전통을 이어받아 고전에 밝고, 기회가 있을 때마다 마을 사람들에게 고대의 서사시 「라마야나(Ramayana)」를 낭송하여 들려주는 교양인이었다. 어린 랑가나단은 부친의 옆에 앉거나, 청중 속으로 들어가, 그것을 들었다. 그 낭송과 그 사이에 찾아오는 고요함은 그에게 깊은 인상을 주어, 그 또한 친구들을 모아놓고 그 흉내를 내었다고 한다. 부친은 그가 5세 때 세상을 떠났으며, 그 후에

---

1) 역자주: 현재는 타밀나두(Tamilnadu)주임.

2) 역자주: 현재는 시르카지(Sirkazhi)로 알려져 있음.

는 모친과 살았다. 소년 시대에는 질병에 잘 걸리고 말을 더듬어 괴로워했으며, 사람 앞에서 이야기하는 것은 고통이었다.

대학을 졸업하고 취직자리를 구하고 있을 때였다. 수학 교사로 학장이기도 했던 로스(Edward B. Ross) 교수로부터 석사 과정에 진학하여 수학을 전공하도록 강력하게 권유받았다. 일을 해야 한다고 말하면서 고사하는 그에게, 교수는 「아무 말도 하지 말고 나에게 원서를 맡겨 달라」고 말하고, 입학금에서 생활비까지도 지원해주었다. 석사 학위를 받은 후에는, 교원 자격을 취득하라는 교수의 권유를 받아, 교원 양성 대학에서 공부하였다. 그리고 1917년부터 대학의 교직에 진출하여 수학을 담당하였다.

1923년에 마드라스대학(University of Madras)은 도서관장직을 신설하고 후보자를 공모하였다. 이것은 교육·연구직으로 구분되는 관리직으로, 안정된 직위였다. 그 때문에 지식인의 관심을 끌었는데, 응모자는 900명으로, 그 중에서 50명이 면접을 받아 6명이 남았으며, 그 다음에 최종 전형이라는 난관이 있었다. 랑가나단 자신은 수학 교육에 전념할 요량으로, 이 직에는 무관심했으나, 그의 능력과 인품을 아는 은사와 친구들이 응모를 강력하게 권했던 것이다.

당시 인도는 영국의 식민지였다. 영국은 「분할하여 통치한다」는 정책을 취하면서, 특히 남부에서는 브라만에 대한 반감을 다른 카스트 사이에서 선동하여, 브라만 출신의 교원에게는 영국인 교원의 10퍼센트의 급여밖에 주지 않았다. 그의 선배들은 그러한 교육 행정에 만족하지 못하고, 그의 영재(英才)는 오히려 다른 분야에 활용해야 한다고 보고 있었다. 그는 마감 전날 본의가 아니면서도 원서를 제출하였는데, 다른 응모자와 같이, 유력한 사람을 찾아다니며 운동하는 일은 일체 하지 않았다. 그뿐만 아니라, 대학의 도서관 위원회의 유력자를 우연히 만났을 때에는, 그 사람의 고압적인 발언에 강하게 반발하여, 「그런 상태로는 세상을 살아갈 수 없어」라는 말까지 들었다. 그 자신이 이 이야기는 이것으로 끝났다고 생각했을 정도였다.

2) 도서관장 취임

선고(選考) 결과가 발표되자, 랑가나단이 선발되어 있어, 주위는 물론 본인조차도 놀랐다. 그때가 바로 31세였다. 그는 도서관의 운영에 대해서는 아무 것도 알지 못하였지만, 교사로서 또는 연구자로서의 생활 방식과 학문에 대한 사고 방식을 확실하게 갖추고, 불합리한 발언에 대해서는 상대의 지위나 권력의 비위를 맞추는 일은 하지 않았다. 그가 강하게 반발했던 유력자는 그 점에서 새로운 대학 도서관의 관리자 · 개혁자로서의 소질을 인정하고, 그를 강력하게 추천했던 것이다. 다음 해에 랑가나단이 영국에서 유학할 당시에는, 마침 이 사람의 자녀 두 명도 유학중이었다. 그는 랑가나단에게 그 아이들의 후견인이 되어줄 것을 부탁하여 그를 놀라게 하였다. 그때까지 그는 자신이 이 사람에게 이해를 얻고 평가받고 있다고는 생각지 못했었기 때문이었다. 이 사람은 재직하는 동안 도서관장 랑가나단의 이해자이며, 또한 좋은 친구였다.

1924년 1월, 도서관장에 취임했더니 관장은 이름뿐으로, 고작 하는 일이라고는 돌아오는 사무적인 서류를 결재하는 게 전부였다. 이런 일이라면 원래의 교직으로 돌아가야겠다고 생각한 그는 이전에 있던 대학의 학장에게 실정을 호소하였다. 그러나 학장은 서둘러 결론을 내리지 말라고 말하면서, 그의 영국 유학이 이미 결정되어 있기 때문에, 그러고 나서 돌아와서도 여전히 전직(轉職)을 희망하면 고려해볼 것이며,

귀국할 때까지 그 포스트는 비워둘 것이라고까지 말해주었다. 또한 로스(Edward B. Ross) 교수는 미정리 도서의 목록을 만들면 어떨까하고 조언하였는데, 그것이 그의 눈을 도서관으로 돌리게 하는 계기가 되었다. 그 후 그는 도서관의 실태에 주목하여, 목록법을 독학으로 익히고, 책이 거의 이용되지 않고 있다는 사실, 목록의 상황이나 배가법(排架法), 열람실의 조명, 학술 정보원으로서의 잡지의 취급 등, 독자의 입장에서 도서관을 관찰하고, 실무적인 지식과 경험도 점차 익혀나갔던 것이다. 이런 의미에서 로스 교수의 조언은 적절하였다.

3) 영국 유학

1924년 9월, 마드라스대학으로부터 파견되어 런던으로 갔다. 당초에는 영국박물관도서관(British Museum Library)에서 연수할 예정이었는데, 관장으로부터 이곳은 오래되어 도움이 되지 않을 것이고, 런던대학 도서관학교(University of London, School of Librarianship)가 마침 2년 전에 설립되었으니, 그곳에서 공부하도록 하라는 이야기를 들었다. 이것도 또한 적절한 조언이었다. 여기에서 만났던 사람이 강사 세이어즈(W. C. Berwick Sayers, 1891-1960)이다. 이 만남의 귀중함은 제II부의 제0장에서 분명히 알 수 있다(그 02절 「최초의 경험」과 주 (1) 참조). 듀이(Melvil Dewey)가 실라이(Julius Hawley Seelye, 1824-1895)[3] 교수에 의해 생애의 방향을 정립하고, 미국 도서관계의 개척자가 되었던 것과 마찬가지로, 사람이 사람을 만나는 것의 귀중함을 보여주는 일화이다.

3) 역자주: 실라이는 선교사 겸 작가로, 듀이가 졸업한 애머스트대학(Amherst College)의 총장과 미국하원의원을 역임한 바 있다.

랑가나단은 이 시대를 회고하면서, 다음과 같이 말하고 있다.

① 영국에서 영국인의 생활을 보고, 인도에서는 알 수 없었던 영국인의 꾸밈없고 성실함과 일하는 방법을 보았다.
② 영국의 도서관 서비스가 널리 국내에, 또한 어느 가정에나 침투하고 있다는 사실을 체험하였다.
③ 도서관 서비스의 가능성을 알게 되어, 인도 전국 및 각계각층의 사람들을 위해 그것을 확립하려고 생각하였다.
④ 도서관은 국가의 건설에도, 시민 생활에도, 사회 복지에도 공헌한다는 사실을 알았다.
⑤ 소수의 학생을 위해 일하기보다는, 사회 전체를 위해 일하는 것이 중요하다는 사실을 알았다.
⑥ 도서관학 연구에도, 수학 연구와 마찬가지의 연구 과제가 있다는 사실을 알게 되어, 수학으로부터 도서관학으로 관심을 바꾸었다.
⑦ 도서관 서비스 전반에 대한 공헌과 도서관학 연구를 일생의 일로 삼을 것을 결정하였다.

이것은 그가 얻은 커다란 수확이었다. 그리고 이를 바탕으로 하는 활동을 80세까지 계속했던 것이다.

2.2. 마드라스주에서 인도 전역으로

1) 마드라스대학 도서관의 개혁과 5법칙

1925년 7월, 마드라스대학(University of Madras)에 복직하자마자 도서관의 개혁에 착수하였다. 1945년에 사임할 때까지, 누구보다도 일찍 도서관에 출근하고, 휴일에도 쉬지 않고, 하루에 12시간씩 일하면서, 이 도서관을 「인도에서 가장 우수한 서비스를 하는 대학 도서관」으로 육성하였다. 그 과정에서 탄생했던 것이 바로 이 『도서관학의 5법칙』이다. 그 경위는 제II부의 제0장에서 상세하게 밝히고 있다. 그 중에서도 중요한 것은 05절의 「5법칙이 만들어지기까지」일 것이다. 여기에서 우리들은 젊고 진지한 랑가나단 관장이 도서관의 기본 원리를 추구하는 모습 그 자체를 읽을 수 있다. 특히 기본 원리를 추구하면서 정체 상태에 빠져 로스(Edward B. Ross) 교수에게 상담했을 때, 번쩍하고 눈을 빛내면서, 「결국 자네가 말하고자 하는 것은 ≪책은 이용하기 위한 것이다≫라는 것이야」라는 말을 남기고, 대답도 기다리지 않은 채 오토바이를 타고 사라졌던 교수, 그리고 어쩌면 늦은 저녁 건물을 뒤로 하고 사라져 가는 미등(尾燈)을 멍하니 바라보고 있던 랑가나단이 갑자기 정신을 차리고 방으로 뛰어 들어가, 지금 눈앞에 전개되어 온 세계를 열중해서 묘사하는 모습 ― 그가 거기까지는 말하고 있지 않지만, 이 글을 더듬어 가면 자연스레 그 모습을 볼 수 있다. 이 한 구절은 80년을 지나서도 여전히 커다란 자극을 주는 힘을 가지고 있다.

그 후 그는 도서관을 임시로 입주한 건물에서 다음의 건물로 옮기고, 이어 신관(新館)을 건설하였다. 두 번의 이전 작업을 하루의 휴관도 없이 실시하였다. 이것은 주도면밀한 계획과 직원의 노력 없이는 할 수 없는 일이다.

도서관의 개혁은 격무였다. 그리고 그 이외에도 다음 절에서 살펴보게 될 도서관협회의 설립과 그 실무도 거의 그의 어깨에 달려 있었다. 과로, 심로(心勞), 소식(小食), 짧은 수면 시간 등이 겹쳐, 심신의 위화(違和)를 불러, 1936년에는 퇴직을 고려하였다. 그때는 인도 고전 문학의 전문가를 만나 이야기를 나눔으로써, 마음의 평안함을 되찾을 수 있었다. 그러나 영국 통치 아래에서 학내의 정치적 상황이 악화되어, 1945년 3월 마드라스대학을 떠나게 되었다.

2) 마드라스도서관협회의 설립과 도서관 운동

이보다 앞서, 1928년 1월에 마드라스도서관협회(Madras Library Association)가 설립되고, 랑가나단이 사무국장으로 선출되었다. 그 해 안에 회원은 410명에 달하였는데, 도서관인은 2명, 기타는 독서와 도서관에 관심을 가진 교육계 · 법조계 · 재계의 사람들이었다. 이 협회의 최초의 출판이 『도서관학의 5법칙』으로, 1931년 6월에 출판되었다. 이것이 모든 활동의 기초로 생각되었기 때문이다.

이어서 그는 마드라스주의 공립 도서관 법안을 기초(起草)하고, 그 실현에 노력하였다. 또한 협회 주최로 도서관인을 위한 하계 강좌를 열고, 전문 지식을 보급하였다. 그 교과서를 포함하여 그는 저작을 차례로 집필하였는데, 1945년에 이르기까지 적어도 13종을 완성하였다. 그 판매 수익은 모두 협회의 활동비에 충당되었던 것이다. 이 강습회는 1931년에 마드라스대학이 흡수하여 도서관학 강좌가 되면서, 교육 수준의 유지와 졸업생의 취직자리의 확보가 가능하게 되었다. 이 강좌의 책임자로는 랑가나단이 임명되었다.

1933년에는 인도도서관협회(Indian Library Association)가 설립되었으며, 그 이후 도서관 운동이 전국적으로 확산되었다. 인도 남부에 최초의 이동 도서관이 탄생했던 것도 5법칙과 마드라스주 도서관법의 성과였다. 1931년에 두 마리의 황소가 끄는 이동 도서관차의 활동이 시작되어, 여러 마을을 순회하였다. 책을 읽을 수 없는 사람들 사이에서도 새로운 지식에 대한 기대가 크다는 것을 보여주었다. 1957년의 자동차 도서관의 선구라고 말할 수 있을 것이다. (p.184의 사진 참조).

3) 도서관학의 교육과 연구

1947년에 랑가나단은 델리대학(University of Delhi)의 초청을 받아, 도서관학의 석사 과정과 박사 과정을 개설한다. 그때까지는 도서관 실무 요원의 양성을 위주로 하였으나, 이때부터 도서관학 연구자를 육성하는 방향이 생겨났다. 도서관이 사회의 확실한 기반으로서 사람의 생활을 뒷받침하기 위해서는, 도서관의 과학적 연구가 필요하고, 그에 어울리는 인재를 양성해야 한다고 생각했기 때문이다. 그러나 그에 대해서는 학내에서 커다란 저항이 있었다. 책의 재고(在庫)를 조사하는 데 불과한 일을 연구할 필요는 없다는 것이었다. 이것은 새로운 것의 출현에 대해 항상 나타나는 반응의 하나로, 5법칙에서도 「새로운 전문직의 핸디캡」으로 설명되고 있다(172절 참조). 그럼에도 불구하고 이 박사 과정의 수료자는 1957년 델리대학에서 최초의 도서관학 박사 학위를 취득하였다.

이러한 저항은 랑가나단의 신변에도 있었다. 델리대학에 부임하기 이전에, 바나라스대학(Banaras Hindu University, Varanasi)의 초청을 받아, 도서관학 코스를 개설하게 되었는데, 이를 위해서는 대학 도서관이 학생의 모델이 될 필요가 있다고 생각하였다. 그리하여 부속 도서관장으로서 대학 도서관의 개혁에 대처하였다. 그런데 도서관 직원들은 이 생각을 받아들이지 않았다. 지금까지 해온 그대로가 좋다고 말하는 것이었다. 인도에서는 전통적으로 서비스를 받는 사람은 상위, 서비스를 하는 사람은 하위라는 생각이 강하고, 도서관 서비스를 하면, 학생보다도 직원이 하위가 된다는 생각이 있었을 것이다. 1950년대의 일본도 예외는 아니었다. 랑가나단은 2년간의 고투(苦鬪) 후에 델리로 떠나지 않을 수 없었던 것이다.

2.3. 인도에서 세계로

1) 국제 활동

1947년 영국령 인도에서 인도연방과 파키스탄공화국이 탄생하였다. 그 다음 해에 랑가나단은 영국문화원(British Council)의 초대를 받아 유럽과 미국의 도서관 시찰 여행에 나섰다. 그것이 각국의 사람들에게 그때까지 문헌상으로밖에 알 수 없었던 랑가나단을 만나, 그 생각을 직접 들을 기회를 마련해주었다. 그 이후 유네스코와 국제도서관연맹(IFLA), 국제도큐멘테이션연맹(FDA), 각지의 대학 등에 초청을 받아, 강연이나 회의에 출석하는 일이 많아졌다. 「사람이 살아가기 위해」라는 그의 기본적 자세와 그것을 실현하기 위한 콜론분류법과 색인법(chain indexing)이 구미(歐美)의 사람들에게 높이 평가되었던 것이다.

2) 스위스에서의 생활

1955년 초에 랑가나단은 부인과 함께 스위스의 취리히(Zürich)로 이

주하였다. 그리고 거의 2년간 체재한다. 이 사정에 대해서는, 랑가나단에 가장 충실한 제자 카울라(P. N. Kaula) 교수도 「수수께끼이다」라고 말하고 있다. 일본에서도 랑가나단이 실각(失脚)했던 것은 아닌가 하고 이야기되고 있다. 그러나 랑가나단 부부와 생활을 함께 했던 아들 요게시와르(Yogeshwar) 씨는 다음과 같은 세 가지 점을 들어, 그 이외의 이유는 없다고 단언하고 있다.

① 인도 도서관계의 분위기가 랑가나단의 연구의 진전에 대해 아무것도 할 수 없게 되었다는 점. 한편 구미에서는 그의 사고 방식이 존중되면서, 국제 회의에 대한 출석 요청이 많아지고, 65세인 그에게는 왕복이 곤란한 경우가 많았다는 사실.
② 새로운 정치 상황 아래에서, 델리대학의 자치가 흔들리고, 교육과 연구의 자유가 위태로워졌다는 사실.
③ 모친이 돌아가셔서, 랑가나단 부부가 인도를 떠나, 아들과 살 수 있게 되었던 점.

아들은 스위스에서 공부하고, 시스템 엔지니어로서 업적을 올리고 있었다. 랑가나단 자신은 1950년대 초 이래로, 그때까지의 「책의 제공」에서 「책 속에 담겨있는 정보의 제공」으로라는 생각을 진행하고 있었다. 즉 그때까지의 「책」이나 잡지를 한 단위로 생각하는 것으로부터, 각각의 안에 있는 「정보」를 독자에게 결부시킨다는 사고 방식, 즉 도큐멘테이션으로 나아가고 있었던 것이다. 시스템 엔지니어가 일하는 산업계의 사람들이 어떤 정보를 어떻게 구하고 있는가, 그것은 그에게 있어 새로운 도전이었을 것이다.

취리히에서는 『도서관의 5법칙』을 개정하여 제2판을 준비하였다.

또한 영국과 독일로부터의 강의와 강연 의뢰에 응하였다. 그의 생각을 얻고자 하는 사람들이 각지에 있었기 때문이다. 이곳에서의 생활 중에는 아들의 장래에도 신경을 쓰지 않은 채, 부부의 앞으로의 생활의 전망도 하게 되었다. 랑가나단은 원기를 회복했던 것이다. 그곳에서 그는 마드라스대학에 부인의 이름을 붙인 교수직(Sarada Ranganathan Chair of Library Science)을 두기 위해 10만 루피를 기부하였다.

3) 귀국 후의 강연 여행과 일본 방문

1957년에 인도로 돌아오고, 다음 해에는 미국과 캐나다의 초청을 받았다. 1958년에는 일본을 방문하여, 12월 8일부터 16일까지 체재하면서 도쿄(東京)와 오사카(大阪)에서 7회의 강연회와 토론회를 가졌다. 오사카에서는 분류 작업에 대한 질문에 대해, 다음과 같이 대답하여, 참석자에게 감명을 주었다고 한다.

> 이 세계는 바다와 같은 것이다. 바다의 표면에 비가 내리고 바람이 불고 파도가 치더라도, 해저(海底)는 조용하고 불변부동(不變不動)인 것처럼, 모든 사물은 변화하는 표면적인 현상과 변하지 않는 본질이 있다. ... 도서관인은 분류에 있어서 언제나 사물의 본질을 파악하는 노력을 해야 한다.

또한 그는 콜론분류법(CC: Colon Classification)과 국제십진분류법(UDC: Universal Decimal Classification)의 관계에 대한 질문을 받고 다음과 같이 답하였다고 전해지고 있다.

> 기존의 분류법과는 어떤 관계도 없다. 이것은 나의 독창적인 것이다. 굳이 말한다면 베다(Veda)의 철학이다.

이것은 랑가나단의 사고 방식과 생활 방식을 생각할 때 커다란 실마리가 되는 것이라고 생각한다. 랑가나단이 한쪽 발은 인도의 사고 방식에 딛고, 한쪽 발은 과학적 사고에 두고 있다는 사실을 표명하고 있기 때문이다.

4) 도큐멘테이션의 연구와 교육

1958년부터 랑가나단 부부는 인도 남부의 방갈로르(Bangalore)에 살게 되었다. 이곳은 마드라스 시의 서쪽 300km, 인도의 고원도시(高原都市)로, 기후도 좋고, 퇴직한 교수나 기사(技師)가 거주하는 문화적으로 안정된 분위기를 가지고 있었다. 이곳에 그는 한 사람의 통계학자와 함께 「도큐멘테이션연구교육센터」(DRTC: The Documentation Research and Training Centre)를 설립하였다. 연구소의 시설도 지역의 유력자의 원조로 훌륭한 것을 확보하고, 그 근처에 부부의 새로운 거주지도 마련하였다. 그때가 바로 70세 때였는데, 그는 이곳에서 10년간을 생활하였다.

이 센터에서는 그 이름 그대로, 이미 도서관학을 공부한 연구자와 정보 관리를 공부하기 위해 회사나 연구소에서 파견되어 온 사람들이 모여, 각각의 연구와 학습을 진행하고, 그 과정과 결과를 교류하였다. 이곳에서의 목적은 새로운 자격을 얻어 취직을 하는 것이 아니라, 정보 관리 분야에서 일하는 사람들의 교류를 통해 상호 작용을 불러일으키고, 그로부터 배우는 것을 목적으로 했던 것이다. 이 센터는 그 후 각지에 출현한 정보 관리 전문가 양성 시설의 선구가 된 것으로 평가되고 있다.

2.4. 랑가나단의 업적과 노력

1) 연구 업적과 그 평가

카울라(P. N. Kaula) 교수는 랑가나단을 「세계에서 가장 걸출한 저자」라고 말하고 있다. 그의 저작과 편찬물은 50종이 넘고, 논문은 2,000점, 정부에 대한 보고서와 인도 각 주(州)의 도서관 법규의 원안을 기초한 것도 아주 많다. 그 외에도 몇몇 잡지의 편집 및 발행, 세미나의 주최 등은 모두 그의 뛰어난 집중력의 소산(所産)으로 여겨지고 있다. 그가 관여하여 새로이 개척한 분야는 도서관 법규를 비롯한 조직상의 과제, 도서관 관리, 콜론분류법, 분류 이론과 주제 분석법, 목록법, 참고 서비스, 서지, 자료 선택법, 학술 도서관, 사회 교육, 도큐멘테이션과 색인법 등에 이르고 있는데, 그 최초의 저작으로, 동시에 그 이후에 이루어낸 업적의 모체가 되었던 것이 이 『도서관학의 5법칙』인 것이다.

그의 다년간의 공적에 대해 델리대학(University of Delhi)은 1948년에 명예문학박사학위를, 미국 피츠버그대학(University of Pittsburgh)도 1964년에 명예문학박사학위를 수여하였다. 영국도서관협회에서는 명예부회장으로, 그 밖의 관계 단체로부터 명예 회원으로 추대되었다. 인도 정부는 1935년에 명예 칭호인 라오사히브(Rao Sahib)를, 1957년에는 국민 영예상이라고도 할만한 칭호인 빼드머스리(Padmashri)를 수여하였으며, 나아가 1966년에는 국가연구교수[4](National Research Professor in Library Science)로 추천하였다. 또한 그의 고희(古稀)를 축하하여, 수년 전부터 기획되었던 기념 논문집이 1965년에 완성되어, 방갈로르

4) 역자주: 우리나라의 학술원 회원에 상당함.

(Bangalore)에서 열린 축하회에서 헌정되었다. 이것은 12개국의 112명의 기고로 이루어진 134편의 논문집으로, 2책으로 이루어져 있다. 일본에서는 가토 슈고(加藤宗厚) 선생이 논문을 보내 그의 업적을 칭송하였다.

그의 업적은 그 이론적 선견성이 가장 높이 평가되고 있다. 그런데 아들 요게시와르(Yogeshwar) 씨는 랑가나단의 업무의 실용성을 칭송하고 있다. 그 한 예로, 그는 시스템 엔지니어로서, 국적도 인종도 문화적 전통도 다른 2,000명의 공원(工員)에게 45분간의 점심 휴식 시간에, 어떤 불평도 나오지 않도록 중식을 제공하는 과제를 부여받았던 적이 있었다고 한다. 그런데 그가 기본선으로 했었던 것은 공원에게 쓸데없는 시간을 사용하지 않도록 하는 것, 즉 제4법칙을 바탕으로 하는 것이었다. 이 사람은 「랑가나단의 5법칙은 단순히 도서관뿐만 아니라, 경영학의 기초라고도 할 수 있다」고 말하였다. 랑가나단이 발표한 분석 합성법이 자신의 일에 아주 도움이 된다고도 말하고 있다. 그래서 이 사람이 쓴 부친의 전기에는 「정보 과학의 실제적인 철학자」(pragmatic philosopher of information science)라는 부제가 붙어 있는 것이다.

나아가 요게시와르 씨는 「정보 기기는 사람을 기계에 합칠 것을 요구한다. 그러나 랑가나단은 기계를 인간에 합치는 것을 생각하였다. 그것이 그의 분류법이며, 색인법이다. 이 점에서 그는 유럽의 정보 공학 연구자 사이에서 높은 평가를 얻고 있다」고 말하고 있다.

2) 교육자로서의 삶

카울라(P. N. Kaula) 교수는 미국에서 랑가나단은 어떤 사람인가 하는 질문을 받고, 「진정한 교육자였다」고 대답하였다. 그것은 이 수많은 업적의 바탕에 도서관의 본질을 묻는 자세가 일관되어 있고, 랑가나단도 또한 스스로를 배우는 사람으로 규정했기 때문이라고 생각한다. 그의 수업은 학생이 스스로 공부하는 것, 생각하는 것을 중심으로 하는 수업, 즉 생각하기 위한 재료를 찾아내고, 그것을 깊이 생각하도록 하는 수업이었다고 한다. 일찍이 인도인 도서관학자가 「함께 공부하는 자세였다」라고 말해 주었는데, 「사람이 살아가기 위한 도서관」이라면, 학생이든, 연구자든, 한 사람의 인간으로서 「느끼고, 생각하고, 행동하는」 것이 중요시된다. 그래서 같은 길을 학생과 함께 걷는다. 그러한 랑가나단의 사고 방식, 삶의 방식을 「진정한 교육자」로 표현했던 것은 아닐까?

교사로서의 랑가나단은 변함없이 공부하는 학생에 대해서는 온화하고 친절하였다. 그러나 게으르고, 명색뿐인 학습과 연구를 하는 학생에 대해서는 용서하지 않았다. 그것은 엄격하였다고 한다. 그는 젊은 사람들을 같은 길을 걷는 동지로서 상대하고, 자신과 같은 정도(精度)의 일을 요구했었을 것이다.

3) 연구 생활과 가정

여러 가지 곤란에 부딪치면서도, 그의 노력은 초인적이었다. 앞서 언급했던 인도인 도서관학자로부터 「랑가나단은 하루에 18시간씩 공부를 한다」고 듣고, 정말일까 하고 생각했던 적이 있다. 그래서는 식사도 잠자는 것도 할 수 없다고 생각했기 때문이다. 그러나 랑가나단에 의하면, 40세 이후는 하루에 한 번 가벼운 아침 식사를 하는 것만으로 건강 유지가 충분하며, 그 이외의 시간은 모두 연구에 쏟고, 가족과 이야기하는 시간도 없었다고 한다. 생활은 극히 간소하였으며, 한 장의 판이 주간에는 책상이 되고, 밤에는 그것을 잠자리로 삼았다. (권두 삽화의 사진 참조).

요게시와르(Yogeshwar) 씨에 의하면, 랑가나단은 40세 무렵부터 식사 스타일을 바꾸어, 하루 14시간을 연구와 집필에 쏟았다고 한다. 식사 시간도 아까워하며 집필을 계속하고, 때로는 식사를 입에 물고 씹으면서, 또는 부인이 숟가락으로 입에 넣어 주는 것을 받아먹으면서, 집필을 계속하였다. 그로부터 하루 18시간설이 생겨났을 것이다. 그리고 하나의 저작을 마치면, 피로한 나머지 몸져누운 적도 있었다고 한다.

그러한 그의 건강을 유지하고, 또한 엄격한 노력이라는 압박을 받는 학생들을 따뜻하게 안아주었던 사람이 랑가나단의 부인 사라다(Sarada) 여사와 아들 요게시와르 씨였다. 카울라(P. N. Kaula) 교수는 위대한 랑가나단을 품고, 훌륭하게 그 위대함을 이루어내게 했던 것이 바로 부인으로, 그 자신보다도 더 위대하다고 해야 할 것이 아닌가라고 말하고 있다. 랑가나단 자신도 그것은 잘 알고 있었을 것이다. 사회보장이 두루 미치지 않았던 시대에, 자신이 연구 중간에 쓰러진다면, 그 후의 부인과 아들의 생활은 어떻게 될까, 그것을 염려하고 있었다. 다만 그것을 입 밖으로 내지 않았을 뿐일 것이다. 1956년과 1963년에 부인의 이름을 앞에 붙인 기금을 설립한 것도 부인에 대한 배려라고 생각한다. 또한 아들은 자신의 저작에서, 넉넉한 배려를 보여주는 온화한 부친의 모습을 묘사하고 있다.

2.5. 주위의 사람들

1) 지지했던 사람들

랑가나단은 학생 시대까지, 사람 앞에서 이야기를 하는 것이 고통스러웠다. 사람 앞에 서면 말더듬이 증상이 나타났기 때문이다. 그래서 석사 과정 수료 후에 인도수학학회에서 최초로 논문 발표를 했을 때에는, 청중을 보지 않으려고 눈을 감고 발표했었다고 한다. 마치고 밖으로 나오니, 뜻밖에도 이 학회의 창립자 아이야르(V. R. Aiyar) 씨가 뒤를 따라왔다. 그리고 발표가 아주 훌륭했다고 칭찬하고, 「젊은 인도가 태어났다」고까지 말했던 것이다. 이 사람의 태도와 지위와 격려가 그의 마음속의 무엇인가를 떠내려가게 했던 것일까? 그 이후로 말더듬이로 괴로움을 겪는 일은 없었다고 한다. 랑가나단의 아들 요게시와르 씨는 이 사람의 일을 「자신을 가지고 살아갈 의욕을 만들어준 친근한 사람」으로 묘사하고 있다. 이 사람과의 친밀한 관계는 계속 이어졌는데, 랑가나단이 이 사람의 전기를 쓸 정도였다.

한편 사회인으로서의 그에 대해서는, 로스(Ross) 교수와 세이어즈(Sayers) 관장의 지원을 들지 않을 수 없다. 영국의 도서관을 더 깊이 이해할 수 있도록 마음을 써준 것은 세이어즈 관장이었으며, 로스 교수에 의한 대학원 진학과 그 후의 시사, 조언은 귀중한 것이었다. 이를 통해 대학에서 교사의 직을 얻었던 것이 친구들과 선배들로부터 그에 대한 이해와 신뢰를 생기게 하여, 관장직에 대한 응모를 권고받게 되었던 것이다. 관장 취임 직후에 사임을 고려했을 때, 좀 더 장기적인 눈으로 세상을 보도록 하라는 조언은 수학 담당 조교수로 근무하고 있었던 대학의 학장으로부터 들었던 것이다. 이 시기의 그는 그 생각하는 대로

거리낌 없이 말하거나 행동하는 것을 귀중한 것으로 여기고, 그것을 지켜보고자 하는 은사와 친구들에 둘러싸여 있었던 것이다.

마드라스대학 도서관의 개혁을 추진할 때에는, 그의 이념에 공감하고, 새로운 도서관을 기대하는 학생들과 젊은 도서관 직원들이 있었다. 1934년에 부임한 영국인 부학장은 그의 도서관 개혁을 지지하고, 모두 자신의 임기 중에 완수하도록 하라고 조언해 주었다. 학내의 정치 상황을 통찰했기 때문이다. 그 통찰은 적확(的確)하였다. 또한 그를 도서관학의 스승으로 한 사람들의 중심으로서, 카울라(Kaula) 교수는 27년에 걸쳐 그를 지지하였다. 그것은 랑가나단이 18년간 몸을 아끼지 않고 일한 마드라스대학을 퇴직하여 만날 수 없었던 때부터 80세에 서거할 때까지에 걸쳐 있다. 바나라스대학(Banaras Hindu University, Varanasi)과 델리대학(University of Delhi)에 부임한 것도 그를 이해하는 사람들의 초빙에 의한 것이었다. 그러나 그 사람들이 대학을 떠나자, 그 사람들의 이상(理想)은 잊혀지고, 그의 일에도 따라오지 않게 된 것이다.

2) 등을 돌렸던 사람들

그의 대두를 유쾌하게 생각하지 않고, 질시, 반감, 중상, 방해를 반복하는 사람들도 그 최초부터 끊임없이 나타났다. 실제로 영국에서 돌아와 마드라스까지 가는 기차 안에서, 그는 자신을 중상하는 신문 기사를 볼 수 있었을 정도였다. 그것은 그의 관장 취임 자체가 이례적인 일로, 선발에서 탈락한 사람들을 실망시켰던 것이 그 한 원인이었다. 인도 남부의 브라만에 대한 압박에 더하여, 그의 도서관 개혁에 대해서도 상찬(賞讚)[5]만 있었던 것은 아니었다. 마드라스도서관협회에 대해 「협회가 그의 명성을 높이기 위한 기관인가」라고 비난하는 사람이 있었으며, 이것은 나중에까지 계속되었다. 그렇게 생각하는 사람에게는, 랑가나단이 원고를 무상으로 제공하고, 새로이 탄생한 도서관협회를 뒷받침하는 것 등은 매명(賣名)[6]의 수단으로서밖에 비쳐지지 않았을 것이다. 그는 협회의 일은 본 업무의 여가에 한다는 원칙을 지켜 일을 계속했던 것인데도 말이다.

그러한 개인적인 반감은 사회적인 흐름에 편승했을 때 커다란 함을 갖는다. 원래 랑가나단의 생각은 지배층으로부터는 위험시되는 요소를 포함하고 있었다. 『도서관학의 5법칙』의 21절 「상류 인사와 대중」에서 설명하고 있는 것처럼, 지배 계급은 대중이 문자를 알고, 새로운 사상에 눈뜨는 것을 싫어한다. 자신들의 지위가 위험해지기 때문이다. 그리하여 구래(舊來)의 세력과 싸우는 사람들은 교육에 의해 대중을 깨어나게 하려고 한다. 랑가나단도 「모든 사람에게 교육을」을 기본으로 하였다. 그는 정치 투쟁에 의해서 보다도, 5인의 총명한 여성에 의한 차분한 설득을 통해, 교육의 기회를 살려내고자 시도하였다. 그러나 인도 고래(古來)의 종교와 계급 제도, 그리고 영국 통치 시대의 정치, 경제 기구 아래에서 일단의 안정을 누려온 사람들에게는, 랑가나단의 온건한 방법조차도 그들의 기반을 무너뜨리는 것으로 보여, 커다란 위기감을 가졌던 것으로 생각된다. 그것이 관청과 대학의 형식주의, 관료주의와 결합하여, 랑가나단의 활동이 제한되었던 것은 아닐까? 어쨌든 랑가나단은 그 연구와 교육 및 인도에 도서관을 보급하는 일에 있어, 결코 순풍만범(順風滿帆)[7]이 아니라, 다양한 곤란을 뛰어넘어야만 했던 것이다.

---

5) 역자주: "기리어 칭찬함"(NAVER 국어사전).

6) 역자주: "재물을 써서 명예를 구함"(NAVER 국어사전).

7) 역자주: "돛이 뒤에서 부는 바람을 받아 배가 잘 달리는 모양"(NAVER한자사전).

3) 마지막 거처 방갈로르

랑가나단은 1966년 무렵부터 건강이 쇠약해지기 시작하였다. 그리하여 1972년 9월 27일, 방갈로르(Bangalore)에서 그 80년의 생애를 마감하였다. 그가 살았던 날들은 세계의 대변혁의 시대로, 아들은 그것을 「우차(牛車)에서 747까지」라고 표현하였다. 우차는 1931년의 인도 남부 최초의 이동 도서관에 관한 것이다. 이것은 다음 마을로 책을 실은 차를 끌고 가는데, 이쪽 마을이 두 마리의 소를 내어 다음 마을까지 끌고 갔다가 그 소를 데리고 돌아온다. 다음 마을은 또 그 다음까지 두 마리의 소를 내는 그와 같은 노력으로 유지되었다고 한다. 그러한 시대에서 한번에 500인 이상을 태우는 점보제트기의 시대까지를 살았던 것이다. (p.184의 사진 참조).

그것은 동지가 있어서 시작했던 일이 아니다. 그 혼자서 생각하고, 실천하고, 이해하는 사람들을 서서히 늘려나갔던 것이다. 그런 까닭에 「일인 도서관 운동」(one-man library movement)이라고 불린다. 그것이 어느 정도의 노고를 수반하는 것이었는지 그 단편(斷片)이 이 5법칙의 여기저기에 나타나 있는데, 그 노고에는 때와 장소를 초월하여, 인간적으로 공통되는 것이 있다고 생각된다. 5법칙은 「새로운 것에 대한 사람의 반응 내지 반감(反感)의 기록」으로서 읽을 수 있을 정도이다.

이 노력에 의해 그는 「인도 도서관 운동의 아버지」라고 불리게 되었다. 그리고 유네스코 사무총장 에반스(Luther H. Evans)는 「인도의 도서관학은 랑가나단의 공헌에 의해 충실해지고 발전하였다」고 칭송하였다. 정말로 위대한 생애였다. 그가 남긴 사라다랑가나단도서관학기금(Sarada Ranganathan Endowment for Library Science)은 현재 방갈로르에 사무소를 두고 있는데, 그의 저작의 발행처임과 동시에, 도서관학 연구에 대한 지원을 실시하고 있다.

방갈로르에서 그는 두 사람의 이해자 겸 협력자를 얻고, 인도통계학연구소(ISI: Indian Statistical Institute)의 후원을 얻었다. 이 사람들의 협력으로, 1962년 「도큐멘테이션연구교육센터」(DRTC: The Documentation Research and Training Centre)를 열고 명예교수가 되었는데, 그 근처에 자택을 마련하고, 젊은 연구자들과 만년(晩年)을 보낼 수 있었다. 오랜 기간 자신의 이상 추구를 위해 싸움을 계속해 온 그에게, 이 마지막 10년간이 가장 평온한 시기는 아니었을까?

2.6. 랑가나단의 교육관

아들 요게시와르(Yogeshwar) 씨는 랑가나단 박사의 그때그때의 말씀을 잠언(箴言)의 형식으로 기록해 두었다. 그것은 아들을 위해 말했던 것이지만, 오늘날의 우리들에게도 깊은 의미를 갖는다. 그 중에서 교육에 대한 생각 세 가지를 선정하였다. 이것은 「도서관의 기초에 교육이 있고, 그 교육에 도움이 되는 것은 도서관이다」라는 랑가나단의 사고 방식을 단적으로 보여주는 말이라고 생각한다.

> 인간은 그 능력에 거의 차이가 없다. 차이를 보이는 것은 교육할 때 지도를 잘 하느냐 못 하느냐에 좌우되는 것이다. 본인에게는 적합하지 않은 지도나 완전히 잘못된 지도가 이루어지는 경우가 있는 것이다. 따라서 누구에게 대해서나 그 사람의 단점을 문제 삼아서는 안 된다. 오히려 그것을 바로잡을 수 있도록 지원해야 한다.

> 어린이를 교육하는 것은 사물의 기본적인 원칙을 이해하도록 이끌어주는 것이며, 또한 그 원칙의 응용에는 어떻게 하면 좋은가, 어떤

수단이나 방법이 있는가를 알려주는 것이다. 과거와 현재에 대한 응용을 기억시키는 것은 아니다.

경험이란 실패에서 배우는 것이다.[8)]

8) Yogeshwar, R. *S. R. Ranganathan*. Munbai: Bhavan, 2001. p.386.에서 교육 관계의 잠언을 발췌하였다.

제3장 랑가나단 간략 연보

카울라(P. N. Kaula) 교수는 랑가나단의 저서와 편집물은 50종을 넘고, 논문은 2,000점 이상, 그 밖에 많은 업적이 있다고 말하고 있다. 여기에서는 도서관학의 5법칙의 형성과 그 실천의 시기, 즉 랑가나단이 도서관장으로서, 또는 도서관학자로서 자신을 만들어가는 시기에 중점을 두고 연보(年譜)를 정리하였다.

1892년 8월 9일 (현재의 역으로는 8월 12일) 마드라스주 시얄리(Shyali)에서 탄생. 아버지는 아이야르(Ramamrita Ayyar, 1866-1898), 어머니는 시타라크시미(Seethalakshmi, 1872-1953). • 어린 시절에는 병이 잦았고, 때로는 말더듬이로 괴로워했다.

1909년(17세) 마드라스크리스천칼리지(Madras Christian College)에 입학.

1913년(21세) 학부 졸업, BA.

1916년(24세) 석사 과정 수료, MA. • 인도수학학회 전국 대회에서 「인도 수학[사]」에 관한 논문 발표. 청중의 상찬(賞讚)을 받고, 아울러 이 학회의 창립자인 아이야르(V. R. Aiyar)의 지우(知遇)[1)]

---

1) 역자주: “남이 자신의 인격이나 재능을 알고 잘 대우함”(NAVER 국어사전).

를 받음. 이것이 그에게 자신감을 주어, 그 후에는 말더듬이로 괴로워하는 일이 없어졌다고 한다.

1917년(25세) 교원 자격 취득. 대학에서 수학을 가르치다.

1921년(29세) 마드라스의 프레지덴시칼리지(Presidency College, Madras)의 수학 조교수.

1924년(32세) 마드라스대학 도서관장. • 대학으로부터 런던대학 도서관학교에 파견되어 도서관학을 공부하다. 또한 런던시립도서관에서 실습함. 그 후 영국 각지에서 100개관 이상의 도서관을 견학함. • 콜론분류법(CC: Colon Classification)의 설계에 착수.

1925년(33세) 마드라스대학에 복귀. 마드라스대학 도서관 장서의 인쇄 책자 목록에 콜론분류법을 적용.

1927년(35세) 마드라스에서 개최된 전인도공개도서관대회에서 마드라스 주의 집행 위원이 되다.

1928년(36세) 도서관의 개혁 계획(개관 시간을 오전 7시부터 오후 8시까지로 하는 것, 무휴 개관(無休開館), 학부 학생에 대한 관외 대출, 분류법과 편목법의 근대화, 개가제(開架制)의 채택, 참고 서비스의 개시, 자료의 확충, 도서관 예산의 증액, 기능적으로 설계된 도서관 건물의 확보 등)을 입안(立案)하고 실행에 옮기다. • 임시 시설에서 학내의 더 넓은 스페이스로 도서관을 이전. • 이 해에 마드라스도서관협회 설립. 1948년까지 사무국장을 맡음. • 마드라스대학의 동계 대학 강좌에서 도서관학의 법칙을 강의함. • 부인 루크미니(Rukmini) 사망(32세). • 「도서관학의 5법칙」이 만들어지다. • 인도수학회의 회계 주임.

1929년(37세) 마드라스도서관협회 도서관학 강좌 개설. 1931년까지 계속함. 1931년부터는 마드라스대학의 도서관학 강좌가 되다. • 사라다(Sarada)와 결혼.

1930년(38세) 아시아교육회의(All-Asia Educational Conference) 도서관 서비스 부문 사무국장. • 영국도서관협회 정회원. • 각 주

(州)의 모델로서 도서관 법안을 기초함.

1931년(39세) 마드라스도서관협회의 도서관학 강좌를 마드라스대학으로 이관. 그 책임자가 되다. • 협회의 최초의 출판물로서 『도서관학의 5법칙』을 출판. 1933년에 『콜론분류법』(*Colon Classification*), 이어서 『분류목록규칙』(*Classified Catalogue Code*), 『도서관관리법』(*Library Administration*), 『문헌분류법서설』(*Prolegomena to Library Classification*), 『도서관목록법원론』(*Theory of Library Catalogue*), 『참고서비스와 서지』(*Reference Service and Bibliography*), 『참고도서와 서지학자에 관한 서지』(*Bibliography of Reference Books and Bibliographers*), 『문헌분류법, 그 이론과 실제』(*Library Classification: Fundamentals and Procedure*), 『인도의 전후(戰後) 도서관재건 계획안』(*Post-war Reconstruction of Libraries in India*), 『문헌분류법의 제요소』(*Elements of Library Classification*), 『사전체편목규칙』(*Dictionary Catalogue Code*), 『여가를 위한 교육』(*Education for Leisure*) 등을 매년 1책씩 출판함. • 우차(牛車)에 의한 이동 도서관을 제창. 인도 남부에서 최초의 이동 도서관을 실현하다.

1932년(40세) 아들 요게시와르(Yogeshwar) 탄생.

1933년(41세) 인도도서관협회 설립. 회칙 초안을 기초(起草)함. 제1호 종신 회원으로 선정되다.

1934년(42세) 신임 부학장으로부터 자신의 재임 중에 도서관의 새로운 계획을 실시해야 할 것이며, 그 이후로는 대학을 둘러싼 정치적 상황 때문에, 도서관의 개혁이 불가능할 것이라는 조언을 듣다. • 도서관의 무휴 개관(無休開館)을 실현하다. 일주일에 91시간.

1935년(43세) 인도 정부, 명예 칭호 라오 사히브(Rao Sahib) 수여.

1936년(44세) 신관 낙성(落成), 이전(移轉). 과로와 심로(心勞)로 인해 퇴직을 고려하다.

1945년(53세) 마드라스대학 퇴직. • 그 직후에 카울라(P. N. Kaula), 랑가나단에 사사(師事). 1972년에 서거(逝去)할 때까지 랑가나단을 위해 헌신함. • 바나라스대학(Banaras Hindu University, Varanasi)의 초청을 받아 도서관학대학원의 설립 및 대학 도서관의 개혁에 종사함. 그러나 그를 초청한 대학 당국자의 퇴직과 변화를 바라지 않는 도서관인의 반발로 1947년에 바라나시를 떠나다.

1947년(55세) 영국령 인도가 인도연방과 파키스탄공화국으로 분리독립. • 델리대학의 초청을 받아 도서관학 박사 과정을 창립하다.

1948년(56세) 델리대학에서 명예문학박사학위를 받다. • 영국문화원(British Council)의 초청으로 구미 각국을 순방함. 상당수의 국제 회의에 참석하고, 초빙을 받아 강연이나 강의를 실시하다.

1951년(59세) 유네스코의 서지에 관한 국제위원회 위원.

1955년(63세) 아들 및 부인 사라다(Sarada)와 함께 스위스에서 지내며 구미 각국을 방문하다. 『도서관학의 5법칙』을 개정하고, 책을 단위로 하는 사고 방식에서 책 속의 정보를 단위로 하는 방향으로 나아가다. • 영국 등으로 강연 여행을 떠나다. • 사라다랑가나단 도서관학교수직(Sarada Ranganathan Chair of Library Science)을 마드라스대학에 기부하다.

1957년(65세) 인도 정부로부터 명예 칭호 뻐드머스리(Padmashree)를 수여받음. • 영국도서관협회 명예부회장에 위촉되다. • 델리대학, 그 박사 과정에서 랑가나단에게 배운 연구자에게 인도 최초의 도서관학 박사 학위를 수여하다.

1958년(66세) 미국, 캐나다, 일본으로 강연 여행을 떠나다. 일본에는 12월 8일 델리에서 하네다(羽田)에 도착. 10일, 게이오기주쿠대학(慶應義塾大學) 도서관학과에서 강의. 11일, 국립국회도서관과 도립히비야도서관(都立日比谷圖書館)에서 강연회. 12일, 문부성(文部省) 도서관직원양성소, 일본과학기술정보센터에서 강연. 하네다를 출발하여 이타미공항(伊丹空港) 도착. 13일, 오사카부립도서관(大阪府立圖書館), 오사카시립도서관(텐노지구: 天王寺區) 시찰. 일본도서관연구회 주최 강연회. 14일, 텐리도서관(天理圖書館) 방문. 이타미를 출발하여 하네다 도착. 15일, 국제기독교대학에서 토론회. 16일, 아사히글라스(旭硝子) 도서실, 아시아재단 방문. 일본과학기술정보센터에서 토론회. 하네다를 출발하여 귀국. 관광보다도 도서관인을 만나고, 도서관을 보는 데 전념한 여행이었다.

1961년(69세) 파리에서 열린 국제편목원칙회의(International Conference on Cataloging Principles)의 특별 게스트.

1962년(70세) 방갈로르(Bangalore)의 도큐멘테이션연구교육센터(DRTC: The Documentation Research and Training Centre) 명예교수에 취임.

1963년(71세) 사라다랑가나단도서관학기금(Sarada Ranganathan Endowment for Library Science)을 설정하다. 1965년부터 매년 국내외의 도서관학 연구자를 초청하여 강연회를 개최하다.

1964년(72세) 미국 피츠버그대학(University of Pittsburgh)에서 명예문학박사학위를 받다.

1965년(73세) 국가연구교수(National Research Professor)로 추천받다. 랑가나단 박사 기념논문집 제1권 완성. 방갈로르에서 열린 축하회에서 헌정됨. (제2권은 1967년에 완성).

1970년(78세) 미국도서관협회(American Library Association)로부터 목록법 및 분류법의 뛰어난 업적에 대해, 마가렛만상(Margaret Mann Award)을 받음.

1972년(80세) 방갈로르에서 서거(逝去). (9월 27일).

1992년 자서전 *A Librarian Looks Back*이 카울라(Kaula) 교수의 손에 의해 편집, 출판되다.

2001년 아들 요게시와르 씨가 집필한 전기 *S. R. Ranganathan*이 출판되다.

참고문헌

(1) 전 기

Ranganathan, S. R. *A Librarian Looks Back: An Autobiography of Dr. S. R. Ranganathan.* Appended with an Evaluation of His Life and Work by Prof. P. N. Kaula. New Delhi, ABC Publishing. ©1992. xiv, 485p. 랑가나단의 자서전과 카울라 교수의 보충, 사진, 연보를 포함하고 있다.

Yegeshwar, Ranganathan. *S. R. Ranganathan: Pragmatic Philosopher of Information Science, A Personal Biography,* Munbai, Bhavan, ©2001. vi. 402p. 아들이 가능한 한 객관적으로 기술한 전기. 공적인 면은 자서전에 맡기고, 그곳에 드러나지 않은 부친의 모습과 사고 방식을 그리고 있어 귀중하다.

(2) 일본의 관련 연구 자료

ランガナタン, S. R.『圖書館學の五法則』. 森耕一 監譯. 渡辺信一, 深井耀子, 溢田義行 共譯. 日本圖書館協會. 1981. 425p.

南諭造.「アジアに圖書館の火は燃える」.『圖書館雜誌』50卷 1號 (1956年 1月). pp.10-13.

溢田義行.「近代圖書館の理念と圖書館員の專門性について ― ランガナタン[五法則の今日的意味」.『圖書館界』29卷 2號 (1977年 7月). pp.49-56.

渡辺信一.「S. R. ランガナタン」.『圖書館雜誌』75卷 12號 (1981年 12

月). pp.768-769. (圖書館をつくった人々11).

石山洋. 「ウイリアム・チャールズ・バーウイク・セイヤーズ」. 『圖書館雜誌』 76卷 7號 (1982年 7月). pp.418-419. (圖書館をつくった人々12).

田澤恭二. 「ランガナタン博士の思い出」. 『圖書館雜誌』 76卷 7號 (1982年 7月). p.421.

中林隆明. 「ランガナータン博士の日本講演活動日誌(1958年 12月 8日~16日)」. 『圖書館界』 54卷 4號 (2002年 11月). pp.216-219.

(3) 한국어판 번역본[2)]

랑가나단, S. R. 저. 『도서관학 5법칙』. 최석두 역. 한국도서관협회. 2005. 480p.

2) 역자주: 한국어판은 역자가 별도로 추가한 것임.

제 II 부

도서관학의 5법칙

제0장

모든 것의 시작 방식

- 저자 자신의 말을 통해 -

여기에서 제0장이라고 하는 것은 보통은 서장(序章)이나 자서(自序)를 말하는 것이다. 영(0)이라고 하는 것은 아무것도 없는 것이 아니라, 모든 것을 포함하는 의미로 사용된다. 듀이십진분류법(DDC)과 일본십진분류법(NDC)에서, 1부터 9까지의 그룹에 들어가지 않는 것이나, 그 몇몇을 포함하는 것에 0이라는 기호를 붙여, 맨 앞에 두는 것과 같다. 이 방식은 보통의 서수와는 다르기 때문에, 처음에는 낯선 느낌을 갖지만, 익숙해지면 대단히 편리한 기호법이다. 이 사용 방법은 정말로 랑가나단 박사다운 것으로, 그대로 사용하기로 하였다.

이 장에서는 랑가나단 박사가 자신과 도서관의 관계와 도서관학의 5법칙을 생각하는 데 이르게 된 사정, 그 후의 보급, 초판과 제2판과의 차이 등을 서술하고 있다. 박사의 살아있는 목소리를 듣는 기분이다. 제1장부터 이후는 본문의 요약이지만, 이 제0장 01절부터 06절까지는 가능한 한 원문에 가까운 형식으로, 박사가 스스로 이야기하는 분위기가 나도록 시도하였다. 따라서 여기서 「나」라고 말하는 것은 랑가나단 박사 자신이다.

01. 도서관장 취임

1) 새로운 출발

1923년 6월 마드라스대학은 새로이 연구 · 교육직으로서의 도서관장이라는 포스트를 신설하였다. 그때까지 나는 마드라스대학의 일부인 프레던시칼리지(Presidency College)에서 수학을 가르치고 있었는데, 11월에 관장으로 임명되어 다음 해 1월 4일 목요일 오후에 취임하였다. 그러나 관장으로서의 일은 아무 것도 없어 따분하였다. 수학 교사로 되돌아가고 싶다고 생각했는데, 친구들로부터 「서둘러 결론을 내리지 말라」는 말을 듣고 생각을 멈추었다. 그래서 우선 쌓여있던 수백 권의 기증서의 편목 작업을 시작하였다. 도서관의 독자 수는 하루에 1다스에도 이르지 못하였다.

02. 최초의 경험

1924년 10월, 런던대학 도서관학교에 입학하였다. 이 학부 도서관은 작기는 하였지만 상당히 충실하였다. 그러나 장서 수는 그다지 많지 않았으며, 다 읽는 데는 몇 개월도 걸리지 않았다. 이 학교에서 이론적 준비를 마친 후, 런던 남부 교외의 크로이든시립도서관(Croydon Public Libraries)에서 6주간 실무를 경험하였다. 그 후에는 6개월에 걸쳐

100여관에 달하는 각종의 도서관을 방문하였다. 관장들은 자유로이 견학하고 질문할 수 있도록 허락해 주었다. 이것이 나에게는 도서관을 알기 위한 최초의, 그리고 수확이 많은 경험이었다.[1)]

03. 그 당시의 영국의 도서관

견학생에게는 진보된 도서관도 있지만 뒤처진 채로 있는 도서관도 있었기 때문에, 도서관의 실무를 비교하고, 그 특징을 알 수 있었다. 도서관인의 개선에 대한 의욕은 인상적이었지만, 그 실무로는 관내의 다른 일과의 관련성을 볼 수 없었다. 각 부문의 사람들과 이야기를 나누어 보면, 자신 내부의 일만을 생각하고, 다른 부문의 사람과는 거의 연락이 없으며, 같은 부문에서 일하고 있더라도, 팀워크가 없었다. 전체를 통찰하는 관점이 없었던 것이다. 그러한 관점을 갖게 되면 다른 부문의 업무로부터도 자신의 업무와의 공통점을 찾아낼 수 있을 텐데, 폐쇄적인 업무 방법 때문에 그것을 볼 수 없었던 것이다. 그 때문에 도서관의 업무가 전체로서의 관계는 볼 수 없는, 개별적인 실무의 집합에 불과하여, 그로부터 장래의 발전이 이루어진다고는 생각할 수 없었다. 상식을 바탕으로 한 경험주의가 있을 뿐이었던 것이다.

---

1) 세이어즈(Sayers)와의 만남: 이 도서관학교는 불과 그 2년 전에 설립되었다. 장서 책수가 적었던 것은 당시로서는 오히려 당연했을는지도 모른다. 랑가나단의 지도를 맡았던 사람은 이 학교의 강사로, 크로이든시립도서관(Croydon Public Libraries)의 관장으로서 훌륭한 업적을 올리고 있었던 세이어즈(W. C. Sayers)였다. 그는 랑가나단이 이미 석사 학위를 소지하고 있고, 교직 경험을 가지고 있으며, 인도의 고전에도 밝아, 연구자로서 훌륭한 자질을 갖추었다는 사실을 인정하고, 보통의 신입생으로 취급하지 않고, 수업에 대한 출석은 기초로서 필요한 과목만 이수하도록 하고, 나머지 시간은 전문 서적을 읽을 것과 현장에서 배울 것을 권하였다. 이것이 후년의 랑가나단 박사를 기르는 데 대단히 큰 역할을 했다고 생각한다.

04. 과학적 방법

과학을 배우고, 연구해 온 나로서는 기억에 의지하여 이러한 단편적인 정보와 실무를 처리하는 것에 만족할 수 없었다. 그리하여 다음과 같이 생각하였다. 이러한 무질서한 업무의 축적을 집약하여, 근본 원리를 찾아낼 수는 없는 것일까? 귀납(歸納)이라는 사고 방식을 여기에 적용할 수는 없는가? 근본 원리를 세워, 지금까지의 모든 실무를 그로부터 도출해낼 수는 없는가? 그 원리가 있으면, 과거의 방식이나 장래에 필요로 하게 되는 것이 그 체계 속에 필연적으로 자리 잡게 되는 것은 아닐까? 만일 도서관에 대한 사회적인 요청이 변화한다면, 그때 이러한 기본 원리가 필요한 것은 아닐까? 그러한 의문이 내 안에서 솟아올랐던 것이다.

물론 이 일은 사회 과학에 속하며, 자연 과학은 아니다. 그러나 과학으로서의 연구 방법은 그 양면에 적용할 수 있다. 다만 하나의 상위(相違)는 기본적인 생각을 어떻게 자리매김하는가 하는 점이다. 자연 과학에서는 그것을 가설(假說)이라고 부르고, 사회 과학에서는 규범 원리라고 부르고 있다. 그러나 과학의 연구 방법의 진행 방식은 어느 쪽의 경우에나 마찬가지이다. 그것을 바탕으로 분명하게 해야 하는 것은 우선 현상(現狀)을 관찰하고, 거기에서 분명해진 도서관 실무의 본연의 모습, 지금은 아직 볼 수 없다고 하더라도 그로부터 추론할 수 있는 장래의 실무, 나아가 그로부터의 전망의 세 가지를 이론적으로 의미 부여하기에 충분한 규범 원리를 구하는 것이다. 이러한 생각이 1925년에 영국에 머무를 때부터 마음속에 생겨나 나를 뒤흔들어 놓고 있었던 것이다.[2)]

---

2) 과학으로서의 연구 방법: 이러한 사고 방식은 오늘날의 우리들에게도 항상 있을 것으로

05. 5법칙이 만들어지기까지

1925년 7월에 귀국하고 나서는, 마드라스대학 도서관의 조직화와 충실화에 매우 분주하였다. 도서관으로서는 실질적으로 제로에서 출발하는 것이었기 때문에, 기본적인 과제의 검토는 뒤로 미루지 않을 수 없었다. 32,000권의 장서의 분류를 바로잡고, 편목을 하고, 그와 병행하여 『콜론분류법』(CC: *Colon Classification*)과 『분류목록규칙』(*Classified Catalogue Code*)의 편찬, 개가제(開架制)의 채택, 그리고 참고 서비스도 혼자서 시작하였다. 그 위에 도서관의 홍보 등 처음으로 실시하는 것뿐이었다. 그 결과 도서관 방문자의 수는 하루 20여명에서 200명으로 늘어났다. 직원의 채용과 그 훈련, 도서관 관리 매뉴얼의 편찬이라는 새로운 업무도 추가되었다. 연간 수입(受入) 책수는 1,000권에서 6,000권으로 증가하였고, 새로운 도서관 건축 계획도 생각하지 않으면 안 되었다. 그 다망(多忙)함 때문에, 규범 원리에 관한 일은 마음속에 간직해 두어야만 했다. 그러나 그 다망함은 내 안의 사고 방식을 파괴하는 힘으로서가 아니라, 키우는 힘으로서 작용하였다. 『콜론분류법』의 하나하나의 스텝에도, 『분류목록규칙』의 하나하나의 조문 작성에도, 도서관 관리 규칙의 각 조문의 기안에도, 마음속의 기본적인 원리가 빛을 받아, 각각 빛을 갖기에 이르렀던 것이다. 규범 원리 또한

생각한다. 다만 오늘날에는 여기에서 말하는 규범 원리를 자연 과학과 마찬가지로 「가설」(hypothesis)이라고 부르는 것으로 생각한다. 그것은 자연 과학과 같이 실험·관찰에 의해 증명하기보다는 가설 형성에 이르는 과정과 그 가설이 그 사상(事象)을 설명하는 데 논리적으로 타당한지의 여부를 존중한다는 차이가 있는 것은 아닐까? 그 사상의 설명을 바탕으로 하여, 「도서관은 이래야 한다」라는 면을 강조했던 것이 「도서관학의 5법칙」이었다. 그러나 거기에는 또 3년의 세월이 필요하였다.

이러한 업무의 진전과 필요성 때문에, 무의식적으로 형성되어 있었다. 이것이 3년에 걸쳐 이어졌던 것이다.

1928년이 끝나갈 무렵, 마침내 이 규범 원리가 탄생되는 날이 왔다. 어느 일요일 오후, 그것을 지금까지 마음속에 억누르고 있었던 힘이 방향을 바꾸었던 것이다. 다른 업무는 모두 제쳐두고, 규범 원리에 대해 집중적으로 생각하기 시작하여, 마음속에서 이루어지는 견딜 수 없는 고투(苦鬪)가 계속되었다. 그날 저녁 무렵, 언제나처럼 에드워드 로스(Edward Ross) 교수가 도서관에 들려주셨다. 내가 지적(知的)으로 성장할 수 있었던 것은 이 분 덕분이었다. 대학 시절의 수학(數學)의 스승으로, 그 다재(多才)함과 나에 대한 우정으로, 계속하여 나의 새로운 업무에 깊은 관심과 지적 흥미를 가지고 있었던 것이다.

내가 고심하고 있는 것을 눈치챈 선생에게 당면한 문제를 들려드렸다. 마침 오토바이로 귀가하려고 하고 있었을 때였는데, 그는 눈을 반짝이면서, 특유의 미소를 지었다. 그것은 무엇인가 새로운 것을 생각해냈을 때 그가 언제나 보이는 표정이었다. 그리고 「자네가 이야기하고자 하는 제1법칙은 ≪책은 이용하기 위한 것≫이라는 것이네」고 말하고, 대답도 듣지 않은 채 떠나가 버렸다. 정말로 이 사람다운 방식이었다. 이 교수의 직감으로부터 나온 일격은 나를 완전히 구원해주었다. 이 말로부터 다른 네 개의 법칙이 거의 자동적으로 탄생하였으며, 세 시간 후에는 5법칙 각각으로부터 연역(演繹)된 것이 다섯 장의 종이에 정리되었다. 이와 같이 하여 이 「5법칙」이 완성되었던 것이다.[3]

---

3) 로스(Edward Ross) 교수: 이 교수는 스코틀랜드 출신의 수학자로, 랑가나단의 대학 시절의 수학 선생이었다. 그의 장래성을 간파하여 대학원 입학을 권하고, 「수업료를 낼 수 없어 취직한다」는 그에게 응모를 시키고, 모든 비용을 지불해주었던 사람이다. 그 후에도

06. 5법칙의 발표

그 무렵은 도서관의 단체도 도서관인의 집회도 없어, 5법칙을 발표할 기회가 없었다. 그러나 신문이나 잡지가 스페이스를 할애해 주었으며, 1928년 12월에는 마드라스대학 주최의 교사 대상 강습회에서 강연의 기회가 주어졌다. 이 강습회는 각지에서 개최되었기 때문에, 참가한 교사의 수는 1,000명에 달하였다. 1930년에는 동북 인도의 바라나시(Varanasi)에서 제1회 전아시아교육회의가 열렸는데, 여기에서 처음으로 도서관인들에게 5법칙을 이야기할 기회를 얻었다. 이 5법칙으로부터 도서관법 원안이 만들어져, 각 주의 도서관법의 모델이 되었다. 1929년 4월에는 마드라스도서관협회가 도서관학 강좌(후의 마드라스대학 도서관학부)를 개설하였기 때문에, 그곳에서 매년 1회, 조직적이고 상세한 강의가 가능하게 되었다. 이곳에서 모든 것이 시작되었던 것이다.[4)5)]

상담에 응해 주었던 사실은 이 책의 제1부 제2장에서 살펴보게 될 것이다. 랑가나단은 그의 다년간의 은혜에 보답하기 위해 1925년 마드라스대학의 크리스천칼리지(Christian College)에 「로스교수기념기금」이라는 장학금을 마련하였다.

4) 그 후의 출판과 전개: 이 책 제1부 제2.2절을 참조하기 바란다. 초판 발행 후의 변화로서는, 그때까지의 "Book"이라는 개념이 더 넓은 의미로 쓰이게 되고, 도큐멘테이션이라는 용어를 사용하여 강조하게 되었다는 사실과 두 번째로 「성장」이라는 개념이 더 보편화되었다는 사실, 세 번째로 랑가나단은 「도서관학은 존재하는가」라는 의문에 답하지 않으면 안된다고 생각했었다는 점 등이 있었다. 그리하여 인도에서 처음으로 각국에서 이루어진 도서관학의 장족(長足)의 발전에 대응하기 위해, 「과학적 방법, 도서관학 및 그 진전」이라는 타이틀로 제8장을 추가하고 있다.

이 책에서는 제8장의 5법칙의 보충 자료를 각 법칙의 뒤에 붙여, 사고 방식의 변화를 제시하였다. 또한 제8장의 「과학적 연구의 사이클」이라는 그림을 아들 요게시와르(Yegeshwar) 씨의 도움을 받아 해석하여 참고로 제공하였다.

5) 출전: S. R. Ranganathan, *The Five Laws of Library Science,* 2nd ed. Asia Publishing, 1957. ©1963. pp.19-23.

제 1 장

제1법칙
≪책은 이용하기 위한 것이다≫
Books are for use

로스(Edward B. Ross) 교수의 한마디 말로, 둑이 터져 쏟아져 나온 다섯 개의 법칙이 이로부터 시작된다. 그 최초의 법칙이 ≪책은 이용하기 위한 것이다≫이다. 일견 아무것도 아닌 당연한 것 같은 것으로, 「뭐야? 그런 말이야?」라고 생각하는 사람도 있을 것이다. 그런데 랑가나단은 학문으로서의 원리는 어느 분야에서나 마찬가지로, 당연하다고 볼 수 있는 것 속에 있다고 말한다. 그렇기 때문에, 원리인 것이다.

그러나 이것은 당시의 도서관 안에서는 결코 당연한 것이 아니었다. 오히려 교육이나 책에 대한 사고 방식에서 본다면, 전통의 파괴로, 기득권에 대한 침해로 해석되었을 것으로 생각된다. 그러한 전통적인 사고 방식을 가진 사람이 도서관을 운영하고 있으면, 이 ≪책은 사용하는 것≫이라는 사고 방식의 실현에는 상당한 노력이 필요하게 된다. 랑가나단뿐만 아니라, 일본의 도서관에서도 그것은 마찬가지였다.

그것을 실현하기 위한 사고 방식으로서, 랑가나단은 우선 책이라는 것에 대한 사람의 태도를 역사적으로 검토한다. 다음으로 제1법칙을 실현하기 위한 조건으로서, 도서관을 어디에 설치해야 하는가와, 개관 시간, 도서관 가구, 경비, 그리고 도서관에서 일하는 사람들의 자격, 학식과 교육, 대우, 책무, 이용자와의 관계, 도서관 서비스, 전문직으로서의 마음가짐에 대해 설명하고 있다. 이 모두가 오늘날 일본에서, 거의 언급되고 있는 것들 가운데 몇몇에 해당하는 것이다. 그것을 1930년대, 아직 영국의 통치 아래에 있던 인도에서 주장하고, 실현하기 위해 노력을 기울였던 것이다. 그 고로(苦勞)의 일단(一端)도 여기에서 얼굴을 내비치고 있다.

여기에서 도서관인의 조건으로서 열거하고 있는 것은 매우 엄격하여, 이 정도까지 높은 요구가 필요한가 하고 생각하는 사람도 있을 것이다. 그러나 그것은 도서관인의 일이 고급이라고 주장하는 것이 아니라, 사람의 성숙과 성장에 관계되는 일을 하고 있는 사람들에게, 기본적으로 필요한 조건인 것이다. 즉 사람의 성숙과 성장이 더할 나위 없이 중요하기 때문에, 그에 관계되는 사서나 학교 사서, 사서 교사의 일을 적당히 대충하는 것으로 해서는 안 된다고 주장하고 있는 것이다.

제1장부터 제7장에서는, 원저의 내용을 가능한 한 요약하였다. 따라서 번역이라고는 말할 수 없다. 그 절이 원저의 어느 곳에 있는지를 나타내기 위해, 원저의 장절(章節)의 기호를 남겨두었다. 요약문의 말미에 【 】안에 3자리 숫자가 그것이다. 복수의 절을 정리한 경우는【121-126절】과 같이 표시하였다.

11. 학문으로서의 원리

1) 그 표현

도서관학의 제1법칙은 다른 분야의 그것과 마찬가지로, 그 분야의 학문으로서의 원리를 구체적으로 표현하는 것이다. 그것은 완전히 자명(自明)한 것, 또는 특별히 내세워 말할 필요가 없을 정도로 사소한 것으로 볼 수 있을는지도 모른다. 그러나 그것은 모든 제1법칙에 공통하는 불변의 성격으로, 뉴턴의 운동의 법칙에도, 인도 철학의 기초를 나타내는 우파니샤드(Upanisad)의 경우에도 마찬가지인 것이다. 여기에서 그것은 ≪책은 이용하기 위한 것이다≫로 표현된다. 이 의미가 올바르다는 것에 대해서는 어느 누구도 의문을 갖지 않지만, 그러나 도서관 주관 당국(도서관의 관리 운영을 맡고 있는 사람들)에서, 이 의미를 이해하고, 찬성하고 있는 사람들은 극히 적은 것이 실태였다. 【111절】

12. 제1법칙의 경시(輕視)

1) 사슬에 묶인 도서관

도서관의 실태를 역사적으로 보면, 이러한 사고 방식을 얼마나 경시해 왔는지를 잘 알 수 있다. 이용보다도 보존을 중시했기 때문이다. 15세기부터 16세기에는 보존을 위해 책을 서가에 사슬로 묶어 분실을 방지하였다. 이것은 후세를 위한 보존이라는 의의를 가지고 있다고 주장하고 있지만, 그러나 항상 「후세」를 위해라고 말하면, 「현재」가 없어져 버려, 책에서 사슬을 떼어내는 시대는 영구히 오지 않게 된다. 이것은 책이 귀중품으로, 사본(寫本)으로는 대량 생산이 불가능했었다는 사정이 있었기 때문이다. 인쇄술의 발명에 따라 이러한 사정은 크게 변화하였지만, 그러나 도서관에서는 이 보존이라는 생각을 습관적으로 계속하였다. 책의 자유로운 이용을 방해하는 규칙이나 사고 방식에 지배되고 있었기 때문이다. 18세기에서 19세기에 이르러서도, 대출을 하면 도서관에 책이 남아 있기 않게 된다고 하여, 가능하면 대출을 하지 못하도록 하려고 한다거나, 독자를 방문하여 책을 회수한 도서관장들의 이야기도 전해지고 있다.【121-126절】

2) 현대의 도서관장

현대에는, 고대로부터 책에 내재해 있던「이용되어야 하는 것」이라는 성질이 도서관학의 제1법칙으로 확실하게 나타나게 되었다. 이 제1법칙을 확실하게 이해하고 실행하고자 하는 도서관장은 책이 대출되어 서가가 비게 되는 것을 자신의 직책을 수행한 것으로서 기뻐하는 것이다. 때문에 도서관장은 독자로부터 책을 거둬들이기 위해서가 아니라, 새로운 책을 소개하기 위해 지역으로 나가게 된다.

이 과정은 다음과 같이 정리할 수 있다. 즉 ≪책은 이용하는 것≫이라는 사고 방식의 침투에 따라, ① 사슬이 제거되고, ② 선정된 소수의 사람과 대출 요금을 지불하는 사람에게만 이용을 인정하고, 그 후에 ③ 관내에서 이루어지는 이용은 누구에게나 가능하게 되고, 마지막에는 ④ 무료의 대출이 시작되어 자유로운 이용이 실현되었던 것이다.【127절】

3) 제1법칙의 힘

나아가 이 법칙이 정착되면, 제1법칙의 안에 깊숙이 잠재해 있던 깊은 의미가 드러나게 된다. 즉 도서관 안에서 오는 사람을 기다려 서비스하는 것뿐만 아니라, 책의 이용을 적극적으로 추진하는 방법을 고안하여 실행할 수 있도록 변화해가는 것이다. 예를 들면 분관(分館)·분실(分室)의 설치로부터 시작하여, 다양한 장애 때문에 도서관에 올 수 없는 사람들에 대한 명목상의 비용에 의한 대출, 그 다음에는 도서관의 배본소(配本所)로서의 업무를 맡아주는 가정에 대한 책의 무료 배달, 그리고 최종적으로는 자동차 도서관이라는 순서로 나아가게 될 것이다.

그 다음에는 무엇이 생기게 될까? 공공 도서관이 이러한 조직을 갖게 되면, 그 조직의 장서를 활용하여, 책을 계속하여 조사할 수 있게 되어, 개인의 장서보다도 훨씬 더 편리하다는 사실이 인정되게 될 것이다. 【128절】

13. 도서관의 입지

도서관 주관 당국이 과연 제1법칙을 존중하고 있는가? 그것은 도서관을 세울 장소의 선정 방법에 나타난다. 인도 남부의 어느 읍내에서는 처음에는 교외에 세우려고 하고 있었다. 「읍내는 먼지가 많아 책이 더러워진다」는 것이 그 이유였는데, 다양한 사람이 들어오는 것을 피하기 위해 먼 곳을 골랐던 것은 아닐까? 랑가나단은 도서관을 시의 중심지, 즉 시장 가까이에 누구나가 올 수 있는 곳으로 제안하여, 시의 유력자들을 놀라게 했다. 구미(歐美)의 실례와 5법칙을 설명하여, 가까스로 「그것도 생각해 볼만하다」고 인정하게 되었던 것이다. 다른 읍내에서는 어느 위원이 농담으로, 「교통편이 없는 곳이 좋다」고 말해도 반대가 나오지 않았던 모양이다. 이것은 도서관이 「있으면 좋은 것」인 「마을의 장식」으로, 이용을 위해서는 존재하지 않았었기 때문이다.

구미 여러 나라에서는 시민이 용무를 보기 위해 가지 않으면 안되는 곳, 즉 시의 행정 및 경제 활동의 중심지에 도서관을 세우고, 시내 각 곳에 분관이나 배본소를 만들어, 시내 전역으로 활동을 넓히도록 해왔다. 1920년대, 즉 제1차 세계대전의 종전 후에는 4만에서 6만 명에 하나의 분관이라는 예를 얼마든지 볼 수 있었다. 【131-133절】

1) 상점의 입지 조건

이런 식으로 도서관의 조직이 생기면, ≪책은 이용하기 위한 것≫이라는 생각이 정착되고, 「독자가 사용하기 때문에, 도서관으로서의 가치가 있다」는 이해가 확산되게 된다. 가게를 열 때는, 사람이 오기 쉬운 곳을 고를 것이다. 도서관도 그와 마찬가지인 것이다.[1)]

학교나 대학의 도서관 위치도 마찬가지이다. 제1법칙을 신뢰하면 할수록, 그 도서관의 규모가 커지고, 캠퍼스의 중심에 위치하게 된다. 이것은 ≪책을 이용한다≫고 하는 것이 갖는 교육상의 의의와 방법을 높이 평가하기 때문이다. 건물의 전체 면적의 절반을 독서에 관한 시설,

---

1) 상점과 도서관: 일본에서는 테이코쿠도서관(帝國圖書館)의 사서 오오타 타메사부로우(太田爲三郎)가 1912년 5월의 전국도서관대회에서 「도서관은 하나의 영업이다」라는 강연을 행하면서, 교육 기관임과 동시에, 손님을 상대로 하는 비즈니스라는 것을 주장하였다. 그 내용은 『圖書館雜誌』 제15호(1912년 7월, pp.46-51)에 게재되어 있다. 또한 미국에서는 1980년 볼티모어의 도서관장이 가까이에 있던 가구점(IKEA)의 상품 진열에서 힌트를 얻어 도서관 운영의 개혁을 행하여, 커다란 성과들 거두었다.

즉 도서관으로 하는 대학도 있다고 한다. 그렇게 되면 학부생도, 대학원생도, 자신의 집보다는 도서관에서 공부를 하게 될 것이다. 도서관은 대학의 지적 활동 센터가 되고, 장래에는 대학의 성격 그 자체가 지적 활동 센터가 된다고 예측하는 학자도 있을 정도이다. 【134-136절】

14. 개관 시간

1) 제1법칙의 경시

제1법칙은 개관 시간의 결정에도 큰 영향을 미친다. 19세기 말까지는 보존이 중심이 되었기 때문에, 각지의 도서관은 닫혀있는 시간이 길고, 개관일은 주에 1회나 2회, 수 시간뿐인 상황이었다. 정말로 제1법칙을 경시하고 있다. 랑가나단은 여기에서 마드라스대학의 실례를 들고 있다. 도서관 개혁 사업의 일환으로서, 학생과 교원의 도서관 이용 상황을 조사하여, 평일에는 오전 10시부터 오후 5시까지, 토요일과 일요일은 오전 7시부터 오후 2시까지 개관하기로 결정하였다. 아직 제1법칙이 파급되지 않은 시기에, 대학 당국의 승인을 얻는다는 것이 용이하지 않았다. 그러나 그 결과, 이용은 크게 늘어났다.[2)]

이 때문에 늘어난 업무를 어떻게 소화하는가 하고, 관내에서 상담하고 있는 곳으로 대학의 높은 분이 찾아왔다. 그는 「가장 이용이 많은 시간 이전에 문을 닫을 것. 그렇게 하면 이용자가 오지 않게 되어, 문제가 해결된다」고 말했던 것이다. 【141절】

---

2) 개관의 시간과 무휴 개관: 이것을 결정하기 위해 랑가나단은 도서관의 이용 상황을 조사하여, 상세한 통계를 작성하였다. 북위 13도 8분이라는 마드라스의 자연 환경과 그곳에서의 생활, 즉 열대 지방에서의 생활을 고려한 계획이었다.

2) 제1법칙의 불가사의한 힘

≪책은 이용하기 위한 것≫이라는 사고 방식은 구미에서는 급속하게 확대되어, 전등의 보급과 함께 개관 시간이 길어졌다. 마드라스대학에서도 토요일과 일요일을 포함하여 오전 7시부터 오후 8시까지로 변경되었다. 도서관의 이상(理想)인 「사람이 일어나 있는 시간에는 언제라도」의 실현에 가까워지는 것은 각지의 도서관 주관 당국이 제1법칙의 정당성을 어렵사리 인정하게 되는 것이다.[3)]

「그렇게 하면 경비가 너무 많이 든다」고 말하는 사람이 있을 것이다. 도서관을 위한 여분의 지출은 합법적이며, 나아가 사람이 그것을 원하는 것이 있으면, 그것을 지지하는 것이 근대 사회이다. 그리고 도서관의 폭넓은 이용에서 생겨나는 커다란 이익에 비하면, 이 지출은 아주 적은 금액에 불과하다. 책속에 갇혀 있던 보물의 가치를 이 소액의 지출 때문에 제한하는 것은 정말로 「기와 한 장 아끼다가 대들보 썩히는」 것과 같다고 말할 수 있을 것이다. 런던대학에서는 학부 도서관의 열쇠를 학생에게 넘겨주고, 언제든 입관(入館)할 수 있도록 하고 있다. 그것이 바로 개관 시간의 이상(理想)인 「밤이나 낮이나, 언제라도」를 실현하는 것이다. 【142-144절】

---

3) 전등의 보급: 도서관의 선인들은 새로운 기술을 서비스의 충실한 발전을 위해 적극적으로 받아들였다. 예를 들면 순회 도서관은 사람의 등에서 말(馬), 다시 마차(인도 남부에서는 우차), 자동차로 변하여 그 활동 지역을 크게 넓혔다. 전등 채택 이전의 도서관은 서고동의 천정에서 들어오는 빛이 아래층의 서고에 이르도록, 서고의 각 층의 마루를 유리판으로 한 예도 있다. 강도(强度)를 갖도록 하기 위해 철선(鐵線)을 넣어 보강한 두꺼운 유리를 사용했던 것이다. 화재를 피하기 위해, 조명으로 불을 사용하는 것을 애써 피한 결과이다. 창에 직각으로 서가를 배치했던 것도 외광(外光)을 끌어들이기 위해서였다. 에디슨이 백열 전구를 발명한 것은 1879년인데, 그 후의 개량에 의해 이 광원(光源)이 신뢰를 얻어 도입되었던 것은 20세기에 들어서부터일 것이다. 도서관의 근대화는 이러한 서비스 향상의 의욕과 「물건」 및 그 기술의 뒷받침을 받아 오늘날에 이르고 있는 것이다.

15. 도서관 가구

도서관의 의자와 책상, 서가, 그 밖의 가구가 제1법칙과 어떤 관계가 있는가라고 물을는지도 모르겠다. 이것들은 제1법칙의 실현 그 자체인 것이다. 보존을 주로 하는 시대에는, 최대의 책수를 최소의 공간에 최소의 경비로 보존하는 것이 목적이었다. 서가는 천정에 이르고, 통로는 좁으며, 개개의 서가에는 문짝이 붙고, 열쇠가 채워져 있었다. 열람실의 가구는 아주 조잡한 것으로, 독자를 쾌적하게 하거나 격려해주는 회화(繪畵)나 초상을 두는 경우는 없었다. 이것을 극적으로 변화시킨 것이 제1법칙이었던 것이다.

16. 대 화

1) 제1법칙과 「최소 공간의 규칙」, 「최소 경비의 규칙」 자매와의 대화

5법칙의 한 사람 한 사람이 총명하고 포용력과 설득력이 풍부한 여성으로 표현되고 있다는 사실은 앞서 살펴본 바 있다. 랑가나단은 나아가 최소 공간과 최소 경비의 규칙도 자매로 표현하고 있다. 그리고 제1법칙이 그 자매에게 말을 걸어 문제점을 지적하고, 상대의 반응에는 차분하게 생각하는 모습을 그리고 있다. 그 결론과 이 두 사람으로부터 받은 호의적인 조언을 조목별로 나누어 써본 것이 다음의 6개 항목이다.

① 서가의 높이를 2미터 이내로 한다.[4)]

② 서가 사이의 통로는 두 사람이 스치듯 지나칠 수 있도록 137cm에서 183cm 정도로 한다.

③ 서가에는 문짝이나 자물쇠를 달지 않는다.

④ 열람실은 최고의 서재처럼 쾌적하게 정돈한다. 장식용 벽걸이나 꽃, 회화, 선풍기, 전등, 마실 물과 세면대를 갖추고, 부속 시설로서, 간소한 식당과 피곤할 때 찾을 수 있는 휴게실을 둔다. 성실한 학생이 밤에도 공부할 수 있도록, 전등을 준비한다. 도서관을 책을 사장(死藏)하는 장소로서가 아니라, 최고의 쾌적함을 갖춘 업무 장소로 생각한다.

⑤ 여기에 포함되지 않았던 것은 강의실과 전시실이다. 그에 대해서는 제1법칙의 자매인 제3법칙에 맡기고 있다.

⑥ 두 사람의 자매로부터 얻은 호의적인 조언:

ⓐ 고령의 관리자들을 설득할 것.

ⓑ 그것은 극히 곤란한 것으로, 신중하게 행할 것.

17. 도서관인

제1법칙의 출현으로 가장 큰 영향을 받는 것은 도서관인이다. 누가 뭐라 해도 도서관을 좋게도 나쁘게도 하는 것은 도서관인이기 때문에,

4) 서가의 높이: 서가의 높이를 2미터란 1920년대의 인도의 상황을 바탕으로 한 것일 것이다. 그때까지는 천정까지 이르는 서가로, 사다리를 사용하여 책을 출납(出納)하지 않으면 안되었다. 오늘날에는 독자의 손이 쉽게 미치는 것을 기준으로 하여, 1.8미터를 한도로 하고 있다. 눈의 높이를 기준으로 하여, 그 이상의 높이의 부분은 이용 빈도가 낮은 전집물 등을 배가하는 곳도 있다.

제1법칙과 도서관인의 관계는 주의 깊게 검토해야 한다. 실제로 19세기 후반 이래로, 도서관계는 이 문제에 대해 커다란 노력을 기울여 오고 있다.

1) 도서관인의 자격

보존을 목적으로 했던 시대에는, 불과 물, 벌레, 인간이 책의 적으로, 그것과 싸우는 것이 직원의 임무였다. 이것은 누구나가 가능한 업무로 간주되어, 몸이 부자유스런 사람, 의욕이 없는 사람, 성질이 급하여 주변 사람들과 융화하지 못하는 사람 등이 옮겨오는 경우가 많은 것이다. 관리인(keeper)이라는 고대의 직명(職名)은 도서관으로서의 업무가 존중되지 않았다는 사실을 보여주고 있다. 영미 양국에서 도서관 전문직의 필요성이 인식되는 데는 오랜 시간이 걸렸다. 도서관의 업무에는 전문적인 훈련과 에너지, 세심함, 특별한 적응성 등이 필요하다는 사실이 아직 알려져 있지 않았던 것이다.

그러나 종합 대학에 책에 대한 교수를 두어야 한다는 생각은 19세기 후반에 이르러서야 나타나고 있으며, 「도서관은 도서관인이 책의 이용 방법까지 가르치지 않으면 완성되지 않는다」고도 하였다. 그러나 인도에서는 그러한 발언도 조건도 없었다. 관장의 지위나 대우도 그 업무에 어울린다고는 말할 수 없는 상태가 계속되고 있다.[5)]

인도의 대학 도서관의 직원은 사무직으로, 그 이상의 지위는 없다.

---

5) 책에 대한 교수직: 이러한 주장이 미국의 도서관계에서 정리된 형식으로 나타난 것은 미국 정부 교육성이 1876년에 출판한 『미국 공공 도서관 보고』(Public Libraries in the United States of America)에서라고 생각된다. 여기에 2편의 논문과 함께, 그 이전에 에머슨(Ralph Waldo Emerson, 1803-1882)이 발표했던 「대학에 책에 관한 교수직을 두어야 한다」고 하는 의견을 소개하고 있다.

도서관의 업무를 대학의 교육 효과와 결부시키는 지위도 권한도 없는 것이다. 도서관 담당 교수를 두고 교육과 연구와 도서관을 연결시킨다는 사고 방식도 있지만, 교수는 도서관장이 아니다. 그 역할에 대한 사고 방식이 다르다. 또한 전문 학교에서는 도서관인이 일반 사무를 떠맡는 경우도 있다.

자격이라는 점에서는 학교 도서관이 최악이다. 도서관 사무직의 필요성조차도 인정되지 않고 있다. 부담 시간이 적은 교사에게 관리를 맡기는 것이 보통이며, 학생이 책을 찾으러 오더라도, 「책을 읽기보다는 부족한 학점을 따라」고 호통을 치거나, 때로는 때리는 일도 있다고 한다. 학교 당국이 ≪책은 어린이들이 사용하기 위해 존재한다≫고 생각하고 있다면, 이러한 교사 대신에 사서 교사를 두고, 그 사람의 전문적 훈련과 배려에 의해, 모든 어린이들을 도서관으로 끌어들이게 될 것이다. 그렇게 된다면 그 도서관을 「학교의 심장」이라고 불러도 좋을 것이다. 실제로 성인이 된 후에 사서 교사와 도서관의 모습을 생각해내고, 평생에 걸쳐 지적 활동의 원천으로서, 무한한 감사의 마음을 계속 가지고 있는 사람도 있는 것이다.[6)]【170절】

2) 도서관인의 학식

그러한 도서관인에게는 당연히 학식이 필요하게 된다. 그러나 제1법칙을 바탕으로 하여 도서관에는 전문의 직원을 두어야 한다는 사실을 납득했다손 치더라도, 도서관 주관 당국은 오랜 기간 도서관인의 자질

---

6) 학교 도서관에 대한 감사의 마음: 이것은 결코 랑가나단 주변의 이야기만은 아니다. 50년 이상 이전의 학생으로부터 그런 이야기를 들었다는 학교 도서관인을 2005년에 미국에서 만났던 적이 있다.

과 자격의 중요성을 인정하려고 하지 않았다. 그 때문에 제1법칙은 개관 시간을 새로이 정했던 때보다도 더 격렬한 싸움을 하지 않으면 안 되었다. 일하는 사람이라면 누구라도, 자신의 업무에 대해 잘 알아야만 한다는 것을 알고 있다. 그러나 도서관인의 업무가 폭넓은 학식을 필요로 한다는 사실은 오랜 동안 이해되지 못하였다. 오늘날 구미(歐美)의 여러 나라에서는 도서관인이 학술적인 직업이라는 사실을 의심하는 사람은 없다. 그러나 인도에서는 이러한 사실이 거의 알려져 있지 않다.

그 실례로서, 랑가나단이 어느 고관(高官)의 자택에 초대받았을 때의 일화가 있다. 사람을 불러 식사를 함께 한다는 것은 필경 당시의 사교계에서 자주 행해지는 일이었을 것이다. 초대자는 처음에는 자신의 손님이 도서관인이라는 사실을 알고서는, 그러한 업무를 하고 있는 사람을 높은보니, 이 사람은 석사 학위를 가지고 도서관의 관리를 하고 있다는 것을 알게 되었다. 높은 학력을 가지고 있으면서 그런 일을 하는 것은 안타까운 일이라고 주인은 랑가나단에게 깊은 동정을 보냈다. 그 후 이 손님이 주인보다도 높은 봉급을 받고 있다는 사실을 알고, 크게 분개했다고 한다. 이런 사람은 결코 예외가 아니다. 도서관을 이용한 적이 없고, 잘 관리된 오늘날의 도서관의 실력을 알지 못하는 사람에게는 자주 있는 일이다.

한편 도서관에 자주 가고, 하나의 테마를 추구하고 있는 사람은 누구나 도서관에 대한 기대를 가지고 있다. 그것은 자신의 분야의 전문 용어에 대해 이해하고, 그것을 조사하기 위한 서지(書誌)나 방법을 알고 있는 도서관인이 적어도 한 사람, 도서관에 있었으면 좋겠다는 것이다. 어느 대학의 학장은 「도서관을 관리하는 사람은 누구나 사람을 이끌 수 있어야 한다. 행정 능력과 함께, 도서관학의 학식이 필요하다」고 말하고 있다.

그렇다면 도서관의 신인으로서 필요한 학식은 무엇일까? 상식이 없으면서 다른 사람에게 비웃음을 사는 사람, 학자풍으로 거드름을 피우는 사람, 사소한 일을 필요 이상으로 자세히 파고드는 연구자 기질을 가진 사람은 누구도 도서관에는 어울리지 않는다. 도서관인으로서 필요한 학식은 판단력, 자제심, 그리고 과학적으로 사물을 생각하는 습관을 갖는 것으로부터 생겨난다. 그리고 그 전문성은 서지에 대한 지식과 경험을 풍부하게 갖추고, 나아가 자신도 「배우는 사람의 한 사람」이라는 태도를 갖는 것으로부터 몸에 밴다고 한다. 영국에서는, 도서관인은 지식의 모든 분야에 대한 폭넓은 탐구심과 독자의 지적 탐구에 대한 공감이 필요하다고 하는데, 그것은 이 공감이 도서관 자료의 선택, 독자에 대한 조언의 제공, 독자가 원하는 문헌을 찾아내기 위한 방법을 극히 단시간 안에 생각해내고 독자를 지원하는 업무의 기반이 되기 때문이다. 나아가 도서관인은 책을 단순히 지식의 보급에 사용하는 것뿐만 아니라, 지식의 영역을 넓히고 심화시키기 위한 힘도 가져야 한다고 한다. (서지에 대해서는 476절 참조).

유럽 대학의 도서관학교에 정규 학생으로 입학하기 위해서는, 종합대학의 학사 학위가 필요하다. 그것이 자료의 선택, 독자에 대한 조언의 제공, 독자가 원하는 정보가 어디에 있는지를 짧은 시간에 생각해내고, 독자가 자료를 찾는 것을 지원해준다고 하는 다양한 업무의 기초가 되기 때문이다. 어느 식자(識者)는 「자료비를 줄여서라도 힘이 있는 직원을 고용해야 한다. 그 힘이란 관장과 도서관인 각자가 가지고 있는 특성과 지금까지 갖춘 학식이다」라고 말하고 있다. 【171절】

3) 전문직으로서의 교육

단순히 학식만으로 도서관인의 업무가 가능한 것은 아니다. 상당수의 사람은 책을 좋아하고 독서를 좋아하면 도서관인으로 적합하다고 생각하여, 도서관의 일이라면 자신은 잘 알고 있다고 굳게 믿고 있다. 자신을 어느 분야의 전문가라고 생각하는 사람이라면, 도서관인 또한 도서관이라는 분야의 전문가라는 사실을 알 수 있을 것이다. 잘 알지 못하는 다른 분야에 참견하기보다는 서로의 전문 분야를 존중하는 것이 당연한 것은 아닐까?

도서관인의 전문성이 인정되지 못하고 있는 것은 **새로운 전문직이 갖는 핸디캡**이라고도 말할 수 있을 것이다. 「보존만 하고 있으면 족하다」라고 하는 시대로부터 ≪책은 이용하기 위한 것≫으로 변화한 그때부터 도서관의 업무(librarianship)에는 몇 가지 과제가 생겨났으며, 조직적으로 짜여진 전문 교육이 필요하게 되었던 것이다. 의학이나 공학이나 법률학 등이 각각의 학문을 기초로 하는 전문 교육을 필요로 하는 것과 마찬가지로, 도서관인 또한 학문적 연찬(硏鑽)과 기술의 습득을 필요로 한다. 지금까지 전문직으로 간주되어 왔던 직업의 사람들은 자기 분야의 전문 교육의 필요성을 확신하고 있으면서, 도서관인의 전문 교육에는 의문을 가지고 있는 것이다. 그것은 자신의 직업이 먼 옛날에 성립되었기 때문에, 전문직 확립의 노고를 완전히 잃어버렸기 때문이다. 도서관학은 새로운 학문이다. 특권에 의해 보호받는 사람들은 새로이 그 세계에 들어오는 사람들을 배제하려고 하는데, 그것은 인지상정이다. 이 싸움을 끝내는 것은 훈련된 도서관인의 서비스에 의해 기쁨과 이익을 얻고, 이 업무의 가치를 알게 된 새로운 세대의 의학자, 공학자, 법률학자들이 그 분야의 지도적인 입장에 서서 발언할 때를 기다려야 할 것이다.

이 문제에 대한 대책으로서 **영국**에서는 다음과 같은 두 가지를 강조하였다.

① 도서관인은 훈련받은 전문가라는 사실을 원칙으로 하도록 여론에 영향력을 행사한다.

② 도서관 관리 당국에 대해, 신입 직원을 선발할 때 응모자의 전문적 훈련에 중점을 두어야 한다는 것, 채용 후의 현직 교육(기술과 전문 교육)을 실시해야 한다는 것을 그 직에 있는 사람의 책임으로서 실행해야 한다는 사실을 강력하게 요구한다.

5법칙이 발표되었던 무렵에는, 영국 이외에서는 미국이 가장 앞서 있었는데, 도서관학의 교육 기관으로서 인가받은 대학은 14개교에 달하였다. 유럽에서는 전문 지식을 가진 도서관인의 양성에 교육부가 책임을 갖는 나라가 눈에 띈다. 일본에서는 꽤 이전에 도서관학교가 설립되었다. 중국에는 분도서관학교(Boone Library School)가 있다.[7)]

더욱 더 중요한 것은 이 시기에 구미(歐美) 여러 나라에서는 도서관

---

7) 일본의 도서관학교: 꽤 이전에 도서관학교가 만들어졌다고 랑가나단은 말하고 있지만, 만일 인도의 도서관 상황에 비추어 도서관학 강습을 시작한 것으로 간주하면 1903년부터가 된다. 도쿄대학(東京大學)에서 와다 만키치(和田万吉) 박사가 도서관학의 강습을 시작한 것이 1919년, 문부성 도서관직원강습소(후의 토쇼칸탄키다이가쿠(圖書館短期大學), 이어서 토쇼칸조호다이가쿠(圖書館情報大學), 현재는 츠쿠바대학(筑波大学) 도서관정보학미디어연구과)의 설립은 1921년이다.

중국의 도서관학교: 1920년 미국의 도서관인 우드(Mary Elizabeth Wood, 1861~1931)가 우한(武漢)의 원화대학(文華大學)에 설립한 우창우한도서관전과학교(武昌文華圖書館專科學校). 현재는 우한도서관정보학원(武漢圖書館情報學院)이다.(역자주: 현재는 우한대학(武漢大學) 소속으로, 2001년부터 신식관리학원(信息管理学院)으로 변경하였음).

전문직이 이미 요람기를 거쳐 성숙기에 접어들고, 여러 갈래로 분화하기 시작했던 것이다. 이 새로운 가지는 머지않아 독립하여 그 개성을 발휘한다고 생각하며, 거의 독립된 도서관 전문직(오늘날의 프리랜서 사서의 선구)도 전문직 단체의 주위로 성장할 것이다. 그것은 거대한 벵골 보리수가 공기 중에 노출된 많은 뿌리를 가지로부터 내려, 원래의 나무와는 다른 나무처럼 보이지만 실은 한 그루의 나무로, 많은 새에게 보금자리를 제공하고 있는 것과 같다고 말해도 좋을 것이다.

인도에서의 이 교육은 1929년에 마드라스도서관협회가 도서관학의 하계 강좌라는 씨앗을 2년간 길러냈다. 기회가 무르익어 그 씨앗이 마드라스대학으로 옮겨져, 교육의 충실화와 졸업생의 직장 개척에 새로운 전망이 열렸다. 이 씨앗이 길러져 커다란 나무가 되고, 그 과실(果實)이 인도 전체로 확장될 것을 기대했던 것이다. 【172절】

4) 도서관인과 그 지위

제1법칙의 다음 과제는 옛날 봉급표를 고쳐 도서관인의 지위 향상을 도모하는 것이었다. ≪보존을 위해≫라는 사고 방식이 창고지기라는 이미지를 만들어내어, 급료는 낮은 채로 억제되고 있었다. 그래서는 이 업무에 어울리는 사람을 모을 수가 없다. 그러나 제1법칙에 대해 아무 것도 알지 못하는 도서관 주관 당국에게는, 도서관인의 봉급표를 고치고, 대우를 개선하는 것 등은 생각 밖이었다. 그 필요성을 이해시키고 확신시키는 것은 정말로 고된 업무였다.

제1법칙은 불평을 가진 도서관인은 사회적으로 위험한 존재라는 사실을 잘 알고 있었다. 급여가 낮으면, 업무에 필요한 정열을 키울 수 없다. 또한 도서관인의 급여가 낮은 것을 알면, 독자는 도서관인을 경멸하게 된다. 그 경멸에 대한 감정은 결국 독자에게 환원되어, 독자 자신에게 불이익을 가져다준다. 그 결과 책의 이용은 저하되고, 제1법칙의 실현이 위태로워지게 되는 것이다.

인간 사회가 경제에 의해 전개되어 온 것은 부정할 수 없다. 그러나 부(富)의 신은 인격상의 결점을 가지고 있다. 무조건적으로 따를 수는 없다. 그렇다면 선(善)이란 무엇인가? 인간은 사물을 궁극의 가치에 의해 판단하고 있는 것일까? 아니, 사람의 속성을 결정하는 것은 돈인 것이다. 금전이 지위를 결정하고, 세계를 지배하는 것이다. 사람이 제공하는 서비스조차도 금전으로 치환하여 평가한다. 그런데 급여를 낮은 수준으로 묶어놓은 도서관인에게는, 제1법칙의 노력도, 책이 적은 도서관, 독자가 오지 않는 도서관과 마찬가지로, 빈 것으로밖에 존재하지 않는다. 그러나 도서관의 3요소, 즉 책과 도서관인과 독자는 일체(一體)의 것이기 때문에, 도서관인의 상태가 좋아져 생활이 향상되는 것은 다른 두 가지, 즉 책과 독자의 수가 늘어나고, 종류가 많아지게 되어, 제1법칙의 실현에 필요한 조건을 만들어낸다. 사람의 지위가 부의 신의 변덕에 의해 좌우된다는 오늘날의 조건이 계속되는 한, 「도서관인의 급여를 높게」라고 말하는 제1법칙은 계속 언급하지 않으면 안 되는 것이다.

도서관의 업무가 이 정도로 중요한 데도 도서관인의 대우가 관심을 끌지 못하는 것은 도서관 서비스에서 받는 이익을 어떻게 평가할 것인가 하는 것이 사람에 따라 다르기 때문이다. 의사나 변호사에 대한 지불은 생명과 재산에 관련된 것을 처리해주는 것이기 때문에, 지불에 토를 달지 않는다. 그런데 도서관인의 업무는 교사의 업무에 대한 평가와 마찬가지로, 나중에 나타나는 것이다. 덧붙여 말하자면, 나중이 되어서야 알 수 있는 것이다. 1년 후, 10년 후에 알 수 있을까? 이러한 영향은 누구에게나 공통적으로 영속적인 것이다. 그렇지만 30년 후, 50년 후가 아니면 결과가 나타나지 않는다. 랑가나단은 이것을 신의 장난이라고 말하고 있다. 정말로 그렇다기보다도 방법이 없는 것으로, 도서관인의 고뇌의 하나이다.[8)]

그렇지만 제1법칙은 유럽 여러 나라에서의 이러한 악영향을 거의 해결하였다. 대학에서는 도서관장을 학부장과 동등하게 대우하고, 단과대학에서는 교수와, 학교 도서관 사서는 교사와 같다. 시립 도서관장은 시의 간부 직원으로서 각 국장이나 회계 책임자, 교육장 등과 동등하다. 인도에서도 마찬가지로 하고 싶다고 랑가나단은 바라고 있다. 그렇게 하지 않으면, 인도의 어린이들이 유럽의 어린이들과 같은 성숙과 성장의 환경을 가질 수 없는 것이다. 인도의 도서관과 도서관인의 진보와 충실화를 도모하고, 도서관학의 제1법칙의 보급을 통해 세계의 다른 나라들의 어린이들이 획득하고 있는 풍부한 지식의 세계를 전망하는 장소, 즉 도서관을 인도의 어린이들을 위해 마련하고 싶다는, 랑가나단의 5법칙은 그러한 강한 생각 위에 서있다. 그리고 이것은 제2법칙에서도 설명하고 있다.

중세 인도 대학에는 도서관이 있었다. 그 지위는 오늘날의 대학 도서관과 비교하더라도 거의 손색이 없었다. 그것이 나가이(Nagai)의 유적에서 발굴된 비문에서 밝혀졌다. 1058년에는 252명의 학생과 6명의 교사, 6명의 도서관인을 가진 대학이 있었는데, 도서관인도 교원과 같은 대우였다고 한다. 오늘날의 서구의 교육 기관에서 도서관을 정당하

---

8) 부(富)의 신(神)의 지배: 저자는 부의 신의 지배 아래에 있더라도, 도서관인의 지위와 처우의 향상을 주장한다. 178절에서는 학문성과 전문직 교육이 빠지기 쉬운 위험과 높은 급여가 관료적 냉담성을 초래한다는 사실을 지적하고 있다. 이러한 양면의 주장에서 저자의 사고의 깊이를 보고 싶다.

게 평가하는 학교는 학력 등 자격 요건을 제대로 갖출 것을 조건으로 하고, 도서관인을 전문직으로서 대우하고 있다. 인도에는 나가이의 대학과 같은 전례가 있기 때문에, 서구의 수준에 곧 도달할 수 있을 것이라고 랑가나단은 기대하고 있다. 【173절】

5) 도서관인과 그 책무

지금까지 살펴본 것처럼, 제1법칙의 최초의 일은 도서관인은 어떤 사람인가에 대해 도서관 관리자를 교육하는 것이었다. 그 전제 조건은 다음과 같다.

① 도서관에는 도서관으로서의 특별한 직원이 필요하다는 것.
② 학식 있는 직원이어야 한다는 것.
③ 전문 교육이 필요하다는 것.
④ 제대로 된 급여를 지불해야 한다는 것.

다음으로 도서관인 자체를 이에 어울리는 레벨로 끌어올릴 것. 만일 도서관인이 그 학술성과 보수와 지위를 뒷받침하고 있는 고결한 이유, 즉 ≪책은 이용하기 위한 것≫이라는 사실을 잊고 있었다면, 그것은 비극이다. 그것을 잊지 않기 위해서는, 언제나 반성할 필요가 있다. 도서관인은 항상 제1법칙의 실현을 염두에 두어야 한다. 도서관의 책은 이용하기 위해 수집되고, 정리되고, 보존되고, 제공되는 것이라는 사실을 명심해야 한다. 숙련된 사람으로부터 지도를 받으면서 행하는 끊임없는 정리 작업과 일상 업무는 모두 「이용」을 위한 것이기 때문이다. 이 제1법칙의 가장 기본적인 사명을 완전히 수행하기 위해서는, 이러한 사명의 확인과 업무에 필요한 학식과 전문적 훈련을 익히는 노력이 필요하다. 그리고 그뿐만 아니라, 그것과 마찬가지로 필요한 도서관인으로서의 확실한 자세와 업무에 대한 관심을 키워야 하는 것이다. 【174절】

6) 도서관인과 독자

우선 독자에 대해 생각해보자. 독자는 살아 있는 도서관 활동의 본질적 요소이다. 안타깝게도 도서관인 중에는, 관리 제일을 모토로 하고, 독자에 관한 것은 무슨 일이든 뒤로 미루는 사람도 있다. 제1법칙이 보급되기 이전이라면 어쩔 수 없을는지 모르겠지만, 오늘날에 이르러서는 그래서는 곤란하다. 다만 1930년대에는 독자가 도서관인에 대해 실례가 되는 태도를 취하는 것을 도서관인이 참아야 했는지도 모르겠지만 말이다.

오늘날의 도서관은 근대적 상점의 경영법에서 배워야 한다고 랑가나단은 주장한다. 어떤 도서관에서든, 도서관인은 점원과 마찬가지로, 독자가 오는 것을 멍하니 기다릴 수만은 없는 것이다. 도서관인으로서의 담당 업무가 있어, 그것을 처리해야 한다. 그렇지만 독자가 도서관에 들어오면, 그 일을 곧바로 멈추고 인사하고, 독자를 **환영**하고, 그 사람을 위해 **배려**하고 있다는 인상을 주는 것이 도서관인으로서의 책무인 것이다. 독자에게 시달리는 일이 결코 적지 않지만, 그렇더라도 **밝은 태도**와 **예의**를 잃지 않을 것. 「손님은 밝고 마음씨 좋은 도서관인이 있는 도서관으로 모인다」는 사실을 명심해야 한다. 거듭 주의하고자 하는 것은 **부적절한 태도**를 취해, 「저 사람은 무엇 때문에 도서관에 있는 것일까」라고 생각하게 해서는 안 된다는 것이다.

이와는 반대로 **적절한 태도**란 독자가 가정에서 「도서관의 카운터에 있는 젊은 사람의 웃는 얼굴이 너무 좋다. 도서관 전체를 밝게 한다. 그리고 『와서 좋았다. 여기야말로 우리들이 와야 할 곳이다. 도서관은 모든 것이 쾌적하고, 일이 끝나면 언제라도 가고 싶다』고 생각하는 곳이다」라고 가족에게 이야기하게 되는 것을 말하는 것이다.

결국 독자 한 사람 한 사람이 도서관장의 쾌활한 개성을 느끼도록 하자는 것이다. 관장은 마치 인도의 신 크리슈나(Krishna)와 같이 언제나 한 사람 한 사람 곁에 있어 주는 존재로, 의자에 주저앉아 움직이지 않는 사람이 아니며, 휴게실에 숨어 나오지 않는 사람도 아니다. 언제나 독자 사이에 있으면서, 독자를 지원하는 사람이다.[9)] 【175절】

7) 도서관인과 심리학

환영의 모습을 보인 후에는, 그 독자가 도서관 이용에 익숙한 사람인지를 판단하고, 그 사람에 대해 적절한 서비스를 제공한다. 이 역할을 충분히 수행하기 위해, 도서관장은 심리학에 밝아야 한다. 나아가 가장 훌륭한 서비스를 제공하기 위해서는, 도서관인 한 사람 한 사람이 사람의 마음의 움직임을 알아야 하는 것이다. 그것은 모든 도서관인이 대학에서 심리학의 이론을 배워야 한다는 것은 아니다. 어린이조차도 관찰에 의해 부모나 교사에 대한 배려 방법을 배우고 있는 것은 아닐까? 도서관인은 그 업무상 사람들을 관찰할 기회가 무수히 많기 때문에, 일상의 실천을 통해 심리학의 살아있는 지식을 얻고, 인간성을 이해하는 힘을 기르도록 노력해야 한다.

---

9) 한 사람 한 사람의 독자 옆에 있는 존재: 오늘날에는 도서관인에 의한 플로어워크(floor work)가 있다. 독자 사이에 들어가, 한 사람 한 사람을 위해 책을 찾는 것을 도와주거나 스토리텔링(storytelling)을 하기도 한다.

또한 도서관인은 온갖 종류의 독자를 접하는 것이 업무이다. 그러므로 훌륭한 도서관장이란 성미가 까다로운 독자에게 응대할 수 있는 사람을 말한다. 그것이 불가능하게 되면, 도서관의 책의 이용은 거기서 멈추어 버린다. 즉 책에 대한 지식은 이 업무의 절반에 불과한 것이다. 까다로운 사람에게 적절하게 응대하기 위해서는 그 사람을 이해해야 한다. 그가 불평하는 것이 본심인가, 단순히 포즈인가, 성미가 나쁜가, 아니면 그렇게 말하는 버릇을 가진 사람인가, 그것을 판단하는 것이다. 그렇게 하지 않으면, 많은 잠재 독자들을 도서관으로부터 멀어지게 해 버릴 것이다. 도서관 서비스의 성공의 관건은 곧바로 해결할 수 있는 문제를 가지고 온 사람에 대한 신속한 대응, 그리고 다루기 곤란한 사람에 대해 알고 그 사람을 위해 일하는 인내와 지성에 있는 것이다.

랑가나단도 다음과 같은 예를 인용하고 있다. 터번(turban)을 한 인도 사람인 도서관인이 예복으로 위엄을 갖춘 영국 신사를 응대하였다. 신사는 자신이 필요한 것은 자신이 찾을 수 있다는 태도로, 이 도서관인의 지원 제안을 무시하였다. 그러나 기차 시간이 임박하여, 결국 도서관 방문 목적을 알려주었던 것이다. 도서관인은 곧바로 적절한 자료를 제공하였다. 신사는 목적을 달성하고, 만족하여 역으로 바쁘게 달려갔다고 한다.[10)]

또한 한편에서는 **독자의 머뭇거림**이라는 문제도 있다. 도서관인이 참고 업무 담당 사서로서 살아가고자 한다면, 우선 자기 자신의 수줍음이나 머뭇거림을 극복하고, 타인의 그러한 감정에도 배려해야 한다.

---

10) 영국인 신사: 도서관인으로서의 인내와 지성과 전문 능력의 예이지만, 일면에서는 지배자인 영국 상류 사회의 일원의 피지배자에 대한 차별 감정으로도 볼 수 있다. 이 5법칙은 그러한 차별의 시대에조차 교육의 평등, 지식을 구하는 상에서의 인간의 평등을 주장하고, 누구나가 배울 수 있는 사회의 건설을 목표로 하고 있는 것이다.

그런데 독자의 입장에서 이루어지는 서비스란 단순히 책을 건네주는 것만은 아니다. 우선 처음 온 사람의 희망을 듣고, 그 사람에게 적절하다고 생각되는 책을 건네준다. 그리고 독자의 반응을 관찰하여, 자신의 첫 인상이 올바른 것이었는지, 수정이 필요한 것은 아닌지 생각한다. 만일 건네준 책을 거부했다면, 거스르지 말고 다음 서가 앞으로 간다. 의논은 하지 않는다. 우리들은 모두 인간으로, 자신이 옳다고 주장하고 싶은 것이다. 그러나 도서관인의 업무는 자기주장이 아니다. 그 독자가 즐거움과 함께 지적인 수확을 얻는 책을 스스로 찾을 수 있도록 지원하는 것이 업무이다. 그것을 독자와 함께 찾는 것으로 실현하는 것이다. 강제로 해서는 안 된다. 독자에게 길을 제시하기는 하지만, 억지로 끌고 가서는 안 되는 것이다. 만일 그가 아무 것도 모른다면, 그 수준에서 생각하자. 본인이 자신의 이야기를 꺼내거든 경청하면서, 책을 고른다는 목적에서 벗어나지 않도록 하자. 만일 알아듣지 못하고 소란을 피우기만 한다면, 가능한 한 빠른 기회에 의연한 태도를 가지고, 도서관장에게는 당연한 직권(職權)이 있다는 사실(예를 들면 퇴거를 요구하는 것)을 알린다. 기분 좋게 대화를 마치는 것이 바람직하지만, 그렇게 하고 싶은 유혹에 빠져서는 안 된다.

독자에게는 두 가지 그룹이 있다. 그것은 목적으로 하는 책이 있는 곳으로 곧바로 가고 싶어서 도서관인의 지원을 요청하는 사람과 쓸데없는 도움 없이 스스로 책을 차분하게 고르고자 하는 사람이다. 이 판단을 잘못하게 되면, 평생토록 남을 정도의 나쁜 인상을 상대에게 주게 된다. 도서관인은 누구에게 대해서나 판에 박은 듯한 것과 같은 응대를 해서는 안 되며, 이 독자는 앞서 살펴본 두 가지 중 어느 쪽에 속하는지를 생각하고 판단하여, 독자에 대한 응대 방법을 결정해야 한다.

이것은 심리학의 전문 분야의 하나라고 말해도 좋을 것이다. 여기에서 살펴본 것은 누구에게나 통하는 원칙인데, 그것을 무시하는 것은 도서관학의 제1법칙의 실현을 저해하는 것이다. 다수의 도서관인을 두고 있는 도서관의 관장은 모두 도서관인에 대해 이 일반 원칙을 중시하고 그것을 지킬 것을 강조해야 한다. 영국에서는 다음과 같이 말하고 있다.

> 독자에 대한 지원을 제공하는 열의, 어리석은 행동에 대한 인내, 도발을 받았을 때의 감정의 억제를 도서관장은 도서관인에게 반복적으로 강조해야 한다. 한편 도서관의 관리직들은 인간이란 무엇인가에 대해 탐구해야 하는데, 그것은 심리학의 전문 분야를 구성할 정도로 중요하다. 도서관학의 연구와 교육에서, 지금까지보다도 한층 더 관심을 기울여야 할 테마이다. 【176절】

8) 도서관인에 의한 일인(一人)에 대한 서비스란 무엇인가?

인간성을 이해하고, 곤란한 문제를 해결하는 기쁨은 크다. 그러나 그것을 도서관에서 일하는 것(librarianship)의 전부라고 생각해서는 안 된다. 그것은 목적 달성을 위한 단순한 수단에 불과하기 때문이다. 그렇다면 도서관은 무엇일까? 도서관은 이용하기 위해 이루어진 책의 컬렉션이다. 도서관의 업무는 한 사람의 독자와 한 권의 책을 연결시켜 주는 것이다. 따라서 도서관의 생명은 한 사람 한 사람에게 제공하는 ≪일인에 대한 서비스≫에 있다. 마음속으로부터 ≪책은 이용되기 위해 존재한다≫고 확신하는 도서관에 있어, 크든 작든 그것이 형식으로 나타나, 독자에게 전해지는 것이다.

이 제1법칙은 정말로 엄격한 교사이다. 일단 그 입론(立論)을 인정하면, 그 논리적인 결론에서 벗어날 수 없다. 그러므로 도서관장의 임무는 책의 산을 무책임하게 방출하여, 독자에게 「부디 자유로이」라고 말해서는 안 된다. 또한 도서관인이 선정한 책을 독자에게 무리하게 강요해서도 안 된다. 이 사람들의 업무는 독자를 지원하는 것이다. 그것은 독자 자신의 계획이나 희망을 실현하기 위해, 도서관인이 협력하는 것, 즉 독자 자신이 실력을 기르기 위한 지원인 것이다. 이러한 「일인에 대한 서비스」는 자신의 사명을 이해하고, 아울러 그것을 확립해 나가고자 하는 도서관인에 의해서만 실현할 수 있다고 제1법칙은 도서관인에게 기대하고 있다. 오늘날에는 이러한 「일대일」의 서비스를 요구하는 사람들이 늘어나고 있는데, 그것은 충분히 주목할 만하다. 그러한 요구에 부응해야 하는 주의 깊게 선정된 책과 그에 따르는 적절한 안내가 그 사람들을 만족시키게 될 것이다.

그러한 독자는 **다양한 요구**를 갖는다. 인생관을 넓히려고 한다거나, 학교 교육에서의 부족을 보완하고자 한다거나, 새로운 지식을 얻어 그것을 더욱 탐구하고 싶다거나, 특정 종류의 정보를 수집하고 싶다거나 하는 등 다종다양하다. 이러한 「일인」의 요구에 대해 도서관인은 누구에게나 공평하고 유효한 서비스를 제공해야 한다. 그러기 위해 도서관인은 능력도, 교육의 정도도, 목적도 모두 다른 한 사람 한 사람에 대해, 적절한 책을 추천하는 지식과 경험을 갖출 필요가 있는 것이다. 그럼에도 불구하고 도서관에 있는 책이 모든 독자에게 마찬가지로 도움이 되는 것은 아니다. 어느 독자에게는 정말로 소용이 없는 것이 다른 독자의 이해력에 어울리는 유일의 것이 될는지도 모른다. 어느 책이 한 사람의 독자에게 정말로 도움이 되지 않는다고 생각되더라도, 다른 사람에게는 그 생각이나 설명 방법, 발상 등의 점에서 아주 귀중한 경우도 있는 것이다. 즉 이것은 「적절한 독자에게 적절한 책을 적절한 때와 방법에 의해 연결시켜 주는」 업무인 것이다.

그러므로 도서관에 대해서는 **지역 사회의 지적 서비스 기관**이 될 수 있다는 기대가 모아지고 있다. 만일 그렇게 된다면, 도서관에는 지금까지보다도 더 높은 전문성을 갖춘 도서관인이 필요하게 된다. 도서관인들은 대학의 교원과 마찬가지로 특정 분야의 문헌에 대해 깊은 지식을 갖추고, 그 위에 대학의 교원이 일반적으로는 갖고 있지 않은 힘, 즉 눈앞에 있는 독자의 지적 능력과 관점을 재빠르게 파악하고, 그 요구가 무엇인지를 직감적으로 알아차리는 능력을 필요로 한다. 나아가 제1법칙의 요구를 「일인에 대한 서비스」라는 점에서 보고 만족시키기 위해서는, 그 사람에 대해 추천하는 책에 관해, 필요에 따라 전문 연구자의 조언을 구할 준비가 되어 있어야 한다. 그것은 이 독자가 지식의 난해한 분야를 탐구하고 즐거움을 찾는 사람, 즉 도서관인의 능력을 넘어서는 문제를 해결하고자 하는 사람일는지도 모르기 때문이다.

그 위에 한층 더 **도서관을 크게 하는 조건**이 있다. 그것은 도서관인이 풍부한 인간성을 갖추고, 자상하게 배려하고, 나아가 업무에 대한 열의와 독자의 감정을 통찰하는 힘을 갖는 것이다. 실제로 도서관장과 독자의 관계는 감정의 격이 없는 가장 유쾌한 것으로, 훌륭한 사람이 훌륭하지 않은 사람에게 「이러한 책을 읽어라」라고 하거나, 교사가 아이들에게 지시나 교훈을 주는 것이 아니라, 대등한 개인끼리 책에 대한 견해나 정보를 교환하는 관계인 것이다. 즉 도서관장은 도서관에 오는 한 사람 한 사람에게 친구이고, 인생을 깊이 생각하는 사람이며, 지식의 세계에 대한 안내인인 것이다. 도서관을 크게 하는 것은 여기에서 살펴보았던 그 사람의 입장에 서서 하는 서비스이며, 저명한 시인 타고르(Rabindranath Tagore)가 말한 것처럼, 「그 사람을 따

뜻하게 맞으려고 하는 마음으로, 규모가 문제는 아니다」라는 것이다.[11)]【177절】

9) 도서관인과 사회적 서비스

그 「일인」이 모여 사회를 구성하기 때문에, 이 업무는 당연히 사회적 서비스라는 측면을 갖는다. 즉 ≪책은 이용하기 위한 것≫이라는 사고 방식을 논리적으로 추진한다고 하면, 당연히 이와 같이 높은 수준의 진심으로 이루어지는 ≪일인에 대한 서비스≫에 도달하는 것이다. 그리고 사회적 서비스를 하는 것에 진심으로 열의를 가진 사람들만이 제1법칙이 추구하는 높은 수준의 명실상부한 도서관인이 될 수 있는 것이다. 도서관인을 만들어내는 데는, 학식을 기르는 것, 전문 교육을 받는 것, 높은 급여를 얻는 것 등이 모두 필요하지만, 그것만으로 도서관인이 되는 것은 아니다. 그러한 것들은 분명히 필요하다. 그러나 학문성은 무기력한 독점에, 전문 교육은 거드름을 피우는 자기 만족에, 그리고 높은 급여는 관료적 냉담성에 빠질 위험성을 가지고 있다. 그리하여 이 세 가지 조건을 살리기 위해서는, 다음의 단 한 가지 조건을 충족시킬 필요가 있다. 그것은 ≪사람을 위해 일한다≫는 지향성을 확고하게 갖는 것이다.

---

11) 한 사람의 인간으로서 다루어지는 것: 도서관에는 다양한 사람들이 한 사람의 인간으로서 대우받기를 기대하고 들어온다. 그것은 세계적인 경향이다. 그러나 현대에는 이러한 「한 사람의 인간으로서」의 요구가 반드시 책뿐만 아니라 더 절박한 요구로서 나타나는 경우가 있다. 그리하여 그것이 다른 독자를 불쾌하게 하기도 하고, 때로는 생명의 위험에 이르기도 하는 경우도 생겨났다. 그에 대응하기 위해, 『이럴 때는 어떻게 할까? 도서관에서의 위기 안전 관리 매뉴얼 작성 입문』과 『도서관의 문제 이용자 — 적극적으로 대응하기 위한 핸드북』(나카노 쇼우조우(中野捷三) 역, 둘 다 일본도서관협회 발행)이라는 책이 있다.

사회적 서비스에서 얻게 되는 이 기쁨은 도서관인인 한, 한 사람 한 사람에게 필요한 것이다. 그것은 도서관 운동의 선구가 된 도서관인에게는 절대 불가결한 것으로, 어느 나라에서나 마찬가지이다. 19세기 영국의 도서관의 개척자 에드워드 에드워즈(Edward Edwards)의 다음과 같은 말은 도서관이라는 새로운 세계를 개척하는 사람들이 만나는 새로운 어려운 점과 그 노력에 의해 무엇을 얻을 수 있는지를 설명하여, 세계의 도서관인들에게 위안과 용기의 원천을 제공해주고 있다.

> 도서관의 개척자는 자신의 업무가 누구에게도 정당하게 평가받지 못한다고 하는 낙담 속에서 마음의 위안을 찾아내지 않으면 안된다. … 그 곤란함도 결과도 예측할 수 없는 상사 아래에서 일하고 있으면, 단지 마지못해 업무를 계속해 나가게 된다. 그뿐만 아니라, 이 업무는 당장의 칭찬을 듣기 위해 하는 것이 아니라는 사실이나, 그러한 조건 아래에서 하는 업무로는 가치가 없다는 사실을 생각하는 일조차 없어져 버린다는 것이다. 그러나 착실함과 쾌활한 끈기를 가진 사람에게는, 충분한 활약의 장이 여기에 있다. 도서관이 갖는 유효성을 나타내는 업무의 하나하나의 단계가 그 장에 있어서, 그것은 훌륭한 사상가의 최선의 사상을 전파하는 것이다. 관점을 바꾸면, 수전노와 정치 연설가에 의해 부패된 공적 기관의 굳건한 지반(地盤)의 훨씬 아래에 지뢰를 설치하여, 그 부조리함을 바로잡는 것과 같은 효과가 있는 업무라고 말할 수 있을 것이다.[12) 【178절】

12) 출전: S. R. Ranganathan, *The Five Laws of Library Science,* 2nd ed., Asia Publishing, 1957. ©1963. p.78.

18. 성과에 연연하지 말라

그러나 이제는 지뢰에 의지할 것까지도 없고, 먼 미래에 대한 기대에 매달리지 않아도 좋다. 제1법칙이 있기 때문이다. 그녀는 다음과 같이 말하고 있다.

> ≪책은 이용하기 위한 것≫이라는 내 말을 믿고, 즐거움과 끈기를 길러 주세요. 당신의 임무는 책을 제공하는 일입니다. 그것을 위한 서비스가 당신의 영역인 것입니다. 보수를 요구해서는 안 됩니다. 위축되어서도 안 됩니다. 성과에 집착해서는 안 됩니다. 실리적인 것도, 말뿐인 경우에도, 또한 눈앞의 일이나 먼 장래의 일이라도, 어떤 보수에도 유혹되지 않은 채 전진해 주세요.

또한 크리슈나 경(Lord Sri Krishna)의 유명한 말은 도서관장에 대해 특히 매력적이다.

> 그대의 정의는 정의 때문에 가야 하는 것으로, 결과를 바라고 행하는 것이 아니다.
> 행동의 결과를 동기로 삼아서도 안 되며,
> 그대 자신이 나태함에 빠져서도 안 된다.

81. 평범한 공리 [제8장의 보완]

제1법칙 ≪책은 이용하기 위한 것이다≫에 대해, 그것은 정말로 사소한 자명(自明)한 일이라는 비판이 있다. 실은 과학의 제1법칙은 거의 이와 마찬가지의 표현을 하고 있다. 뉴턴의 운동의 법칙은 「모든 물체는 힘에 의해 그 상태를 변화시키지 않는 한 정지 상태에 있다」고 표현되고 있다. 이것은 정말로 자명한 것이다. 논리학의 제1법칙도 마찬가지로, 그 분야의 학자가 취급에 주저할 정도로 자명한 것을 규정하고 있다. 설령 그것이 도움이 되지 않는다고 하더라도, 거기에 분명한 모순이 없다는 사실은 인정해야 한다. 그리고 그것은 도움이 되지 않는 것이 아니라, 이 위에 논리를 연역적으로 구성하여 목적을 달성한다는 점에서는 오히려 유효하다고 생각되는 것이다. 【818절】

▲ 랑가나단 박사의 일본 방문
(도쿄의 도서관계의 지도자와 함께. 박사의 오른쪽은 나카무라 하츠오(中村初雄), 카토우 슈우코우(加藤宗厚), 우라타 타케오(裏田武夫), 세키노 신키치(關野眞吉) 등)

▲ 일본국립국회도서관에서의 강연(1958년 12월 11일)

제 2 장

제2법칙과 그 고투
≪모든 사람에게 그 사람의 책을≫
Every Person His or Her Book

제2법칙에 대한 설명은 제2장부터 제4장까지에 이루어져 있다. 5법칙 중에서는 가장 상세하며, 다면적으로 설명되는 법칙이다.

이것은 이 제2법칙과 사람과의 관계의 깊이, 다양함을 나타내는 것일 것이다. 이 장에서는 그 중에서 「모든 사람에게」에 대해 검토하고 있다. 우선 책이 교육을 위해 사용되는 것을 전제로 하여, 제2법칙 이전에 「모든 사람에게 교육을」이라는 관점을 강조한다. 이것은 이 5법칙의 구조상 중요한 점이다. 그로부터 사람과 책의 관계에 대한 역사적인 검토에 들어간다. 그리고 모든 사람이 교육을 받을 기회를 획득하기까지의 과정을 이야기한다. 다음으로 인간의 다양한 사회적 계층과 독서의 관계(남성과 여성, 도시인과 농촌 사람, 농촌 도서관과 군립 중앙도서관, 핸디캡을 가지고 있는 사람들, 육상 생활에서는 잊혀지고 있는 해상 생활자, 성인과 아동, 평생 학습에 대한 대학과 학교의 역할)를 검토하고, 마지막으로 민주주의 아래에서의 도서관인의 역할을 설명하면서, 이 장을 마무리 짓고 있다. 각성한 농민들에게 그들을 위한 책을 요구하는 힘과 그것을 실현하는 힘을 부여했었던 것이 근대 민주주의라고 하는 바에, 랑가나단의 사고 방식이 확실하게 나타나 있다고 생각한다.

여기서 표현상 주목하고자 하는 것이 두 가지 있다. 하나는 이 장에서 「Every Person」이라고 할 때의 사람의 다양성이다. 랑가나단이 「Every」를 설명하기 위해 구체적인 표현을 한 단어는 괄호 ≪ ≫안에 들어 있다.

또 하나는 「Every Person」의 다음, 「His or Her Book」의 앞에 동사가 없다는 것이다. 이것은 제3법칙도 「Every Book Its Reader」로 같은 형이다. 왜 동사를 생략한 것일까? 보통의 영문에서 볼 때, 동사의 생략은 모양이 다른데, 제2법칙만으로 세 개의 장을 채울 정도로 이 문제가 복잡다기하다는 사실을 생각하면, 이 생략의 효과를 생각할 수 있다. 즉 특정의 동사를 넣으면, 이 법칙의 해석이 한정되는 것이다. 오히려 그 동사의 선택을 독자에게 맡김으로써, 천차만별인 도서관의 조건에 부합하는 가장 적절한 동사를 찾아내어, 각각의 법칙의 더 심화된 전개를 할 수 있을 것이다. 그 가능성을 검토해주기 바란다.

20. 머리말

제1장에서는 책과 인간의 관계 속에 포함되어 있던 ≪책은 이용하기 위한 것≫이라는 사고 방식, 즉 제1법칙이 어떻게 다루어졌는가 하는 역사를 살펴보았다. 그리고 그것이 얼마나 경시되어 왔는지를

명확히 하였다. 나아가 이 제1법칙은 도서관의 실무에 영향을 미쳐, 책의 보관, 도서관의 입지, 개관 시간, 도서관 가구 및 도서관인의 기본적인 자세에 변혁(revolution)이라고도 할만한 커다란 변화를 불러일으켰다. 그리고 그것이 다양한 변화를 이끌어냈던 것이다.

1) 제2법칙의 출현

제2법칙은 제1법칙에 이어, 그 변혁을 진일보시킨 것이다. 이 두 법칙의 요점을 대조해 보고자 한다(〈표 2-1〉 참조). 【201절】

〈표 2-1〉 제1법칙과 제2법칙의 비교

	제1법칙	제2법칙
1	"보존을 위한 책"을 "이용을 위한 책"으로 변화시킴	"선택된 소수자를 위하여"에서 "모든 사람에게 책을"이라고 주장
2	책이라는 사물로부터의 어프로치	책을 사용하는 사람의 면에서 탐구
3	도서관의 활성화 도모	도서관을 전국적 과제로 확대
4	닫혀있던 도서관의 문을 개방시킴	새로운 도서관의 종(種)을 둘러싼 혁신적인 도서관이라는 문화를 가져옴
5	제1법칙 실행에 대한 망설임	초기 단계에서의 강력한 저항

이와 같이 제2법칙이 가져온 변혁은 좀 더 진보한 성격을 가지며, 인간성의 향상을 지향하는 것으로 간주되고 있다.

2) 제2법칙의 가능성

"Every Person His or Her Book"(≪모든 사람에게 그 사람의 책을≫)이라는 이 6개의 단어, 7개의 음절이라는 짧은 문장 안에 얼마나 풍부한 가능성이 숨겨져 있을까 라고 랑가나단은 말하고 있다. 그러나 그 실현이 얼마나 곤란한 것인가, 그리고 기득권을 가지고 있는 사람들로부터의 반대가 얼마나 강력한가가 점차 드러난다. 제2법칙에 대해 공부할 때는 이러한 점에 대해 주의 깊게 검토할 필요가 있는 것이다. 【202절】

3) 교육적 가치

그 검토는 우선 「도서관이란 무엇인가」라는 기본으로부터 시작한다. 도서관이란 특별한 목적을 위해 구성된, 책의 집적(集積)인 것이다. 그 목적을 「이용을 위해」로 하는 것이 제1법칙이다. 그렇다면 책의 이용이란 무엇인가? 책은 정보를 제공하고, 사람을 교육한다. 또한 위안, 즉 안전한 즐거움이나 마음의 전환(recreation)의 수단을 제공한다. 그렇기 때문에 책의 교육적 가치에 대해, 책을 교육의 도구로 간주하면, ≪모든 사람에게 그 사람의 책을≫이라는 법칙은 ≪모든 사람에게 교육을≫이라는 생각이 전제되어 있다는 사실을 알 수 있다. 이것이 이 법칙을 생각할 때 가져야 할 기본적인 논점이다. 「과연 누구나가 교육을 받을 권리를 갖는가」라는 의문에 대한 대답을 역사적으로 더듬어 가면, 제2법칙 또한 제1법칙과 마찬가지로, 도서관 주관 당국에게서는 거의 주목받지 못했었다는 사실을 알 수 있을 것이다. 【203절】

21. 상류 인사와 대중

1) 고 대

그리스에서는 「책은 선택된 소수자(少數者)를 위하여」라는 생각이 지배적으로, 제2법칙은 인정되지 않았었다. 로마에서는 직업과 수입의 다과(多寡)에 따라 교육의 기회가 좌우되었다. 【211절】

2) 중 세

이 시대에는 사회의 각 계층에 배타적인 사고 방식이 확산되었다. 그 때문에 빈곤 계급의 교육을 열심히 추진하고, 교육면에서의 평등을 실현하고자 했던 사람들은 비난의 표적이 되었다. 어느 하인은 자신과 마찬가지로 하인으로 일하고 있는 자식을 학교에 입학시켰기 때문에, 벌을 받기까지 했었다고 전해지고 있다. 【212절】

3) 18세기

배타적인 사고 방식은 몇 세기 동안이나 계속되었다. 상류 계급의 사람들이 행복을 누리기 위해, 빈곤 계급을 무지(無知)한 채로 방치하고, 자신의 일 이외에는 눈을 돌리지 않도록 했기 때문이다. 그 때문에 「책은 선택된 소수를 위하여」라는 생각이 ≪한 사람도 남김없이 모든 사람에게 책을≫이라는 생각의 출현을 교묘하게 방해했던 것이다. 【213절】

4) 19세기

이 시대도 마찬가지였다. 소수의 지배 계급과 다수의 피지배 계급으로 나뉘어져, 후자(後者)는 교육을 받을 권리도, 책을 읽을 권리도 갖지 못하였다. 산업 혁명 후, 일하는 사람들의 지적 수준의 향상이 필요하게 되어, 런던에 직공 학교가 생겼는데, 귀족은 한 푼도 기부를 하지 않았다. 그것은 노동자를 교육하면 반역자가 된다는 생각이 지배적이었기 때문이다. 런던의 저명한 양복을 만드는 사람이 독서를 취미로 하여 상당한 개인 장서를 가지고 있으면서, 그것을 고객들과 몰래 이용했다는 이야기가 있다. 만일 사람에게 알려졌더라면, 신분 불상응(不相應)으로서 사회적으로 매장될 우려가 있었기 때문이다. 영국의 교육 법안(1918년)에 대해, 장기간의 세심한 교육을 노동자 계급에게 제공할 필요는 없다는 강력한 반대가 있었던 것도 「도대체 누가 자신들을 위해 일하는가」라는 논거 때문이었다. 【214절】

5) 정치적 본능

특권 계급이 제2법칙에 대해 격하게 반대했던 것은 이 정치적 본능 때문이었다. 국민 사이에 교육이 보급되면, 새로운 지식과 지성에 의해 자유에 대한 강한 기대가 생기고, 그에 따라 귀족 계급은 존립의 기반을 빼앗긴다. 그것을 두려워한 것이다. 영국에서는 에와트(William Ewart)가 영국 최초의 도서관 법안(1850년)을 제출하였다. 그에 대해, 국민에게 지식이 너무 많으면 위험하고, 도서관이 정치 교육의 장이 된다는 강한 두려움에서 생겨난 반론이 있었다. 그리고 일반 대중에게 도서관의 이용을 인정하는 것은 안전하지도 현명하지도 않으며, 정치적인 견지에서 보더라도 적절치 않다는 논의가 이루어졌었다. 그것은 대중의 민주주의를 세련되지 못하고 비문화적인 것으로 간주하고, 지식 계급의 성역을 침범하는 것을 두려워했기 때문이었다. 러시아에서는 1913

년 모스크바에 도서관인을 위한 학교가 개설되었다. 이 때 극우 정당의 리더가 의회에서 「혁명으로 나아가는 길을 여는 것을 왜 인정했는가」라고 질문하고 있다.[1)]【215절】

6) 자기 보존이라는 직감

제1법칙은 내내 전통적인 관습과 싸워왔지만, 제2법칙은 나아가 정치와 경제에 바탕을 두고 본능적 직관에 직면하지 않으면 안 되었다. 지배 계급은 이 직관을 믿었던 것이다. 그것은 그들의 자기 보존의 요구에서 생겨난 것으로, 그것만으로도 강력하였다.

그러나 사회에는 좀 더 넓은 입장에서 **역(逆)의 결론**을 내는 사람들이 있었다. 공장이 건설되고, 그 지역에 인구가 증가하면서, 빈곤, 전염병, 새로운 사회에 대한 부적응 등, 상상을 초월하는 혼란이 생겨났다. 리터러시(literacy)를 갖지 못한 것도 혼란의 커다란 원인이었다. 상류 계급은 안전한 지역으로 도피하더라도, 결국은 그 혼란에 대처하지 않을 수 없게 되었다. 그리하여 그 사람들은 스스로를 보전하기 위해 신뢰할 수 있는 조언을 구했던 것이다.

아담 스미스(Adam Smith)는 그 조언자의 한 사람이었다. 그는 문명화되고, 상업화된 사회에서는, 젊은이가 일정한 지적 능력을 갖추어야 한다고 생각하고, 어엿하게 제 몫을 하는 일꾼으로서 인정받기 위해서

---

1) 일본에서 나타난 반응: 1960년대부터 1970년대의 일본에도 유사한 논의가 있었다. 그것은 도서관의 충실과 신설을 주장하는 사람들, 또는 어린이의 독서 진흥을 제창하는 사람들에 대한 비난이 되어 나타났다. 사람이 그렇게 책을 읽을 리가 없고, 그러한 운동은 정치 활동에 이용되고 있는 것에 불과하며, 책을 읽고 싶으면 자기가 사서 읽으라고 하는 주장이었다. 그러나 도서관에 대한 요구가 전 시민적이라는 사실이 이해되면서, 그 비난은 서서히 사라졌다. 그렇지만 제2법칙의 사고 방식의 침투는 아직은 이제부터라고 생각한다.

는 시험을 치도록 하는 제도를 제안하였다. 이로부터 일반 민중에게 지역의 학교에서 이루어지는 교육 의무를 강제하게 되었다. 유식자(有識者)로서는, 민중이 교육을 받으면 받을수록 열광과 미신으로부터 멀어지고, 훌륭한 지도 아래 지성을 몸에 익히면, 항상 품위와 지성의 향상을 도모하게 된다고 기대했던 것이다. 그렇게 함으로써 민중은 자신의 개성을 중시하고, 다른 사람으로부터도 존경을 받으며, 상사로부터도 존중받고, 상사에 대한 존경도 갖게 되며, 정부에 대해서도 이유 없는 반항을 하거나 선동에 편승하는 일도 없다고 하면, 이것은 국가의 큰 이익이 된다고 생각했던 것이다. 【216절】

7) 학습의 사다리: 빈민가에서 대학으로

스미스의 생각이 전면적으로 받아들여졌던 것은 아니지만, 대중 속으로 교육을 확산시키는 운동이나 출판 활동은 왕성해졌다. 1830년대의 대중적인 잡지나 백과사전, 성서의 그림풀이 등의 출판은 ≪모든 사람에게 책을≫이라는 제2법칙의 주장에 도움이 되었다. 그 이전의 관리들은 농민이 그 부친의 토지에 같은 도구로 같은 시기에 경작하는 것을 바랬었지만, 개명적(開明的)인 사상가는 ≪모든 사람에게 교육을≫이라는 새로운 사고 방식의 실현을 향해 나아가고 있었다. 이것은 곤란한 일이었다. 그렇지만 몇몇 정치가들의 창의와 계속적인 노력에 의해, 1870년대에는 교육 법규가 정비되고, 1880년대에는 의무 교육이 되고, 1891년에는 무료가 되었다. 그리하여 ≪모든 사람에게 교육을≫이 확립되면서, 곧 ≪모든 사람에게 책을≫이 등장하고, 헉슬리(Aldus Huxley)가 몽상했던 것처럼, 「빈민가에서 종합 대학에 이르는 학습의 사다리」가 조용히 나타났던 것이다.

이러한 노력에 의해 서구(西歐)에서는, 많은 소년들이 책을 읽고, 학교에서 배움의 길을 찾고, 자신의 생활을 설계하게 되었다. 노르웨이의 어부였던 소년이 도서관에서 공부하여 미국으로 건너가, 대학에서 배우고 그곳에서 교수가 되었다는 실례가 있다. 마드라스(Madras)에서는 출생지도 분명치 않은 소년이 가로등 불빛으로 책을 읽고, 고등 법원의 판사가 되었다는 예가 있다.

결국 제2법칙은 장래성을 가지고 있으면서 사회의 저변(底邊)에 있는 다수의 사람들을 세상에 도움이 되도록 길러내는 효과를 가지고 있는 것이다. 제2법칙이 의식되지 않았던 시대에는, 그 라이벌 ≪책은 선택된 소수자를 위하여≫가 이 젊은이들에게 욕설을 퍼부어대고, 본인의 의지와 능력이 아직 충분히 성장하지 못한 가운데 면학을 단념시킨 경우가 많았다고 생각한다. 이 이외에도 호텔의 여성 쉐프가 학교를 다니면서 자신의 딸에게 웃음거리가 되지 않도록 영어를 배운다거나, 경찰관이 왜 범죄가 발생하는지를 알기 위해 사회학과 심리학 책을 탐독했다는 예가 있다.

다음의 사례는 아담 스미스가 설명한 「교육의 보급에 따라 시민이 생각하게 된다」라는 사실에 대한 미국의 실례로, 도서관학의 제2법칙을 바탕으로 이루어졌던 것이다. 그것은 도서관장으로부터 시민에 대한 공개 서한의 형식으로 발표되었다.

미국 중서부의 그 시에는 수도가 없고, 정호수(井戶水)를 사용하고 있었다. 티푸스가 유행하여, 정호수에 의한 감염을 막기 위해, 시는 강물을 여과하여 공급하는 수도 계획을 입안, 그 가부(可否)를 시민 투표에 붙이기로 하였다. 투표일 10일 전에 이르러, 여과 방식이 부적당하다는 익명의 유인물이 각 호마다 배달되면서, 시민들은 판단에 혼란을 겪게 되었다. 도서관장은 즉시 도서관 자료 중에서 다른 시의 사례를 조사하여, 유인물의 주장에는 오류가 있다는 사실을 발견하고, 그 결과를 관장 이름으로 공표하였다.

주민은 이 조사 결과에 납득하고, 시의 정수 계획은 실시되었다. 그리고 티푸스균에 의한 사망률은 저하되었다. 만일 이 중대한 지식을 도서관장이 시민에게 전하지 않았었더라면, 도서관은 그 의무를 방기(放棄)한 것이 되었을 것이다.

이러한 실례는 많다. 여기에서는 제2법칙 ≪모든 사람에게 책을≫의 성과를 설명하는 것이 목적이 아니라, 도서관학의 제2법칙이 배타성과 귀족주의의 장벽을 타파하는 싸움에서 **전면적인 승리**를 거두었다고 말할 수 있으면 충분하다. 19세기 유럽 각국과 미국, 일본, 러시아에는, 인도와 마찬가지로 새로운 생각이 침투되어 있지 않았지만, 지금은 제2법칙의 사고 방식을 받아들이고 있다. 이것이 그 증거이다.[2)]【217절】

8) 인도의 저항

외국의 상황은 변화했는데도 인도는 그대로였다. 이러한 정체의 책임은 누구에게 있는 것일까? ≪모든 사람에게 책을≫의 활동을 방해하고, 인도를 후진국에 머물게 했던 것은 도대체 누구였을까?

이것은 **영어 교육을 받은 인도인**들이 그 책임의 일단을 져야 한다고 생각한다. 인도에 영어 교육을 도입했던 사람들의 이상(理想)과 열의는 평가되어야 하지만, 이것이 질시(嫉視)와 이기적 배타주의를 만들

2) 일본의 공교육 제도: 1872년, 이른바 「학제」(學制)에 의해 모든 국민에게 학문이 필요하다는 사실을 제시하고, 「집에 불학(不學)의 사람이 없도록 한다」고 설명하였다. 그 후 교육제도의 충실화를 도모하고, 소학교, 사범학교 및 각종의 학교가 설립되었다. 소학교를 의무 교육으로 했던 것은 1896년, 4년으로 연장했던 것은 1900년, 6년으로 연장했던 것은 1907년이었다.

어낸다는 사실과 영국에서 교육을 받은 사람들만이 우대받는 것에 대해서는 예상하지 못하였다. 도서관학의 제2법칙은 그 선구자 ≪모든 사람에게 교육을≫과 마찬가지로, 인도에서는 좀처럼 정착할 수 없었던 것이다. 그 책임은 영국에서 교육받은 젊은이들이 져야 한다. 그들은 극히 근시안적으로 자신의 일밖에 생각하지 않았으며, 그 결과 대중은 이 교육 조직의 혜택을 받을 수 없었기 때문이다.

우리의 **희망과 신념**은 제2법칙의 뛰어난 능력에 관련되어 있다. 장기적인 눈으로 보면, 이 법칙은 훌륭한 전략가인 것이다. 세계의 의견을 배경으로 하여, 머지않아 제2법칙의 승리의 날이 온다. 그것이 우리들의 신념이다. 영어 교육을 받은 인도 사람들이 선견지명을 가지고 있는 비즈니스맨이라면, 제2법칙에 경의를 표하고, 이 나라에 정착되어 있는 무지와의 싸움에 자발적으로 참가해야 한다고 생각한다. 그리하여 제2법칙이 다른 나라에서 실시되어 온 것처럼, 인도에서도 승리의 깃발을 세우고, 모든 사람에게 책을 건네는 날에 비로소, 그들의 존재가 분명해지는 것이다.[3) 【218절】

---

3) 전략가로서의 제2법칙: 여기에서 뛰어난 능력이라고 하는 것은 이 장의 서문에서 살펴본 것처럼, 제2법칙에서 말하는 "Everyone"이 극히 다양하기 때문에, 그 다양성에 대응하기 위해 동사를 넣지 않았다는 사실에 나타나 있다고 생각한다. 여기에서 동사가 없다는 것은 제로(0)의 것이 아니라, 어느 것이나 가지고 있다는 것, 즉 상황에 따라 자유로이 변화하는 융통성을 갖고, 나아가 변화를 예측하는 선견지명을 기름으로써, 그 목적의 실현을 도모하는, 그것이 「뛰어난 능력을 갖춘 전략가」의 의미는 아닐까?

22. 남성과 여성

제2법칙이 마주치는 장애는 계급 대립뿐만이 아니다. 빈부의 격차도, 성별도, ≪모든 사람에게 책을≫의 실현을 방해하였다. 인도에서 여성 차별은 여전히 해결되지 않고 있었던 것이다.

1) 인도의 과거와 그 후

제2법칙의 강력한 주장의 결과, 상황은 변화해갔다. 여성에 대해 인도의 가정에서 오랫동안 이어져 온 보수주의는 곧 붕괴되겠지만, 여성의 독서를 나쁜 습관으로 간주하는 현실은 계속 이어지고 있다. 과거에 인도의 여성은 학술 연구에서도 독서에서도 남성과 동등하였다. 그러나 현재의 인도에는 문자도 알지 못하고, 교육도 받지 못하고, 책을 손에 넣지 못하는 여성이 있다. 그러나 ≪모든 사람에게 교육을≫과 ≪모든 사람에게 책을≫이라는 사고 방식이 이러한 차별을 뛰어넘었던 것은 세계 각국에서도, 최근 50년이 되지 않은 일이다. 인도의 여성이 낙담할 일은 아니라고 생각한다.

21세기에도, 여성의 독서에 대해 세계적인 관점에서 보면 오늘날에조차도 여전히 문제가 남아 있다고 말할 수 있을 것이다. 각각의 문화권에 고유의 사정이 있기 때문에 해결이 곤란한 것이다. 여성의 정보 · 지식 요구에 따른 체제의 확립에는 여전히 고투(苦鬪)가 필요할 것이다.[4)]【221절】[5)]

4) 일본에서의 여성의 독서 사정: 1950년대의 일본의 도서관계에는, 여성이 가정 내에서 자유로이 독서할 수 없는 한, 문화 국가라고 말하기 어렵다는 사고 방식이 있었다. 독서를 하는 젊은 아내는 시부모로부터 게으른 사람으로 간주되어, 책을 읽고 싶으면 숨어서 읽는다는 현실이 있었던 것이다. 전후(戰後)의 남녀평등과 공학, 종합 대학 진학, 나아가 핵

2) 전 통

미개 시대로부터 여성의 대부분은 문화적 · 전문적 교육을 받을 기회가 없었으며, 현대까지도 그 생활 범위는 습관적으로 제한되어 왔다. 그것을 넘어서면 「여성적이지 못하다」라는 비난이 기다리고 있었던 것이다.

고대 그리스에서는, 고위의 여성에게는 교육의 필요성이 없었다고 한다. 18세기까지도 그러한 생각이 이어졌다. 19세기에는 남성의 편견에서 여성의 무능력을 해부학적으로 증명하고자 하는 일도 있었다. 그러나 결국은 이해력과 의지력에서 남녀의 차이는 없는 것으로 나타났다. 그럼에도, 불구하고 남성의 편견이 이어져, 여성은 자수와 재봉을 잘하며, 자신의 이름을 쓸 수 있을 정도의 교육만 받으면 되는 것으로 여기고 있었던 것이다.

이러한 상황 아래에서, 여성 자신의 편견도 있었다. 배우고자 하는 소수의 여성에 대한 경멸, 방해, 조소(嘲笑)에 여성도 참가하여, 자신의 교육과 독서의 권리를 주장하는 여성을 인정할 수 없다는 표현도 생겨났다. 그리하여 상당수의 여성은 오히려 전통적인 길을 걷는 것을 선택했

가족화에 의한 조건의 변화가 있었음에도, 지역에 따라서는 1980년대, 1990년대까지 젊은 며느리의 독서는 시부모에게 신경을 쓰면서 한다는 이야기를 들었다. 앞으로는 한 사람의 인간으로서 살아가기 위한 주체적인 독서가 남녀를 불문하고 열릴 것으로 기대되고 있다. 히구치 이치요(樋口一葉)가 우에노(上野)의 도쿄도서관(東京圖書館)에 다니고 있었을 때의 일이다. 1891년 8월 8일의 일기에, "도서관에는 남자뿐으로, 여자 열람자는 적었는데, 많은 남자들 사이에 섞여 목록을 찾고, 서명을 쓰고, 청구 기호를 베껴 가지고 가면, 담당 직원으로부터 「이것은 틀렸으니 다시 써오라」는 말을 들었다. 부끄럽고 떨렸다. 게다가 얼굴 등을 볼 수 있어, 속삭이듯 이야기를 하게 되면, 땀에 흠뻑 젖어, 책을 찾아볼 기분도 없어져 버린다"라고 쓰고 있다.

5) 222절은 원문에 누락되어 있음.

던 것이다. 그것은 오늘날의 인도에서도 마찬가지라고 말할 수 있을 것이다. 여성의 강한 보수주의가 제2법칙이 활동하도록 내버려두지 않았던 것이다. 【223절】

3) 여성의 교육권

20세기의 사회적 불안 속에서, 지금까지의 습관이나 제도는 엄격한 비판을 받게 되고, 그와 함께 여성 문제와 교육이나 책에 대한 권리 등이 논의되게 되었다. 오늘날에는 대다수의 여성이 종합 대학에서 교육을 받을 수 있다. 여성에게는 교육이 필요 없다거나, 적합하지 않다는 사고 방식은 이미 과거의 것이 되었다. 적어도 오늘날에는, 교육을 받은 어머니의 힘에 의해 사회를 그 근저(根底)로부터 진보시킬 것을 주장하고, 그렇게 함으로써 여성 교육으로 나아가는 길을 반보 진전시키고, 여성에게 어느 정도의 자유를 확보한다고 하는 점진적인 방법이 있다. 한편 확실하게 지지를 확산시키고 있는 가장 급진적인 의견은 교육에서도, 정치적, 사회적, 경제적 생활에서도 남성과 마찬가지의 기회를 가져야 한다는 주장이다. 그것은 여성이 스스로 바라지 않는 한, 종(種)의 보존에 대해, 남성 이상의 역할을 수행할 필요는 사회적으로 존재하지 않으며, 학예, 과학, 산업의 각 분야에서의 직업 선택에 남성과 동등한 기회를 얻을 수 있도록 교육시켜야 한다고 생각되고 있는 것이다.

이에 대해, **견습(見習)을 통한 교육**이 있었다. 제2법칙은 이것에는 관여하지 않았다. ≪모든 사람에게 교육을≫을 주장하는 선배에게 완전히 맡겨버리고 있었기 때문이다. 그러나 성 차별에 대한 캠페인은 계급 차별보다 더 복잡하다. 여성의 권리에 대해 선배가 차별을 모두 배제할 수 있다고 하더라도, 제2법칙이 어떤 노고도 없이 전진할 수 있었던 것은 아니다. 바로 최근까지는 「여성 교육은 필요하며, 여성의 능력은 교육할만하다. 그러나 여성에게 주어졌던 영역은 가정으로, 그 교육은 모친을 견습하면 좋다」는 주장이 있었다. 학교 교육이나 책에 의한 교육은 불필요하고, 오히려 일상 생활에서 습득해야 한다는 생각이 18세기 후반에 뿌리 깊게 자리 잡고 있었다. 그것이 제2법칙의 주장 ≪모든 여성에게 책을≫의 실현을 방해했었던 것이다.

다행스럽게도 성 차별의 철폐 이전에도 「이러한 방법으로는 오늘날의 복잡한 생활에 대응할 수 없다. 요리법에도, 보육에도, 그 후의 육아에도, **정규의 학교 교육**이 필요하다」는 인식이 확산되고 있었다. 그 때문에, 모든 여성에게도, 남성과 마찬가지로, ≪그 사람의 책을≫이라는 주장이 확실한 것으로서 일반에게 받아들여지게 되었다. 만일 여성이 담당해야 할 세계가 가정이라고 하더라도, 가정 그 자체가 기술이고 과학이라는 사실이 인정되어 왔던 것이다. 그것은 예술과 과학이라는 두 가지 면의 유기적 복합체로, 가정 생활 전반을 포함하여, 가정학이라는 전문 영역을 형성한다. 남성이 자신의 직업을 위해 훈련받는 것과 마찬가지로, 여성도 그 임무를 다하기 위해, 항상 훈련받아야 한다고 생각하기에 이르렀던 것이다.

또한 **책을 통한 교육**이 있다. 남성에게는 그 일을 위해 전문 교육 기관이 있는데, 여성의 전문 분야는 남성에 못지않게 중요하다고 여겨지면서도, 19세기에는 교육 기관이 없었다. 오늘날에는 모든 선진 제국(先進諸國)에서, 초등 교육의 적절한 전개와 책의 풍부한 공급이 사람의 평생에 걸친 교육을 목적으로 하여 계속되면서, 이러한 비난은 종식되었다. ≪모든 여성에게 그 사람의 책을≫이란 오늘날의 도서관의 방향을 제시해주는 모드이다. 도서관은 이제는 그때까지 파고들어갈 수 없었던 인도 여성의 거처에 책을 전해주게 되었다. 그에 따라, 태어난 어린이를 기르기 위해, 모든 어머니가 어린이와 자신을 도서관에 등록할 수 있게 되었던 것이다. 이와 같이 분야와 이용자를 특정한 서비스의 전개가 이 다음 단계의 제2법칙의 노력의 특징으로 파악되고 있다. 【224절】

4) 과학적 연구

그럼에도 불구하고, ≪모든 사람에게 책을≫이라는 제2법칙의 진로에서 성 차별이 완전히 제거된 것은 이 싸움의 제3단계, 즉 20세기에 접어들고 나서의 일이다. 그것은 전통적인 「여성의 영역」과 「여성의 모자라는 능력」에 대한 비판적 검토와 함께 시작되었다. 당초에는 **해부학적 연구**에 의해 전통적인 견해가 지지를 받았지만, 1897년 계측 결과의 수학적 해석에 의해 남녀 간의 현저한 차이는 부정되었다. 1914년에는 통계적 연구가 한층 진행되어, 이전의 의사과학적(疑似科學的) 결론은 부정되었다. 그에 이어지는 **심리학적 연구**에 의해서도, 지적 격차는 존재하지 않는다고 확인되었던 것이다. 【225절】

5) 평등의 주장

경험심리학은 성 차별에 의한 노동의 분업에 학문적인 근거는 없으며, 모든 직업에서 남녀는 지적으로 평등하다고 증명하였다. 그리고 여성에 대한 고등 교육은 풍부한 재능이라는 부(富)를 국가에 가져다주고, 나아가 교육받은 여성, 즉 ≪그녀의 책을 제공받은≫ 여성은 어린이와 젊은이의 교육에서, 지식을 가진 남성보다도 우수하다는 주장까지도 이루어졌다. 이제는 제2법칙이 성 차별의 파괴를 위해 소리 높여 선언할 기회가 찾아왔던 것이다. 그 선언은 다음과 같다.

교육은 여성의 교양과 재능을 남성과 마찬가지로 향상시켜야 한다. 자신을 위해 책을 선택할 권리는 남성과 완전히 같아야 한다. 제2법칙이 제공하는 책은 한 사람 한 사람의 차이를 바탕으로 적절하게 선정되어야 하며, 성별에 의한 것은 아니다. 그 때문에 제2법칙은 여성에 대해, 가정에 관한 책이나 가정에 대한 헌신의 책을 제공하는 것을 목적으로 하지는 않는다. 책이라는 것은 성별에 관계없이, 모든 가족을 위해 만들어지는 것이기 때문에, 가정에 들어갈 정당한 권리가 있는 것이다.[6]【226절】

23. 도시인과 농촌인

제2법칙 ≪모든 사람에게 책을≫이 넘어서야 할 다음의 과제는 도시에서 지방으로 나가는 것이었다. 배우는 것과 읽는 것에 대한 수입이나 성별에 의한 차별은 오랫동안 계속되었지만, 근년에는 점차 해소되었다. 그러나 지방에 사는 사람들을 위해 ≪모든 사람에게 책을≫이라는 목소리가 도시에서 밖으로 나왔던 것은 겨우 우리들의 시대에 이르러서의 일이었다. 좀 더 정확하게 말하면, 지방에 사는 사람들의 책에 대한 권리가 인정되었던 것은 제1차 세계대전 이후의 일, 즉 1918년 이후의 일이었다. 조직적인 이동 도서관 서비스가 최초로 시작되었던 것은 1905년 미국의 메릴랜드주와 오하이오주에서의 일이었는데, 그럼에도 불구하고, 다른 각국이 지방에 거주하는 사람들의 요망에 부응하여 책의 공급을 진지하게 생각하기 시작했던 것은 이제 10년래의 일에

6) 출전: S. R. Ranganathan, *The Five Laws of Library Science,* 2nd ed. Asia Publishing, 1957. ©1963. p.101.

불과한 것이다.[7)]

1) 차 별

고대 그리스 이래로, 지방에 사는 사람들은 학습의 기회도 문화에 접촉할 기회도 부여받지 못하였다. 그것은 도시 사람들이 갖는 차별 감정에 의해, 같은 권리를 갖도록 해야 하는 것은 아니라고 여겼던 것이다. 그러한 사고 방식은 몇몇 문헌에 남아 있다.

한편, 도시의 경우에는 그 초기 시대부터 인구 집중에 의한 시민 생활의 복잡성이나 중대한 위협에 노출되었기 때문에, ≪모든 사람에게 교육을≫과 ≪모든 사람에게 도서관을≫이라는 강력한 요구가 나타났다. 이에 대해 농촌에 사는 사람들도 교육과 책의 부족은 같은 것임에도 불구하고, 그 필요성은 받아들여지지 않았다. 무지와 책의 부족은 먼저 도시에서 인식되고, 농촌에서는 오랜 기간 현재화(顯在化)되지 않았었던 것이다.

그러나 농민의 중요성은 무시할 수 없다. 농촌은 세계에 음식물을 공급하는 것이다. 거기에는 농업 기술의 숙련과 진보가 필요하다. 그렇기 때문에 국가는 자신의 일을 잘 생각하고, 변화에 대응할 수 있는 농민을 필요로 하는데, 그것은 농촌에서 충분히 책을 읽음으로써만 실현할 수 있는 것이다. 국가의 강함과 번영의 기초는 결국은

7) 최초의 이동 도서관: 조직적인 이동 도서관 서비스는 1893년 미국 뉴욕주에서 멜빌 듀이(Melvil Dewey)가 이동 도서관의 서비스를 시작했던 것을 최초로 생각한다. 사노우 토모사부로우(佐野友三郎)는 듀이의 예를 본받아, 아키타현(秋田縣)에서 1902년, 야마구치현(山口縣)에서 1904년에 이 서비스를 시작하였다. 랑가나단이 굳이 1905년의 메릴랜드주의 예를 든 것은 도서관의 선각자의 계몽적인 실천이 아니라, 지역 주민 자신의 독서 의욕으로부터 탄생한 자발적인 것으로, 그것을 도서관인이 제2법칙을 바탕으로 실현의 길을 열었기 때문일 것이다. 농촌 사람들이 「자신들의 도서관을 갖고 싶다」는 요구를 표명하고 실현했다는 의미에서 「최초의」 것이었다.

농민의 가정과 전답에 관련되어 있는 것이다.

오늘날과 같은 국제 경쟁의 시대에, 농업과 그 밖의 지역 산업이 옛날의 생산 방법과 시장을 지키고 있어서는 약체화할 뿐이다. 그렇기 때문에 **아이디어와 책의 흐름**에 의한 자극과 그 아이디어에 대한 관심을 부단히 환기시킬 필요가 있다. 매년 창안되는 새로운 농업의 방법, 시장의 개척, 농촌과 도시 간의 교통의 새로운 전개, 그리고 기계와 사람의 문제 등이 시급한 과제가 될 것이다. 이렇게 해서, 한 세대 사이에 농촌의 생활은 변화하고, 수작업으로부터 농업 기계와 그 기술의 보급이라는 부단한 변화가 생겨났다. 이에 대해서는 「책이라는 학교」와 「경험이라는 학교」를 병용(併用)하여, 끊임없이 새로운 아이디어의 흐름을 보완해야 하는 것이다.

다음으로 **마케팅의 흐름**과 그 변화의 문제가 있다. 마케팅의 개선에는 진보적인 농민과 농민에 대한 책이나 잡지의 공급이 필요하다. 농작물의 생산량과 운반 방법이 변화하고, 시장은 인도 전체에는 물론 세계 각지에 미치고 있다. 금후(今後)의 농업에는 지식과 관리 능력이 필요하게 되고, 자본력과 두뇌를 갖춘 사람을 끌어들여, 자본화된 산업이 되게 될 것이다. 농민이 무지한 채로 있거나, 전통을 고수하고 있어서는 안 되는 시대이다. 국가가 세계와 보조를 맞춰나가려면, 농민도 또한 부단히 향상하지 않으면 안 된다. 이를 위해서는 가장 근대적인 과학적 및 경제적 사실을 배우고, 그 아이디어를 익혀야 한다. 그것이 책이나 잡지 없이 가능할 것인가? ≪농촌인에게 그 사람의 책을≫을 더 이상 지연시켜서는 안 되는 것이다.

이것은 농민에게 **사회적 시야의 변화**를 가져다준다. 커뮤니케이션의 발달과 이동 시간의 단축과 여비의 저렴화는 지방을 도시에 가깝게 해주고, 새로운 아이디어를 지방으로 가져다주고, 지방의 생활 개선에 대한 의욕을 만들어냈다. 지방에서의 생활은 지적인 면에서 변화하였고, 편협한 지역주의는 급속하게 소멸되고, 복장도 변화하였다. 도시와의 재정적, 사회적, 정치적 관계가 확립되고, 어린이는 도시의 고등학교에 다니고, 도시의 생활 양식을 배우고, 새로운 친구들을 사귀게 되었다. 그리하여 새로운 세계가 넓어졌던 것이다.【231절】

2) 이동 도서관

지방에 사는 사람들의 생활의 도시화로부터 다음과 같은 요구가 생겨난다. 「왜 도시인들만이 시립 도서관이나 문화 시설을 갖는가? 왜 주(州)에서는 도서관과 그 밖의 시설을 만들어주지 않는가? 우리들도 생각하는 힘도 의욕도 가지고 있다. 자신들의 도서관을 갖고 싶다」. 근대 민주주의는 이러한 각성한 농민들에게 「그들의 책을 요구하는 힘」과 「그 요구를 실현하는 힘」을 부여해왔다. 실제로 이것이 바로 최초의 이동 도서관의 기원이었던 것이다.

미국의 메릴랜드주 워싱턴 카운티에서는, 책에 대한 주민 요구가 높았었는데, 고가(高價)라서 살 수가 없었다. 카운티의 도서관 사서에게 상담했더니, 마차로 책을 순회시키면 되겠다고 하여, 1905년에 이를 실현하였다. 1910년에는 그것이 자동차 문고가 되었다. 현재는 미국의 300개 카운티가 이동 도서관을 가지고 있다. 메릴랜드주의 아이디어는 농민 요구로부터 시작되었다는 사실에 큰 의의가 있는 것이다.

영국에서는 카네기영국재단이 농촌인들에게 책에 대한 요구의 실례를 제시하고, 도서관의 건설 비용과 5년간의 운영비를 제공하였다. 5년간의 서비스에 의해, 그 동안의 잠재적 독서 요구가 표면으로 드러날 것을 기대했던 것이다. 재단 임원은 이 계획을 각 도에 제시하고 도서관 건설을 권고하였다. 그 결과 영국 최초의 도립 도서관 계획이 1916년에 스태포드셔(Staffordshire)에서 개시되었다. 이로부터 ≪모든 사람에게 책을≫이라는 캠페인이 거의 모든 지역으로 확산되었던 것이다. 그 결과 영국 사람들의 책에 대한 요구가 확실해지고, 법률도 정비되어, 잉글랜드와 웨일즈에서 실행되기에 이르렀다.[8)]

인도에서의 개혁은 영국과 마찬가지로, 농민들에게 「그들의 책」을 요구하는 힘을 부여하고, 근대적인 쾌적함을 갖춘 농촌 도서관의 전국 계획을 요구하는 힘을 부여하였다. 머지않아 그들은 그 힘을 자각하고, 그것을 행사하려고 생각한다. 지금으로서는 인도의 농민이 카네기재단의 원조를 받을 전망은 없다. 그러나 마드라스도서관협회는 계속적으로 그리고 조직적으로 홍보 활동을 진행하여, 제2법칙으로부터의 메시지를 지방으로 전하고, 책을 사용하는 것과 도서관 서비스를 받을 권리에 대해, 농촌인이 눈을 뜨게 하기 위해 노력하고 있는 것이다. 【232절】

3) 농촌에서 도시로의 인구 유출

도시 사람들은 이 문제에 대해 관심이 없으며, 이기적이기까지 하다는 사실은 부정할 수 없다. 그러나 그렇다고 하더라도, ≪농촌 사람들에게도 그들의 책을≫이라는 제2법칙의 요구에 대해, 도시 사람들이

---

8) 카네기재단: 스코틀랜드에서 태어나, 미국에서 재산을 모았던 앤드류 카네기(Andrew Carnegie, 1835-1919)가 「금전을 숭배하는 것 이상으로 사람의 품성을 떨어뜨리는 것은 없다」는 신념 아래 설립한 재단. 그는 주민의 지성과 품성을 향상하기 위해 공립 도서관이 중요하다고 생각하고, 그 건설비를 지원하였다. 1886년부터 1919년까지 영어권 여러 나라에 2,509개관의 건설비를 보조하였다. 여기에서 말하는 카네기영국재단은 영국에서 이루어지는 제반 사업의 책임자로, 카네기의 출신지인 사우스 스코틀랜드의 덤펌린(Dunfermline)에 본부를 두고 있었다. 랑가나단도 유학 중에 이곳을 방문하고 있다. 이 사업에 대해서는 다음 장에서 상세히 살펴보고자 한다.

이해하도록 설명하는 것이 바람직할 것이다. 도시인은 시골에서 시내로의 인구 유출의 방지에 관심을 가지고 있기 때문이다. 인구 유출에는 다양한 이유가 있는데, 도서관학의 제2법칙에 따름으로써, 그 유출을 멈추게 할 수 있는 경우가 있는 것이다.

예를 들면, 인구 유출 원인의 하나로, **시골에서 교육을 받은 소년들**이 시내에서 취직하는 문제가 있다. 그것은 초기에는 큰 기대를 주는 목표였지만, 지금은 공급 과잉이 되어, 직장이 없는 사람이 많아졌다. 유일한 해결책은 시골의 생활 환경을 개선하면서 교육을 보급하는 것이다. **소년에서 양친(兩親)까지**의 인구 유출은 부모의 생활을 변화시키고 있다. 여름이 되면, 밭을 소작인에게 맡긴 부모는 아이들이 있는 시내로 나가 휴가를 즐기는데, 이 습관이 밭을 빌려주고 도시에서 살면서, 사회 생활과 좋은 교육 환경을 누리다가, 결국에는 토지를 팔고 도시에 영주하는 패턴을 만들어내는 것이다. 이 비생산적인 인구 유출을 어떻게 방지할 것인가가 커다란 사회적 과제가 되었다. 가령 교육을 받은 어린이가 결심을 하여 시골에 머무른다고 하더라도, 시골이 옛날 그대로, 지적 레크리에이션도 매일의 업무에 대한 조언도 없다고 한다면, 단조로운 시골의 생활에 싫증을 느껴 카드놀이에 빠지거나, 시내의 생활로 되돌아가거나, 그 어느 것으로 끝날 것이다. 【233절】

4) 유출의 영향

이와 같은 시골로부터 도시로의 인구 유출은 경제적인 파탄 이외에도, 도시의 혼잡, 생활비의 상승, 공중 위생 유지의 곤란과 경비의 증대 등을 초래하게 된다. 이러한 **유출을 방지**하기 위해서는, 지역에 새로운 농촌 계급을 만들어내고, 그 사람들이 그곳에 살면서, 새로운 의무와 업무를 수행할 수 있는 조건을 정비하지 않으면 안 된다. 여기에는 당연히 **농촌 도서관**을 설치하고, 마을에 모든 종류의 책이 존재하도록 해야 한다. 그렇게 함으로써, 일이 없는 긴 여름을 쉽게 지낼 수 있게 되고, 마음속에서 원하는 것을 찾아내지도 못한 채 시내를 방황하는 일 없이, 가만히 앉아서 그것을 입수하게 된다. 농촌 도서관이 시작되면, 책뿐만이 아니라, 레크리에이션과 정보를 얻을 수 있도록 하기 위해 영화나 슬라이드도 시골로 보내게 된다. 음악회, 강연회, 연극, 전람회 등에 대한 지원도, 모든 기회에 제공된다. 이 농촌 도서관은 사회 생활 센터로서, 농촌에 있는 다른 기관보다도 장점을 갖는다. 그것은 모든 사람의 공유 재산으로, 일반적으로 사원이나 절에서는 볼 수 없는 민주주의가 있는 곳이기 때문이다.

만일 ≪모든 사람에게 책을≫이라는 법칙이 시의 벽을 넘어 시골 사람들에게 받아들여지게 되면, 제2법칙은 지금까지 도시 지역에만 있던 문화적 시설이나 지적인 기회를 가능한 한 시골로 가져가려고 할 것이다. 이 점에서 농촌 도서관은 시골로부터 시내로 나가는 인구 유출을 중지시키는 강력한 효과를 갖게 될 것이다.[9)]【234-235절】

---

9) 일본의 농촌 도서관: 청년단에 의한 농촌 도서관의 설립 · 운영이 현저하였다. 나가노현(長野縣) 카미고무라도서관(上鄕村圖書館: 현 이이다시립카미고(飯田市立上鄕)도서관)은 그 좋은 예이다. 농민을 위해 개인적으로 농촌 도서관을 생각해내고, 운영한 것은 도쿄도(東京都) 마치다시(町田市) 츠루카와(鶴川)에 미나미타마(南多摩)농촌도서관을 연 나미에 켄(浪江虔, 1911-1999)이었다. 나미에는 전시(戰時) 중부터 농민의 자주적 생활 확립을 목적으로 하여 농촌 도서관의 설립을 결의하고, 그때까지 해왔던 도쿄테이코쿠다이가쿠(東京帝國大學)에서의 미학 연구에서 농촌 생활로 전환하여, 우선 도립원예학교에서 비료학을 배웠다. 그 도서관은 지역의 사람들에게 자주 이용되었는데, 당시의 공립 도서관의 대출 권수를 훨씬 넘어섰으며, 지역의 문화 센터로 간주되었다. 현재 그 장서는 마치다시립도서관에 보존되어, 나미에의 업적과 그 활동을 평생에 걸쳐 뒷받침했던 부인 야에코(八重子)의 헌신을 오늘날까지 전해주고 있다.

5) 농촌 도서관 서비스의 조직화

현상(現狀)에서는 군(郡: district)을 기초로 계획하였다. 지역의 단위로서는 오히려 군에 포함되는 탈룩(자치구: Taluk)을 대상으로 해야 하겠지만, 군청이 가지고 있는 재원과 사업의 계속성, 지도성이라는 점에서, 탈룩보다도 군이 적절할 것이다.

그 설립과 최초의 체제 구축은 초대의 **군립 도서관장**의 수완과 열의에 달려 있다. 도서관 계획이 성공하기 위한 첫 번째 조건은 잘 훈련받고, 수완이 있는, 열의를 가진 도서관인을 군의 도서관 조직의 책임자로, 즉 도서관장으로 삼는 것이다. 군의 관리자는 이 기본적인 조건을 무시하고, 군립 도서관 계획에 착수해서는 안 된다. 만일 무시하면, 그것은 실패로 끝나게 될 것이다.

관장으로서의 최초의 업무는 **우선 주민에 대해 아는 것**이다. 어디나 같다는 생각으로 시골 주민의 요구에 접해서는 안 되는 것이다. 같은 것처럼 보이더라도, 실제로 도서 선택의 기준은 다르다. 영국의 도서관장은 우선 주민에 대해 아는 것, 그것을 위해서는 개관 이전에 지역의 센터를 방문할 것을 권하고 있다.

다음 단계에서는, 군의 교육장이나 장학사, 세무서장, 마을회나 카스트 등의 의장, 협동조합 이사장 등, 지역 개선 계획 사업에 관심이 있는 사람들의 지원을 확보하는 것이다. 그 사람들의 협력과 자신의 조사를 바탕으로 하여, 마을의 교사, 회계 책임자, 재판관 등 그 지역에서 잘 알려져 있는 사람들을 **마을의 도서관장**(배본소(配本所)의 책임자)으로 하고, 그 사람이 열의를 갖도록 지원하는 것이 중요하다. 이러한 고무와 격려가 이 조직의 가장 중요한 사항인 것이다. 마을에 당파적인 대립이 있을 경우에는, 각각의 당파의 대표자를 운영자에 포함시키는 것이 좋을 것이다.

그 다음이 **도서관 홍보**이다. 이것은 그 지역에 도서관이란 무엇인가, 주민을 위해 어떤 일을 하는가 등을 철저하게 알리는 일이다. 그 지역의 언어로 된 신문, 전단, 포스터, 지역의 행사, 집회, 농산물 품평회 등의 기회나 그 고장의 유력자로부터의 지원을 활용하여, 제2법칙의 사고 방식과 군립 도서관의 업무가 갖는 국가적 중요성을 전한다. 여기에는 많은 노력이 필요하다.

마지막으로 중요한 것은 우수한 책을 신속하면서도 정기적으로 제공하는 것, 즉 **책의 선택**이다. 즐거움을 찾는 책과 정보를 제공하는 책을 함께 각 배본소(配本所)로 보낸다. 정보에 관한 책에는 지역의 산업이나 흥미에 관계된 것을 포함한다. 농민이나 원예가로, 자신의 일에 도움이 되는 「책이라는 것」이 있다는 사실을 알지 못했던 사람들은 적지 않다. 그것을 수정하는 것이 도서관의 일이다.

군립 도서관 활동의 하나로 보급 서비스용의 자료를 보내는 일이 있다. 슬라이드나 레코드, 영화 등을 계획적으로 그리고 정기적으로 각 배본소로 보내는 것인데, 그때 라마야나(Ramayana), 마하바라타(Mahabharata), 샤쿤탈라(Sakuntala) 등의 인도 고전과 생활에 도움이 되는 정보의 책을 함께 보내, 이제까지 알지 못했던 것에 대한 호기심을 환기시키고, 식자율(識字率)의 향상에도 도움이 되게 한다.[10] 【236절】

---

10) 일본의 공립 도서관 계획: 20세기 말부터 21세기 초두(初頭)에 걸쳐, 공립 도서관의 계획을 새로이 생각하는 자치체가 여기저기에 있었다. 그리고 여기에서 들었던 조건의 도서관인을 초빙하여 도서관 계획을 세우고, 개관 후에는 관장으로 한다는 방식을 취하였다. 이것은 공립 도서관으로서는 훌륭한 도서관 서비스를 제공하기 위한, 납세자에 대한 당연한 일이다. 그러나 그 관장에게 충분한 권한을 부여하지 않고, 직원을 선발하는 일도 시키지 않은 채, 후임으로 전문직이 선발될 전망이 없는 경우도 나타났다. 그 때문에 그 관장의 퇴직 후에는 몇 년이 지나지 않는 동안에 창립 당시의 이념도 열의도 사라지고, 서비스 수준도 저하되면서, 단지 책을 빌려주면 된다는 식이 되어, 발족할 때의 모습이 사라져 버리는 것이다. 「그 사람이 있었을 때는 좋았었는데」 라는 이야기만 남아 있고,

6) 군립 중앙 도서관

군청 소재지 안에 군립 도서관의 중앙 서고를 준비한다. 우선 서고와 포장실, 사무실이 필요하다. 직원은 나중에 보충하더라도, 발족 당시에는 신뢰할 수 있는 관장 보좌를 한 사람 두고, 일상 업무를 처리하도록 한다. 관장의 시간은 조직 전체에 관련된 일에 사용해야 하기 때문이다. 관장은 군내의 도서관을 순회하는 것을 업무로 하고, 보좌는 일상 업무에 정통해야 한다.

책의 수송은 지역의 상황에 따라 다르지만, 이상적인 수송 수단은 도서관 차량이다. 1,000권 정도 적재할 수 있는 서가를 갖추고, 순회처에서 주민이나 배본소의 도서관장이 스스로 책을 선택할 수 있도록 한다. 도서관인이 탑승하면, 도서관에 대한 효과적인 홍보를 실시하게 된다. 3개월에 한 번, 각 배본소를 순회한다.

배본소는 책을 교환하기 좋은 곳, 예를 들면 학교, 사원, 절, 우체국, 상점, 또는 개인의 가정 등을 선정한다. 【237절】

7) 최초의 저항

군립 도서관장은 주민으로부터의 적의(敵意)와 의심에 직면하게 된

지역 주민을 위해서 라는 본래의 사고 방식은 사라진 것이다. 랑가나단은 인도에서의 경험으로부터 이러한 인사 방식에 대해 커다란 우려를 가지고 있었던 것이 아닌가 생각된다.

엄격한 조건 아래에서도, 도서관의 다양한 가능성을 추구했던 도서관장의 실천 기록으로서, 일본에서는 최근에 다음과 같은 두 권의 책이 출판되었다.

① ちばおさむ. 『圖書館長の仕事: 「本のある廣場」をつくった圖書館長の實踐記』. 日本圖書館協會. 2008. (JLA 圖書館實踐シリーズ 10).

② 三輪巴. 『館長室から: 町立圖書館長の日日』. 日本古書通信社. 2006.

다. 그러므로 그에 대한 준비가 필요하다. 그 대상은 다음과 같다.

① 마을의 교사: 박봉(薄俸)으로, 업무상으로 보상받는 경우가 적고, 일을 시키는 경우뿐이다. 도서관의 업무가 늘어나는 것은 환영하지 않는다.
② 마을의 재판관: 같은 직장에 몇 년간씩 유임한다. 도서관과 같은 근대적인 업무에는 강한 반감을 가지며, 지역의 개선 운동에 관련된 젊음과 정열을 갖고 있지 않다.
③ 마을의 대지주: 설득하기가 가장 곤란한 상대이다. 자작농(自作農)이 주체적으로 스스로의 상황을 생각하기 시작하도록 하는 교육수단과 시설의 증가에, 강한 의문과 불신의 마음을 가지고 있다.

이러한 적대적인 요인은 모두 군립 도서관장의 배려와 열의에 큰 부담이 된다. 인내와 지역에 대한 이해만이 이러한 장애를 뛰어넘는 힘이 된다. 그러한 얼음이 녹은 후에는, 일의 진행이 부드러워지고 자동적으로까지 이루어질 것이다. 그 실례로서는, 젊은 주부의 가정 개선에 대한 열의, 어린이들이 논픽션에 대해 보이는 깊은 관심, 다양한 독서에 대한 흥미의 발굴 등이 있다. 또한 구두 장인이 영국사와 역사 소설에 심취한다거나, 과수원 경영자가 천문학에 대한 깊은 관심을 가진다거나, 원예가가 이집트에 대한 책에 흥미를 갖고, 승무원이 헤딘(Sven Anders Hedin)[11]의 탐험기를 읽는 등의 예가 있다. 이동 도서관은 한적한 시골 생활에 즐거움을 가져다준다. 그리하여 미국의 어느 농업대학

11) 역자주: “스웨덴의 탐험가(1865-1952)로, 페르시아, 메소포타미아, 중앙아시아, 고비사막 등을 탐험하였고, 고대 도시 누란(樓蘭)의 유적을 발견하기도 했다.”(네이버 백과사전 참조)

장은 다음과 같이 말하고 있다.

> 농촌을 위한 교육 조직은 전 인구에게 서비스하는 우수한 도서관이 몇 개 마련되지 않고서는 완결되지 않는다. 농가의 어린이들과 어른들이 각각의 선호와 요구에 따라 언제나 책의 컬렉션에 접할 수 있게 될 때까지는, 미국 전체의 행복과 진보의 가능성은 충분치 않다.【238절】

24. 서로 다른 조건 아래 놓여 있는 사람들

다음으로, 대립하는 두 가지 것, 즉 보통이라고 간주되는 것과 그렇지 않은 것에 대해 생각하지 않으면 안 된다. 이것은 지극히 복잡한 문제이다. 보통이 아니라고 일컬어지는 것은 어디에나 존재하기 때문에, 입원도, 문자를 읽을 수 없는 것도, 수감되는 것도 그 예라고 할 수 있는데, 이러한 상태는 해소가 가능하다. 한편 눈과 귀, 발성, 그 밖의 부자유스러움을 가진 사람들은 「보통이 아니다」라고 일컬어져 왔다. 그러나 ≪모든 사람에게 책을≫의 「모든」에는 이 사람들 한 사람 한 사람이 포함된다. 제2법칙은 예외를 인정하지 않는다. ≪정상인이든 부자유스런 곳이 있든, 모든 사람에게 그 사람의 책을 공급하는≫ 조건이 갖추어지기까지, 제2법칙은 멈추지 않을 것이다.

1) 원탁 회의

여기에서는, 병원의 입원 환자와 눈이 부자유스런 사람, 읽고 쓰는 능력(리터러시)이 없는 사람, 농아아(聾啞兒)를 가진 어머니, 그리고 교도소의 교도관이 같은 테이블에서, 독서에 대한 각각의 「보통이 아닌」 상황에 대해 서로 이야기하면서, 교도소의 교도관이 수형자(受刑者)들이 교도소 내에서 적극적이고 긍정적인 생활을 하기 위해 책이 필요하다고 이야기한다. 그에 대해 제2법칙과 심리학자가 각자에게 적절한 책을 제공하는 일을 하고 있다고 설명한다. 읽고 쓰는 능력을 갖지 못한 사람에 대해서는 제2법칙이 자매인 ≪모든 사람에게 교육을, Education for all≫의 곳으로 갈 것을 권장한다. 또한 심리학자는 병원의 전임자로서, 환자 한 사람 한 사람에게 적절한 책을 제공하는 ≪각각의 환자에게 그 사람의 책을, to give Each Patient His Book≫이 자신의 일이며, 같은 목적으로 교도소에도 나간다고 설명한다. 모두가 그곳에 퍼져있는 지적인 넓은 세계에 희망을 갖는다고 하는 구성이다. 【241절】

25. 도서관의 노래

원탁 회의의 참가자 전원이 도서관의 노래를 합창한다. 그곳에 알 수 없는 남자가 나타난다. 그는 뱃사람으로, 항상 해상에서 일하고 있는 선원의 독서에도 배려해 주기를 희망한다. 제2법칙은 「여러분의 일은 결코 잊지 않겠다」고 약속한다.

그 합창의 가사는 다음과 같다.

여기는 모두의 집
　비열한 사람도
　대학의 학장님도
　혜택받은 소수에게만 책을 읽게 하는 것을 그만둡시다.
여기의 책은 모두의 것

부자에게도 책을

가난한 사람에게도 책을
남자에게도 책을
여자에게도 책을

아픈 사람에게도 책을
두통을 앓는 사람에게도 책을
눈이 부자유스런 사람에게도 책을
말이 부자유스런 사람에게도 책을

실패를 거듭하는 사람에게도 책을
잘하는 사람에게도 책을
시내 사람에게도 책을
밭에서 일하는 사람에게도 책을

학자에게도 책을
교도소에 있는 사람에게도 책을
이곳의 책은 모두의 것
한 사람 한 사람, 그리고 모두의 책

[낯선 남자가 들어와]
책은 모두의 것. 그렇다. 모두의 것이다.
그리고 또 한마디
육지 사람에게도 책을
바다 사람에게도 책을[12)]

제2법칙은 그 「바다의 사람에게도 책을」이라는 것 자체를 문제로서 생각할 것을 확약(確約)한다. 그 대답이 다음 절이다.

---

12) 출전: S. R. Ranganathan, *The Five Laws of Library Science,* 2nd ed., Asia Publishing, 1957. ©1963. p.126.

26. 육지와 바다

해상에서 일하는 사람들의 일은 육지에서 사는 사람들로부터 오랫동안 무시되어 왔다. 그것은 「눈에서 멀어지면 마음에서도 멀어진다」는 옛날부터 전해오는 말 그대로이다. 인도에서는 해운 사업이 왕성했다고는 할 수 없지만, 그럼에도 불구하고 해상 생활자는 60만 명이나 된다. 이 사람들의 문제, 즉 ≪바다에서 살아가는 모든 사람에게 그 사람의 책을≫ 제공하는 데는, 해상 생활이라는 조건으로부터 생겨나는 많은 곤란한 것들이 있다. 도서관세로는 유지할 수 없으며, 선원의 교대가 격심하고, 부정기 화물선의 운항이 일정하지 않으며, 실시하는 데는 세계의 주요 항구에 책을 교환하는 시설이 필요하게 되는 등 많은 것들이 있다.

그럼에도 불구하고 제2법칙은 난관은 극복할 수 있다고 주장한다. 이에 따라 영국에서는 1919년에 선원교육협회를 설치하였다. 국제성인교육협회(ICAE: International Council for Adult Education)는 선주와 회원 노동조합과 기독교선교협회 대표자를 초청하여, 선원들을 위한 완전한 교육 조직의 일부로서, 도서관 설치를 위한 상임 위원회를 두었던 것이다.

1) 선원의 독서

선원들은 책을 자주 읽으며, 책을 중요하게 취급한다. 특히 장기간의 항해에서는 승조원(乘組員)의 약 75%가 독서를 한다고 한다. 1928년 말에는 1,276척에 도서관 서비스가 제공되었다. 한편, 육상 근무 요원은 그 10%가 책을 읽을까 말까라고 한다. 【261절】

2) 선원 도서관의 재정

영국의 공공도서관위원회는 이 서비스의 재정 기반에 대해 상담하였다. 기본선으로서, 제2법칙의 메시지 ≪육상에 있든 해상에 있든, 모든 사람에게 책을≫을 확인하고, 공공 비용에 의해 도서관 서비스를 받을 권리는 육상에서나 해상에서나 같다고 규정하였다. 그런데 남은 과제는 이 서비스의 책임자가 국가인가, 국가와 항구를 가진 시와의 협력인가, 또는 시가 부담하는가 하는 것이었다. 위원회는 자치 단체나 국가가 단독으로 책임을 져야 할 것이 아니라, 해운 회사, 선원 자신, 항구 도시의 도서관 및 국가 사이에서의 분담을 주장하고, 나아가 국가와 자치 단체의 관여를 요청하고, 경비의 부담은 아니더라도, 국립 중앙 도서관이나 항구 도시의 시립 도서관으로부터의 책의 제공을 요청하였다. 【262절】

3) 등대 직원

등대 직원도 선원과 마찬가지로 책을 요구하고 있다. 배와 승객의 안전 및 화주(貨主)의 이익은 등대 직원에 의해 보호되고 있기 때문에, 그 사람들을 위해 제2법칙을 실현하는 것은 당연하다. 그러나 해안가의 등대는 지역의 도서관 서비스를 받을 수 없는데, 낙도(落島)와 바위 위의 등대와 등대선에는, 이를 위한 중앙 조직이 필요하다. 영국과 아일랜드에서는 이 시기에 대략 300개의 등대가 이 서비스를 받고 있었다. 【263절】

27. 성인과 아동

제2법칙의 고투 중에서 가장 해결하기 곤란한 문제는 아동의 독서에 대한 성인의 이해를 얻는 것이다. 어린이들은 교과서 이외의 책을 읽을 필요가 없으며, 그것은 시간의 낭비로, 어떤 장점도 없다고 성인들은 생각해왔다. 또한 한편으로는, 학교 교육을 마치면, 책에서 얻을 수 있는 모든 것을 익혔다고 믿고, 졸업 후에는 전혀 독서를 하지 않는 사람들도 있는 것이다.

1) 평생 학습

「학교를 졸업하면, 그 후에는 책이 필요치 않다」고 하는 생각은 「교육의 낙타 이론」이라고 일컬어지고 있다. 즉 사막의 여행을 출발하기 전에, 모든 지적 식량을 낙타의 등에 싣고 나서기 때문에, 도중에서 이루어지는 보급은 필요 없다는 이론이다. 인간은 성인이 되고 나서 이후의 교육을 받고, 자신의 성장을 도모하기 위해, 소질, 열의, 긴급성 등을 필요로 하게 되는데, 이 낙타 이론은 그것을 무시한다. 오늘날의 심리학에서도 교육의 실제에서도 이러한 생각은 인정되지 않는다. 다이내믹한 민주주의 아래에서는, 항상 더 새로운 질서가 생겨난다. 이 변화하는 사회에 대해, 지적으로 대응하면서 살아갈 수 있도록 사람을 기르는 것이 공교육의 역할이다. 정치가든 학자든, 독서를 중단하면 완전히 무교육한 존재가 되어버리는 것은 아닐까? 교육은 요람에서 시작되고, 무덤에서 끝난다. 교육을 받는 모든 성인은 ≪모든 사람에게 책을≫이라는 그 ≪모든≫에 포함되어 있는 것이다. 【271절】

2) 졸업생에 대한 서비스

제2법칙의 고투 중에는, 대학의 졸업생이 독서를 하도록 하기 위한 노력과 대학에 대해 「졸업 후에도 그 학생에 대한 교육을 계속해야 한다」고 확신시키는 것이 포함되어 있다. 대학은 대학 도서관의 장서를 통해 계속적으로 교육할 의무가 있으며, 그들과의 사이에 고도의 지적 관계를 맺어야 하며, 만일 그렇게 하지 않으면, 졸업생으로부터 대학에 대한 경애(敬愛)의 정을 상실하게 되고, 학부 학생을 위해 대학이 사용했던 경비가 유지되지 않게 되는데, 그것은 국가적 손실이라는 것이 대학에 대한 제2법칙의 강력한 요구인 것이다. 이 점에서, 제2법칙은 계속 교육 또는 평생 교육의 추진력으로서의 역할을 수행하게 된다. 【272절】

3) 교수법의 새로운 방향 제시

제2법칙은 교수법에 대해 새로운 사고 방식을 제기하였다. 우선 대학에 대해서는 다음과 같이 밝히고 있다.

> 대학에서 할 수 있는 최선의 일은 학부의 신입생이 스스로 생각하는 것과 독서의 습관에 대한 열의를 자각하도록 교육하는 것이다. 교육은 교실에서만의 일이 아니며, 제2법칙은 대학이 교육을 중단한 곳으로부터 독서 교육을 시작하지 않으면 안된다. 지금까지 책을 읽은 적이 없는 성인에게 독서를 시작하도록 만들기는 대단히 곤란하지만, 학부 학생에게 그렇게 하는 것은 용이하다. 그러므로 대학이 학생에 대해 책에 관심을 갖도록 교육을 해준다면, 그 대신 대학의 수업에 제2법칙을 활용하는 데는 이의가 없다. 제2법칙은 대학의 수업 지원은 물론, 대학 졸업 후의 학생의 사고와 독서의 자립에도 충

분한 힘을 가지고 있다.

마찬가지로 학교에 대해서는 다음과 같이 밝히고 있다.

> 미래에 대한 기대는 현재의 아이들 속에 있다. 그 아이들은 학교를 졸업하면 곧바로 제2법칙이 있는 곳으로 오게 된다. 이 아이들에게는 다른 곳으로 가야 할 교육 기관이 없다. 그러므로 학교는 학교 도서관을 정비하고, 재학 중에 학생들의 독서 습관을 기르도록 해야 한다. 어린 시절에 독서 습관을 익힌 아이는 독서를 평생 동안 계속할 것이다. 그것은 일생에 걸쳐 자기 교육을 계속하는 것 바로 그것이다.

즉 제2법칙은 교육에 대해, 성인의 교육과 어린이의 교육 사이에 있는 심각한 대립을 뛰어넘어, 사람의 성장을 도모한다는 커다란 목적을 실현시키기 위해, 과거의 교수법과 새로운 교수법, 즉 학교와 도서관과의 사이를 조정하고, 이해를 깊게 하려고 노력하고 있는 것이다. 【273절】

28. 무한의 민주주의

지금까지 살펴본 것처럼, 도서관학의 제2법칙의 노력은 개인에게 기초를 두는 민주주의가 갖는 무한의 가능성과 그 표현의 다양성을 바탕으로 하고 있다. 그러나 생활의 다양한 국면에서는, 변덕쟁이라고도 해야 할만한 자연적 조건이 민주주의적 규범을 억압하는 것이다. 어떤 정치적 · 윤리적 신조도 키의 크기나 피부색의 차이를 실제상 평등하게 할 수 없으며, 체격이나 기질, 지성의 차이를 똑같이 할 수도 없다. 그렇지만 ≪모든 사람에게 책을≫이라는 법칙은 시각이나 언어의 부자유스러움, 고독, 빈곤 등 자연의 여신이 보잘 것 없는 변덕으로 사람에게

끼치는 불행보다 훨씬 큰 힘을 가지고 있다. 제2법칙 ≪모든 사람에게 그 사람의 책을≫은 사람을 평등하게 다루는 것이다. 한 사람 한 사람에게 책을 제공하고, 책에 접할 기회, 학습할 기회, 즐길 기회의 평등의 원칙을 세심하게 지킨다. 그리하여 모든 사람을 학습의 여신 사라스바티(Saraswati)[13]의 전당으로 인도하고, 각자가 성과를 얻을 때까지는 쉬는 일이 없는 것이다.

1) 삼반다르의 일화

7세기에 시얄리(Shiyali)에 살았던 삼반다르(Sambandhar)에게는 다음과 같은 이야기가 전해지고 있다. 이 사람의 결혼식 날, 돌연 천국의 입구가 열렸다. 그는 부모님과 친족, 친구, 하객, 하인과 수행원, 그 지역의 사람들을 모두 불러 모아, 천국의 문에 들여보낸 후에 자신과 아내가 천국으로 올라갔다고 한다. 이러한 다른 사람을 앞세우고, 자신을 뒤로 하는 박애주의(博愛主義)야말로 도서관학의 제2법칙의 상징이다. 이 업적에 대해서는 12세기의 타밀(Tamil) 지역의 전기 작가 세킬라(Sekkilar)가 기록하고 있다.[14] 【271절】

---

13) 역자주: "인도 신화로 사라스바티 강을 신격화한 여신으로,. 『리그베다』(Rigveda)에서 이미 높은 지위를 차지하였으며, 후세에 언어의 여신 바쥬(Vaē)와 동일시되어 학문, 기예의 여신으로 되었고, 또 브라후마(Brahmaa)의 신비(神妃)로 되었다."(네이버지식사전, 〈http://terms.naver.com/entry.nhn?docId=266930〉)

14) 삼반다르의 일화: 시얄리는 랑가나단이 살았던 마을이다. 박사의 아들 요게시와르(Yogeshwar)에 의하면, 이 이야기는 랑가나단이 어렸을 때 할머니로부터 반복하여 들었던 이야기였다고 한다. 그리고 「무료로 누구에게나 이해할 수 있는 정보를 널리 제공하는 인류애(universal brotherhood)가 제2법칙의 메시지」로, 이 옛날 이야기는 그것을 상징하는 것이다.

82. 제2법칙과 새로운 유형의 책과 실무 [제8장의 보완]

1931년 이래로 새로운 도서관 실무가 많이 나타났다. 그것은 모두 제2법칙의 표현 가운데 "every"(한 사람 한 사람, 그리고 모두)의 취지와 일치하며, 금후(今後)의 새로운 전개 가능성도 포함하고 있다. 요컨대 제2법칙은 한 사람 한 사람을 「독자가 될 가능성을 가진 존재」로 간주하고 있는 것이다. 제2법칙에는 민주주의의 영향이 최대한으로 나타나 있다. 그러므로 이 제2법칙은 민주주의를 바탕으로 해석해야 하는 것이다.

1) 어린이를 위한 책

"Every"라는 단어는 어린이도 포함한다. 어린이도 독자이기 때문이다. 그러나 성인에게 적합한 책을 그대로 제공하는 것은 적절치 않다. 어린이 책은 지식의 전 영역을 포함하며, 독특한 표현 스타일로, 도해(圖解)나 삽화를 풍부하게 하고, 나아가 어린이에게 적합하도록 책을 만들어야 한다. 이미 어린이 책의 저자나 출판사가 출현한 나라도 있다. 그러나 인도에는 아직 없다. 【821절】

2) 핸디캡을 가진 사람들을 위한 책

"Every" 속에는 시각이 부자유스런 사람들이나 수족(手足)이 부자유스러워 침대에서 벗어날 수 없는 사람도 포함하고 있다. 시각이 부자유스런 사람들을 위해서는, 레코드형으로 된 자료가 출시되었다. 미국의 공공 도서관에서는, 자원봉사자의 지원을 받아 녹음 도서를 만들어 내는 곳도 있으며, 미국의회도서관은 이러한 종류의 자료의 생산, 보존, 대출의 선두에 서 있다. 마이크로필름을 천정에 영사하는 방식이 있는데, 이것은 피츠버그의 카네기도서관에서 처음으로 선보였다. 이것은 자리에서 일어나지 못하는 사람이 자신의 팔꿈치나 발끝, 손가락 끝 등 움직일 수 있는 곳을 사용하여 조작하는 것이었다. 【822절】

3) 직공(職工)을 위한 책

"Every"는 지적으로나 경제적으로 가장 혜택을 받지 못하는 직공들도 포함한다. 그 사람들이 도서관 서비스를 받아들이고, 그것이 도움이 되도록 하기 위해서는, 공예를 테마로 한 책의 세트를 얼마간 만들 필요가 있을 것이다. 예를 들면 목공(木工)의 다양한 면을 설명하는 책을 모아 세트를 만들어, 그 사람들에게 친숙한 이 분야를 입구로 삼아, 넓은 세상을 알 수 있도록 한다. 【823절】

4) 읽고 쓰는 능력을 새로이 획득한 사람들을 위한 책

"Every"에는 이러한 사람들도 들어간다. 인도에서는 특히 성인으로 새로이 읽고 쓰는 능력을 얻은 사람의 비율이 높은데, 앞으로 한 세대는 그러한 경향을 계속할 것이다. 이러한 사람들을 위해서는, 읽고 쓰는 능력의 레벨에 따른 그림이 삽입된 책의 세트가 필요하다. 【824절】

5) 학습 지체자를 위한 책

"Every"에는 지적 정도가 최하위 10%에 속하는 사람들도 포함된다. 이 사람들에게는 이상의 책의 세트를 만들어 주는 방법으로도 여전히 적절치 않으며, 「소리책」이 필요하다. 그림이 많고, 쉬운 단어로 쓰여 있으며, 본문을 낭독한 레코드가 붙어 있다. 즉 귀로 듣고, 눈으로 보고, 문자로 독자에게 말을 거는 것이다. 【825절】

6) 일하는 사람들을 위한 책

"Every"에는 목공과 기계공 등 공장의 작업대에서 일하는 사람들도 포함된다. 오늘날의 생산품의 수요와 공급의 언밸런스를 해결하기 위해서는, 이 사람들이 최신의 제조 기술을 갖추어야 한다. 그러나 그 사람들의 지적 수준은 아직 높다고는 말할 수 없으며, 문자로부터 아이디어를 얻으려고 하지는 않는다. 따라서 시청각 자료로 우선 최신의 지식에 대한 흥미를 불러일으키고, 적극적인 참고 서비스를 실시하여, 책으로부터 정확한 지식을 배우도록 해야 한다. 이러한 면의 출판사는 아직 제2법칙을 만족시키는 데는 이르지 못하고 있다. 【826절】

7) 퇴직한 전문가를 위한 책

"Every" 중에는 직(職)을 떠난 사람들도 포함된다. 그들은 혼자서 시골에 거주하며, 동료들로부터도 떨어져 있다. 제2법칙은 지역의 도서관에 대해, 이러한 사람들에게 적절한 자료를 제공하도록 권하고 있다. 그러나 이러한 독자들은 그 수도 적고, 앞으로 책을 구입하거나 확보하기도 곤란하다. 이것은 도서관 상호 대차에 의해 해결하는 수밖에는 방법이 없다. 이 일은 한 나라의 도서 자원을 하나의 풀로 간주하게 된다는 사실과 종합 목록의 필요성을 암시한다. 그러나 종합 목록은 오늘날 아직 미해결의 문제를 포함하고 있는데, 국제도서관연맹(IFLA)에서 관심을 보이고 있다. 【827절】

제3장

제2법칙과 그 침투

제2장에서는, 제2법칙이 한 사람 한 사람의 것이 되기까지의 고투를 시간의 흐름에 따라 검토하였다. 제3장은 제2법칙의 횡적 확장, 즉 세계 각국에 어떻게 침투하고 있었나를 주제로 한다.

여기서 랑가나단은 미국에서 시작하여 35개의 나라와 지역의 1920년대의 도서관 상황을 살펴보고 있다. 1914년부터 1918년까지 이어진 제1차 세계대전이 끝나고, 구체제를 극복하고 새로운 걸음을 시작한 나라도 있지만, 전쟁의 참화로부터 일어서지 못한 나라도 있었다. 그 후로도 유럽이나 아시아에서 무력 분쟁이 이어지다가, 결국 1939년에 제2차 세계대전이 발발하여, 1945년에 종결될 때까지 대량 파괴와 살육(殺戮)의 나날이 계속되었다. 이 전쟁에 의해 일본은 크게 변하였다. 인도를 비롯한 많은 나라들도 식민지 지배를 벗어나 독립을 획득하고, 자생(自生)의 길을 모색하게 되었다. 이것은 이 책의 초판으로부터 제2판의 시기에 해당한다. 이 기간에 랑가나단은 인도의 크고 작은 도서관의 관리자와 주 정부의 관리, 또는 도서관에 대한 관심과 어느 정도의 영향력을 가진 사람들에게 「도서관을 보는 눈」을 제공하고, 인도 도서관의 일을 진지하게 생각해 달라고 하려고 노력하였다. 오늘날에는 상황이 변했지만, 그러나 도서관에 관련된 사람들에게 도서관의 일을 충분히 이해해 달라고 하고 싶은 마음은 우리들과 전혀 다르지 않다.

그리하여 이 장에서는, 랑가나단이 각국의 상황 중에서 무엇을 선택하고자 했는가에 대해 살펴보고자 한다. 즉 사회의 일원으로서 살아가기 위해서는, 정보나 지식을 자유로이 입수해야 하는데, 그 권리를 보장하고, 그 사람들의 힘으로 사회를 번창하게 세워 나가기 위해서는, 국가는 무엇을 해야 하는가, 자치 단체는 어떠한가, 그에 대해 사람들은 어떻게 대응하고 있는가 하는 것을 랑가나단은 전하고자 했던 것이다. 그것은 시대나 상황의 변화 속에 있는 도서관과 스스로의 성숙·성장을 추구하는 사람과의 관계를 보여주는 것이라고 생각한다.

여기에 나타나 있는 다양한 사고 방식은 지금도 세계 도서관계의 커다란 문제이다. 특히 시민이나 행정의 담당자, 의원, 학자·연구자들이 도서관을 좀 더 이해해주길 바라는 사람들에게, 커다란 시사(示唆)를 주는 것이라고 생각한다. 미국의 국립공문서관(National Archives)의 문주(門柱)에는 “Study the Past”와 “What is Past is Prologue”라는 단어가 새겨져 있는 것도 우리들을 뒷받침해주는 것이라고 말할 수 있을 것이다.

30. 이 장의 범위

앞 장에서는 제2법칙의 고난의 여정을 더듬으면서, 다양한 방해와 벌이는 싸움과 사회에 대한 침투에 대해 살펴보았다. 이 장에서는 ≪모든 사람에게 책을≫이라는 제2법칙이 도입되는 상황을 국가별로 검토하고자 한다. ≪책은 선택된 소수를 위해≫라는 사고 방식은 책이 쓰인 초기부터 있었다. 이러한 생각을 바탕으로 하는 「도서관 운동」은 1850년 무렵부터 세상에 나타났다고 말할 수 있을 것이다.[1] 이 장의 목적은 제2법칙의 침투에 대해, 가능한 한 많은 지역에서 이루어지는 근대 도서관 운동에 주목하면서, 대규모 도서관보다는, 작더라도 제2법칙의 민주적 신조에 따라 활동하면서 빛을 발하고 있는 민중을 위한 도서관을 통해 제2법칙의 성과를 명확하게 하는 것이다.

31. 북미 대륙

제2법칙은 전 세계에 도서관 운동이라는 씨앗을 뿌렸다. 그 중에서 미국에 떨어진 씨앗이 최초로 싹을 틔워, 성장하여 열매를 맺고, 그것이 국내 각지로 옮겨져 새로운 씨앗을 만들어냈던 것이다. 도서관 운동의 확대에는 미국인의 정열과 노력과 함께 신대륙에서의 에너지와 자원이 쏟아 부어졌다. 그에 따라 이러한 운동이 보급되고, 뿌리내리고, 새로운 분류법과 기술이 개발되어, 지지자가 증가했던 것이다. 거

1) 1850년대부터의 도서관 운동: 1850년의 영국도서관법의 제정, 1853년의 미국 최초의 도서관인대회 등이 그에 해당한다. 도서관을 필요로 하는 사람들의 강한 의욕이 법률이나 대회를 만들어냈다고 말할 수 있을 것이다.

기에 스코틀랜드 출신의 부호 카네기(Andrew Carnegie)가 이 운동을 위해 그 부를 아낌없이 투입하였다. 이러한 연속적인 일들이 지금까지 가장 다행스런 결과를 만들어내어, 미국은 도서관의 이상 세계(理想世界)로 간주되면서, 세계 각국의 도서관 운동의 모델이 되었다. 그리하여 제2법칙의 여정의 검증은 미국으로부터 시작하는 것이 가장 적절하다고 생각한다.

1) 미국도서관협회

1876년은 미국의 도서관 운동에 한 시기의 획을 그었다. 이 해 10월, 남성 90인, 여성 13인이 필라델피아에 모여, 미국도서관협회(ALA: American Library Association)를 결성하였다. 초대 사무국장 멜빌 듀이(Melvil Dewey)는 「가장 좋은 독서를 최대 다수의 사람에게 최소의 비용으로」를 모임의 모토로 하였다. 대회 참가자 수는 1926년에 2,000명을 넘어서고, 103명이었던 회원 수는 11,813명으로 늘어났다. 1850년에는 664개 도서관이 「선택받은 소수의 사람」의 것이었으나, 이제는 모든 사람에게 개방된 도서관이 되었으며, 그 수는 6,500개관을 넘었다. 【311절】

2) 도서관 조사

제2법칙이 어디까지 침투했는가를 알기 위해 미국도서관협회에서는 카네기재단의 지원을 받아 1925년에 조사를 실시하였다. 그 항목과 성과는 다음과 같다.

① 미국과 캐나다에서 공공 도서관의 서비스 지역에 사는 사람의 수: 6,400만명 (인구의 56%)

② 도서관이 없는 지역에 사는 사람의 수: 5,000만명(44%). 그 중 300만명은 시내에 거주하고, 4,700만명은 지방에 거주한다.

③ 미국도서관협회 결성 이후의 공공 도서관의 보급 상황: 「사회 일반의 관심을 도서관의 설립과 개선으로 돌리고, 미국 국민의 도서관에 대한 관심을 높이기」 위한 노력이 착실히 진행되었다. 도서관의 신설은 6,000개관, 200만권의 장서는 7,000만권으로 증가하고, 연간 대출 권수는 2억 4,000만권에 달하고, 공공 도서관 경비로 매년 9,000만 루피가 사용되고 있다.

④ 「누구에게나 공평한 서비스를」이라는 목표에 대한 도달도: 「누구에게나」는 아직 절반 정도이다. 인구의 44%가 서비스를 받고 있지 않은데다가 장서 책수가 부족하여, 일인당 0.6책, 대출 권수도 겨우 2권에 불과하며, 공공 도서관 경비는 인구당 1루피에도 미치지 못한다. 그리고 이것은 전 인구의 절반에 대한 서비스의 결과로, 나머지 절반은 아직 손도 안댄 채 남아 있다.

제2법칙의 입장에서 보면, 이것은 극히 비민주적인 상황으로, 5,000만명에 대한 도서관 서비스의 결여가 문제이다. 미국도서관협회는 문제 해결의 실행 방법으로서 도서관 보급을 위한 상설위원회를 만들고, 「미국과 캐나다에 사는 누구나가 곧바로 이용할 수 있는 곳에 적절한 공공 도서관 서비스를」이라는 목표를 향하여 조직적인 노력을 시작하였다. 그것은 도서관위원회연맹(League of Library Commissions)이나 그 밖의 관련 단체들과 협력하여, 다음과 같은 방법의 일부 또는 전체를 채택하고, 그 실현에 노력하여 성과를 올렸던 것이다.

① 도서관의 설립 및 서비스 개선의 상담에 응하기 위한 주립 도서관의 도서관 보급 부서나 군립 도서관, 지역의 도서관 등에 대한 현지 주재원의 파견
② 농촌의 사교 단체나 교육 관계 미디어에 의한 홍보
③ 도서관 PR용 인쇄물을 무료로 널리 배포
④ 주 전역 또는 지역의 도서관 계획 진흥을 위한 도서관의 현상(現狀) 및 필요도 조사
⑤ 도서관 법규의 연구와 수집, 모델 도서관법의 기초(起草)
⑥ 특히 주 및 군 레벨에서 이루어지는 도서관 서비스의 시범과 실험의 장려
⑦ 도서관 보급을 추진하기 위한 개인적 기부의 장려
⑧ 도서관 보급의 제 문제에 대한 심층적 연구

도서관 운동의 본거지로 일컬어지는 미국에서 사람의 마음을 도서관의 설립과 개선으로 돌리는 데 이 정도의 노력이 필요했다고 한다면, **인도에 대한 응용**은 어떻게 하면 좋을까? 인도에는 카네기재단도 도서관의 수호천사도 없다. 도서관에 대해 악의와 중상을 퍼붓는 악마가 있을 뿐이다. 이를 구하기 위해서는 정부가 앞장서는 수밖에 없다. 그렇게 함으로써 암운(暗雲)은 일소되고, 도서관 운동이 한 사람 한 사람의 마음에 작용하여, 여론이라는 자연의 토양으로부터의 성장을 기대할 수 있는 것이다. 【312절】

3) 멕시코

1910년의 혁명이 이 나라에 민중 문화에 대한 뜨거운 기대를 만들어 냈다. 그 이전에는 도서관 운동이 없었는데, 1917년에 「공교육법」을 제정하고, 교육부를 설립하면서, 교육에 의한 사회의 변혁을 목표로 하였다. 이것은 상류 계급과 일반 사람들 사이에 다리를 놓는 최초의 시도였다. 1920년에는 도서관국을 설치하여, 읽고 쓰는 능력의 보급을 맡도록 하였다. 각종의 도서관이 다수 만들어지고, 1927년에는 70만권을 농촌 도서관에 보냈다고 한다. 도서관 이용자의 수는 1927년에 100만명을 넘었고, 종합 목록과 서지에 관한 잡지의 발행도 시작되었다.

교육부는 많은 어려움을 극복하고 사회 변혁을 추진하였다. 다민족 국가로 계급 제도가 뿌리 깊고, 통신 시설이 발달하지 못하였으며, 유럽계 주민에 대한 멕시코 토착민들의 반감이 있어, 자유로운 의사 소통과 국가의 통일이 저해되었다. 교육부는 학교와 도서관의 활용을 통해 국가의 통합을 도모하고, 도서관에 의한 주민의 사고 방식이나 생활의 향상, 어린이들의 독서 습관과 책을 즐기는 습관의 육성 등을 지향하여 활동하고 있다. 정부가 방침을 확립하고, 교육부의 열의가 있고, 직원의 노력과 헌신이 있으면, 소수의 직원이 일하더라도 성과가 올라가는 것이다.

1926년에는 제2법칙이 카네기국제평화재단(Carnegie Endowment for International Peace)을 움직여, 멕시코에 대한 지원을 제안하였다. 그 결과 미국의회도서관(LC: Library of Congress)의 지원과 관계자의 상호 방문 등이 멕시코의 도서관 운동에 커다란 자극을 주었으며, 각 도서관의 수준 향상을 위해 표준적인 도서관 관리법이 필요하게 되었다. 이를 위해 카네기재단의 원조로 1928년에 도서관 핸드북을 발행하여 중남미 여러 나라에 무료로 배포하였다. 이렇게 해서 제2법칙은 도서관 운동이 멕시코 국민 사이에 침투하는 것을 볼 수 있었다. 그것은 지방에 대한 학교 보급과 보조를 맞추고 있어, 혁명 이전과는 다른 멕시코가 출현했던 것이다. 이 나라의 성장을 위해 제2법칙이 수행한 역할은 지대하며, 머지않아 정당하게 평가되는 시기가 올 것으로 생각한다. 【313절】[2)]

4) 부유한 협력자

제2법칙이 신대륙을 개척할 수 있었던 커다란 힘은 도서관의 영원한 벗 **앤드류 카네기**(Andrew Carnegie, 1835-1919)의 계속적인 지원과 기부금에 의한 것이었다. 만일 이 활동이 없었더라면, 신대륙은 세계 도서관의 진보에 보조를 맞출 수 있었을는지 그 여부를 알 수 없다. 이 카네기는 스코틀랜드의 직물업자의 집에서 태어나, 부친의 사업 부진 때문에 미국으로 이주하여, 13세부터 일하기 시작하였다. 그 후 철강업에서 성공하여 거대한 재산을 모으고, 마침내 「신이 보내준 제2법칙의 협력자」로서, 각지의 공공 도서관 건설을 위해 자금을 제공하였다.

그의 안에는 두 사람의 카네기가 살고 있었다고 한다. 철강왕으로서는 「일이다」라고 외치고, 박애주의자로서는 「사람을 위해」라고 말하고 있다. 거기에 모순이 없었던 것이다. 그의 비즈니스 능력과 근면성, 그리고 선견지명이 부를 축적하고, 그것을 사람들을 위해 사용했던 것이다.

그의 『**재부(財富)의 복음**』(*Gospel of Wealth*, 1899년)에 의하면, 겸허하고 허세를 부리지 않는 생활을 하고, 허식과 낭비를 피하며, 그를

---

2) 314절은 생략하였음.

믿는 사람들에게 필수품을 적절하게 제공한다. 사업의 잉여금은 사회로부터 신탁(信託)된 자금으로 간주하고, 지역 사회 향상을 위해 가장 효과적인 기부 계획을 세운다고 한다. 이와 같이 부유해진 자는 가난한 「형제들」을 위한 단순한 재산 관리인, 대리인이 되는 것이다. 이 「복음」이 그의 부를 인류의 향상을 위해 제공하도록 했던 것이다.

그의 기부금의 총액은 10억 루피에 달한다고 한다. 이 거대한 자금은 **카네기재단**(1911년 설립)이 관리하며, 미국 국민의 지식과 이해력의 진보를 도모하고 그 보급을 돕기 위해, 각종의 학교와 도서관, 연구기관의 활동과 과학적 연구, 공적 표창, 유용한 출판 등의 지원을 제공하고 있다.

그는 **도서관의 기증**을 통해 제2법칙과 도서관 운동에 공헌하였다. 그의 신념에 의하면, 인류의 불행을 치유하는 유일한 치료법은 「사람을 계발하는 것」이었다. 그는 제2법칙 ≪모든 사람에게 책을≫을 실현하는 것만으로, 사람은 스스로를 계발할 수 있다고 믿고 있었던 것이다. 바로 제2법칙에 대한 이러한 신뢰가 그를 도서관 운동의 확고한 지지자로 만들고, 그와 제2법칙 사이에 행복한 제휴를 가져왔던 것이다.

1917년에 카네기재단은 이 사업을 캐나다 및 **영국령 식민지**로 확대할 것을 결정하고, 1928년에는 영국령 식민지였던 남아프리카연방(현재의 남아프리카공화국)에 대한 기부도 시작하였다.[3)]【315절】

3) 카네기의 기부: 1898년부터 1919년 사이에 세계의 영어권에 2,509개관의 도서관(그 중 미국에 1,679개관)의 건설비를 지원하였다. 그 후에는 도서관의 운영에는 훌륭한 도서관 전문가가 필요하다는 인식에서, 그 교육을 대학원에서 실시하는 길을 열었다. 나아가 도서관인의 단체나 대학 도서관 등의 지원을 행하고 있다.

32. 남아프리카연방 (현 남아프리카공화국)

1) 카네기조사단

1928년에 카네기재단은 남아프리카연방의 도서관을 3개월간에 거쳐 조사하였다. 그 결과 도서관은 211관이 있으나, 모두 제2법칙의 라이벌 「선정된 소수자에게 책을」의 지배 아래 있음을 알게 되었다. 회비라는 분리 수단과 인종 차별에 의해, 빈곤층과 흑인 및 갈색계 사람들의 이용을 거부했던 것이다. 남아프리카연방의 백인은 이 사람들을 부리면서도, 이 사람들이 지식을 획득하면 자신들의 지배가 끝난다고 느끼고 있었던 것이다. 【321-323절】

2) 도서관장의 지위

제1법칙 및 제2법칙은 이 나라에서 완전히 부정되고 있다. 도서관의 전문 지식을 가진 사람이 관장이 되는 경우는 없다. 도서관 위원회는 도서관에 대해 무지한 사람들로 구성되며, 이 일에는 전문 지식이나 경험은 필요치 않다고 생각하고 있다. 도서관장은 보존의 책임을 질뿐이라고 생각하기 때문이다. 【324절】

3) 잘못된 기준

건물은 부적절하고, 서가는 천정까지 닿아 의자를 사용하지 않으면 안 되었다. 같은 책이 어느 도서관에나 있어도 읽히지 않고 있다. 이것은 도서관 협력을 무시하는 것으로, 경비를 낭비하는 것이다. 나아가 국가를 개발하기 위한 중요한 책을 사람들이 입수할 기회를 빼앗고 있는 것이다. **학술 도서관**에서도 제2법칙의 활약의 장은 없다. 미국의 고등학교 도서관에도 뒤지는 존재이다. 도서관도 없고 도서관인도 없는 대학도 있고, 자료는 미정리 상태이며, 도서관인은 훈련을 받은 적이 없고, 서가에는 자물쇠가 채워져 있다. 【325-326절】

4) 인도에 대한 응용

이것은 인도와 완전히 똑같다. 인도에서 도서관의 관리와 유지에 관계된 사람이 타국의 사정을 읽고, 자국의 실정에 눈을 떠주었으면 하고 간절히 바란다. 당면의 과제로서 카네기재단이 남아프리카연방에서 어떻게 제2법칙의 진척을 꾀했는지 살펴보기로 하자. 【327절】

5) 조사단의 권고

남아프리카연방 각지를 방문한 조사단은 도서관 위원회의 위원이나 학교 당국, 정부 고관 등 이야기를 듣고자 하는 사람에게는 누구에게나 제2법칙의 메시지를 전하였다. 대부분의 사람은 지금까지의 결점을 인정하였다. 이로써 ≪선택된 소수의 사람들을 위해 책을≫이 묻혀버리고, ≪모든 사람에게 책을≫이라는 다음과 같은 새로운 방향의 실시계획이 입안(立案)되었던 것이다.

① 연방 정부는 모든 학생들에게 책의 이용에 대한 안내를 실시하고, 독서 습관을 기를 필요성을 인정할 것. 아울러 도서관은 세금에 의해 유지할 것을 인정할 것.

② 정부와 카네기재단은 당분간 17만 루피씩을 지출하고, 그 이후에는 재단이 손을 떼고 정부에 맡긴다. 그렇게 함으로써 재단은 타국을 지원할 수 있기 때문이다.

③ 전국의 도서관 계획을 수립한다. 센터 1곳, 서브센터 6곳, 소규모 센터와 배본소로 구성한다.

④ 철도 회사와 우체국에 책의 무료 배달을 진정한다.

⑤ 책은 무료로 제공한다. 이용자의 피부색으로 차별하지 않는다.

⑥ 전문적 기준의 설정과 도서관 운동의 전개를 위해 도서관협회를 결성한다.

⑦ 도서관법을 제정하고 제2법칙의 영향력을 확보한다.

⑧ 연방도서관심의회와 협력하여 적절한 계획을 즉시 입안하기 위해 도서관국장이 신속하게 행동하는 것이 바람직하다.

위원회는 「카네기재단과 연방 정부의 자금이 헛되이 쓰이는지 아니면 유익한 결과를 가져올 것인지는 전적으로 여기에서 설명한 도서관 문화의 최초의 원칙의 실행 여부에 달려 있다」고 밝히면서, 이 최초의 조항의 중요성을 강조하였다.

나아가 카네기재단은 이곳 고유의 반투어(Bantu)로 된 책을 생산하기 위해 26,000루피를 현지의 출판사에 제공하였다. 이것은 인도로서 특히 주목하고자 하는 사실이다. 또한 동아프리카 중에서는 로디지아(현재는 짐바브웨)와 케냐에 제2법칙의 길을 트기 위한 지원을 제공하였다. 【328절】

33. 동유럽

제2차 세계대전 후 유럽 각국에서, 제2법칙은 열광적인 환영을 받았다. 그 이전의 자기 교육은 ≪선택받은 소수자에게 교육을≫과 ≪선택받은 소수자에게 책을≫이라는 한 세트의 주문에 속박되어 있었다. 제2차 세계대전 후에 이루어진 체제의 변혁에 의해, 민주주의와 사회적 향상심(向上心)이 이 속박을 단절시키고, 도서관학의 제2법칙을 받아들일 준비를 추진하였다. 나라에 따라 차이는 있지만, 새로운 도서관법이 제정되고, 낡은 법률은 개정되었다. ≪모든 사람에게 책을≫은 유럽 전역에 널리 퍼진 환성이었던 것이다. 【331절】

1) 불가리아

여기에서 일어난 도서관 운동은 인도에도 흥미로운 것이다. 도서관과 극장과 집회실을 종합한 치탈리스타(Chitalista)라는 고래(古來)의 시설이 ≪모든 사람에게 책을≫을 확산시키기 위해 사용되었다. 그곳에서 강연회의 개최로부터 책의 보급을 꾀하고, 책에 대한 청소년의 관심을 높이기 위한 활동을 시작하였던 것이다. 교육부 장관은 1928년에 도서관에 관한 법률을 제정하고, 치탈리스타의 수를 증가시켰다. 또한 국가의 도서관 담당관을 임명하고, 영미 양국에서 전문적인 훈련을 받도록 하였다. 그 전문 지식과 정열은 불가리아에서 활동하는 제2법칙의 보좌관으로서 아주 잘 어울리며, 장래를 기대할 수 있을 것이다. 【332절】

2) 루마니아

불가리아와 마찬가지의 계획을 가지고 있다. 아스트라(Astra: 루마니아문학·문화협회)와 아테니엄(Athenium)이라는 고래(古來)의 시설이 있는데, 이것이 제2법칙을 받아들이는 데 역할을 하였다. 아스트라는 문자 교육 학급이나 학습 서클을 개설하고, 도서관을 유지·운영하는 기관이다.

인도에 참고가 되는 것은 학교 도서관의 주민 개방이다. 이를 통해 행정 비용의 절약과 자료의 집중적 이용이 가능하다. 인도의 각 주의 재정 부담을 경감해주는 **일석이조**(一石二鳥)의 방책이 될 것이다.

또 하나의 큰 교훈은 의무 교육으로 얻은 읽고 쓰는 능력을 상실하게 되는 현상에 어떻게 대처하는가 하는 것이다. 이것은 교육에 들어간 경비가 낭비되는 것을 의미한다. 1866년 헌법은 무료의 의무 교육을 규정하였지만, 1899년에는 읽고 쓰는 능력이 없는 여성이 90%에 달했다고 한다. 이것은 도서관이 없어, 사람들이 **교육을 받기 이전의 상태로 회귀**했기 때문이다. 그러므로 읽고 쓰는 능력을 기르기 위해서는 책을 공급해야 하기 때문에, 「의무 교육에 배정할 돈은 있지만, 도서관에 사용할 돈은 없다」는 재무 담당자는 이 문제에 대해 무지하다라고 밖에는 말할 수 없다.[4) 【333절】

---

4) 일본에서의 회귀 현상: 1916년에 교육자 아시다 에노스케(芦田惠之助)가 「학력의 박락(剝落)」 현상을 지적했던 것으로 분명해졌다. 그것은 병사의 학력의 빈곤에서 알려지게 되었다. 교육학자 오오타 타카시(大田堯)는 1939년부터 1942년까지의 병사의 학력 박락을 연구하여, 「고등소학교(高等小學校)까지 8년간 배우고서도 20세 무렵에는 소학교 3~4학년 정도의 설문에도 답할 수 없게 된다. 부여된 것을 읽는 능력은 상당한 학력을 유지하고 있으나, 자신의 생각을 전달하기 위한 글의 창조, 구성 능력은 상당히 후퇴하고 있다」고 보고하고 있다.

3) 유고슬라비아

중앙 유럽의 3개 신생국은 상당한 열의를 가지고 근대 도서관 운동에 매진하였다. 각국의 교육부는 국민에 대한 읽고 쓰는 능력에 대한 교육(문해 교육: 文解教育)과 공공 도서관에 의해 그 능력을 유지하는 것을 기초적인 의무로 하고 있다. 유고슬라비아에서는 교육부 안에 민중 교육 전문 부서를 두고, 농촌 도서관을 조직하고, 문자 교육 학급을 개설하여, 수백 명의 남녀가 읽고 쓰기를 배우고 있다. 마을 도서관의 장서는 단순히 레크리에이션을 위해서뿐만 아니라, 가사(家事)에 관한 책도 포함하고 있다. 그리하여 마을 사람들은 이러한 책의 독서를 통해, 더 행복하고, 청결하고, 밝은 생활을 보내게 된다는 사실을 알게 될 것이다. 【334절】

4) 헝가리

이 나라는 아직 전쟁의 참화에서 회복되지 못하여, ≪모든 사람에게 책을≫이라는 단계에 오르지 못하고 있다. 그렇지만 제2법칙은 이 나라에서 최대의 노력을 기울이고 있다. 1923년에 교육부는 민중 교육을 효과적으로 추진하기 위해 상세한 조사를 실시하였다. 그리하여 도서관 운동을 포함한 성인 교육 법안이 기초(起草)되어, 시군구(市郡區) 도서관의 설치 의무를 규정하고 있다. 【335절】

5) 체코슬로바키아

제2법칙의 여정(旅程)은 체코슬로바키아에서 최대의 성공을 거두었다. 「교육을 통해서만 곤란으로부터 탈출할 수 있다」는 슬로건이 사람들의 마음을 사로잡았다. 이것은 생애를 통한 자기 교육의 계속을 의미한다. 그리하여 ≪모든 사람에게 책을≫로 연결된다. 1919년의 법률은 공공 도서관 설치를 시군구(市郡區)의 의무로 하고, 1929년에는 거의 전국에 도서관 서비스가 보급되었다.

이 도서관법은 인구에 따라 도서관의 규모를 정하고, 이를 바탕으로 하여 실제적인 면까지 상세하게 규정하고 있다. 경비는 특별의 지방세에 의하는 것이 보통이다. 교육부는 제2법칙의 사고 방식을 보급하기 위해서는 능력이 풍부한 도서관인이 필요하다고 생각하여, 도서관학과를 개설하였다. 나아가 적절한 기준을 유지하기 위해, 정기적인 감사를 하도록 규정하고 있다.

이 성과를 인도의 **마드라스주에 응용**해보자. 체코슬로바키아에서는 150만 루피의 도서관비를 낭비로 생각하고 있지 않다. 이것은 이 나라 세출 총액의 1.5%에 상당하는 금액이다. 그런데 마드라스주에서는 0.05%에 불과하다.

다음으로 인도와 체코슬로바키아의 공통점은 **언어상의 소수 민족**이 존재한다는 사실이다. 그러나 인도와는 달리, 체코슬로바키아에서는 이것을 장애로 여기지 않고 있다. 한 지역에 동일한 언어로 대화하는 사람이 400명 이상이면 도서관을 만들고, 그 지역에서 선발된 사람이 운영하도록 하고 있다. 인구가 그보다 적으면, 중앙관이 도서 선택에 대해 고려하여, 그 사람들의 이익을 지켜주는 것이다.

도서관에 적절한 책을 출판하기 위해 **도서의 생산**에 관련된 재단을 설립하고, 청소년을 위한 추천 도서 리스트도 출판하고 있다. 이것은 국가가 제2법칙의 메시지를 진지하게 받아들일 경우, 어떤 일이 가능한지를 보여주는 좋은 예라고 말할 수 있을 것이다.[5) 【336절】

6) 폴란드

제1차 세계대전 후에 가까스로 자유를 회복한 재생 폴란드의 경우, 교육 운동은 사회와 국가의 주요한 관심사였다. 최초에는 자원 봉사 단체가 도서관과 학교 도서관, 이동 도서관 등을 세우고, 강연회, 음악 및 회화(繪畵)를 함께 하는 공개 낭독회 등을 개최하는 교육 사업의 중심이 되었다.

정부는 국민의 도서관 요구에 부응하기에는 자원 봉사 활동으로는 불충분하며, 제2법칙의 임무를 적절히 실시하기 위해서는 도서관 입법에 의해야 한다는 사실을 깨닫고, 도서관 법안을 준비 중이다. 법안이 통과되면, 약 15,000개의 도서관이 만들어져, 제2법칙은 영구히 폴란드에 정착될 것이다. 【337절】

---

5) 일본에서의 문제: 랑가나단은 체코슬로바키아와 마드라스주를 대비하였는데, 21세기 초두의 일본과 대비하면 어떨까?

시정촌립(市町村立)도서관(한국의 시 · 군 · 구립도서관에 해당함)의 운영 경비(인건비를 포함한 도서관 연간 경비)는 시정촌의 보통 회계(한국의 일반 회계에 해당함) 세출 총액의 적어도 1% 이상이 필요하다고 일본도서관협회는 주장하고 있다. 이 목표에는 아직 이르지 못하고 있는 것이 현상(現狀)이다.

언어상의 소수 민족이라는 방법은 익숙하지 않을는지 모르겠지만, 아이누어나 남서 제도(諸島)의 언어는 멸절(滅絶)이 우려되고 있다. 언어가 멸절되는 것은 그 문화가 사라져 버리는 것이다. 이 열도(列島) 상에서 생겨난 인간의 문화가 사라져 간다고 생각하면 방관하고 있어도 좋을는지 하는 생각이 든다.

도서의 생산 문제는 인구가 적고, 그 나라에 출판 산업이 성립되지 않은 나라가 안고 있는 커다란 고민의 하나이다. 영어를 공용어 또는 통용어로 하는 나라에서도 그 나라의 것이나 사고 방식, 느끼는 방법을 표현하는 데는 영미의 출판물로는 도움이 되지 않는 경우가 있다. 「다른 나라의 출판물에는 만족하지 못하고 있지만, 달리 수단이 없기 때문에 그것을 사용하지 않을 수 없다」는 절실한 고민이 있는 것이다. 여기에 언어상의 소수 민족과의 공통점이 있다고 생각한다.

7) 소비에트연방 (현 러시아)

이 나라에서는 ≪모든 사람에게 책을≫이라는 제2법칙이 훨씬 더 원격의 곳까지 널리 행해지고 있다. 농촌 교육, 성인 교육을 위해 도서관이 설립되어 있으며, 중앙 정부에서 보내온 자료를 열람할 수 있다. 그것은 어린이의 교육 및 생활의 향상, 농업의 방식, 국제 관계, 공산주의의 주장 등 모든 주제에 걸쳐 있다. 많은 농촌 도서실은 야간의 집회 장소가 되며, 모스크바로부터 전해지는 질 높은 라디오 방송을 들을 수 있다. 또한 농촌 도서실에서는 정부의 방침을 바탕으로 성인 교육을 목적으로 하는 연극 활동, 각종 위원회 활동 등이 이루어지고 있다.

1917년의 10월혁명 직후, ≪모든 사람에게 교육을≫과 함께 제2법칙의 정신이 새로이 러시아에 확산되고, 페스탈로치의 사회 교육 이념이 신봉되었다. 1921년 「모든 인민을 계발하기 위한 전러시아노동자회의」에서 레닌은 「이 나라의 사람들이 문자를 읽을 수 있고, 문화의 힘을 갖도록 하지 않으면 승리할 수 없다」, 「모든 사람들이 자기 자신으로부터 그런 생각을 갖지 않는 한, 경제적인 번영도 협동도 진정한 정치적 생활도 실현할 수 없다」고 선언하였다. 그리하여 새로운 정부가 노력한 것은 읽고 쓰는 능력의 향상과 무지(無知)의 해소로, 1933~1934년까지 전 시민이 이러한 능력을 갖도록 하는 것을 목표로 하고 있다.

새로이 읽고 쓰는 능력을 얻은 사람에 대한 서비스로 정부가 개설했던 것은 리터러시 센터 및 정치 문화 클럽, 독서실, 농민의 집, 상설 도서관 및 이동 도서관, 자기 교육 센터, 잡지의 출판 등이다. 이를 통해 상호 교육을 도모하고, 나아가 지역의 지도자에 의한 세심한 지도가 이루어지고 있다.

도서관 운동의 성과로서는, 도처에 독서실이 만들어져, 독서를 하는 사람의 모습을 볼 수 있게 되었다. 나아가 월간(月刊)의 새로이 읽고 쓰는 능력을 얻은 사람을 위한 잡지가 읽기 쉬운 형식으로 발행되게 되었다.

책의 출판에 대한 소비에트연방출판국의 활동은 인도의 모델이 된다. 인도에서는 지식 계급이 자신의 언어에 의하지 않은 채, 영어를 사용하기 시작한 지 반세기 이상이 흘렀다. 그 때문에 일반 사람에 대해 오늘날의 과학・경제・정치・문화적 세계를 이야기하는 사람이 없어져 버리게 되었다. 소비에트연방에서는 농민이 찾는 책을 출판하기 위해 농촌 문화 통신원을 두고 있다. 이것은 책에 대한 농민 요구와 독서 능력과 의욕을 국립인쇄소에 전하는 것이 목적이다. 이 제도도 어린이의 독서에 대한 조직적 대응도 이제 겨우 시작했을 뿐이다.

이러한 상황을 마드라스주에 응용하는 방안을 생각해보면, 소비에트연방의 ≪모든 사람에게 그 사람의 책을≫에 대한 노력은 인도와는 대조적이다. 타밀도서관협회・타밀어도서선택위원회는 현대의 독자에게 적합한 책이 출판되지 않는 것을 곤란의 원인으로 삼고 있는데, 출판사는 「수요가 없기 때문에 만들 수 없다」고 한다. 그러나 협회 이사회는 적절한 수의 공공 도서관이 있으면, 수요를 만들어낼 수 있다고 생각하고 있다.

이 이사회는 시민 전체의 복지는 주 정부의 기본적인 의무이며, 지식의 전파는 주립 대학의 책무라고 생각하고, 이를 해결하기 위한 적극적인 관여를 주 정부와 주립 대학에 요청하였다. 그러나 정부에 의한 저항이 강하고, 대학도 적극적인 대응을 하지 않았다. 그러므로 결정권을 가지고 있는 고관(高官)의 의식을 변화시키는 것이 필요하게 되었다. 내각의 각료나 대학 교수 등을 적극적으로 설득하고, 제2법칙이 다른 나라에서 경험한 것을 알리는 것이다. 그 후에 비로소 ≪한

사람 한 사람 모든 인도 사람이 그 또는 그녀의 책을≫ 갖게 될 것이다.[6)]【338절】

34. 스칸디나비아

1) 핀란드

나라의 일부는 북극권에 속하여, 추위가 심하고, 인구도 많지 않다. 그러나 이 나라는 세계에서 가장 교육 정도가 높은 나라로, 이 점에서는 미국도 독일도 따르지 못하고 있다. 교육에 의해 길러진 학습에 대한 사랑은 이 나라의 특색으로, 국민의 발전을 뒷받침하고 있다. 문자를 읽지 못하는 사람이 적은데, 1920년 현재 15세 이상 인구의 0.7%에 불과하다.

몇 세기에 걸쳐 외국에 지배당하면서도, 핀란드는 도서관학의 제2법칙에 따라 예지(叡智)를 계속적으로 유지하였다. 1917년에 독립을 회복하고, 제1차 세계대전 종결 후에야 비로소 핀란드어가 모국어로서의 지위를 회복하였다. 그리하여 농민이나 노동자 계급의 요구를 바탕으로 핀란드어 책의 출판이 두드러지게 증가하여, 과학 및 기타의 교육적인 문헌이 부족한 일은 없다고 한다. 독립 이전에는 지방에 분산되어 있는 도서관의 연락·협력은 핀란드도서관협회의 자발적인 활동으로 뒷받침했지만, 1921년의 행정법, 1928년의 도서관법에 의해 국가의

6) 타밀도서관협회·타밀도서선택위원회: 이것과 출판사와의 교섭에 대해 설명하고 있는데, 이 언어를 사용하는 지역이 랑가나단이 태어나 교육을 받은 곳이었다. 그가 평생에 걸쳐 사용한 언어는 인도 사상에 대해서는 산스크리트어, 학문상으로는 영어, 친척과의 사이에서는 타밀어였다. 그가 일본을 방문했을 때의 서명은 영어, 산스크리트어, 타밀어로 작성하고 있다(권두화(卷頭畵) 참조).

책임이 되었다.

이 법률의 성과로서, 모든 도서관은 전국도서관협의회의 관할이 되었다. 그 의장은 교육부의 간부가 맡고 있다. 이 협의회의 이사회는 국립중앙도서관 아래에 두고, 도서관의 PR, 도서관인의 훈련, 서지의 출판, 도서관 운영 방법의 개선 등을 행하고 있다. 이와 같은 육성 방침에 따라, 537개 자치 단체에 1,000개관 가까운 도서관이 만들어지고, 38개 도시와 18개 자치구의 80%는 각각의 공공 도서관을 가지고 있다. 수도 헬싱키는 인구 227,375명으로, 연간 70만권 이상을 대출하고 있다.

도서관 재정은 도서관법에 의해 세율이 규정되어 있으며, 인구당 1/32루피가 보통이다. 인도와 비교하여 관심을 끄는 것은 반액 국고 보조 제도가 있는 것이다. 도서관 건축비의 보조 이외에, 책과 직원의 급료, 시설의 임대료 등의 반액이 보조된다. 1927년의 보조금 총액은 7만 루피로, 인구가 적은 것을 고려하면, 이 나라에는 결코 적은 금액이 아니다. 【341절】

2) 노르웨이

1830년 이래로 공공 도서관을 유지하고 있지만, 제2법칙에 걸맞는 수준에 도달한 것은 20세기의 일이다. 현재는 시립 도서관 60개관과 1,000개 이상의 농촌 도서관이 있다. 도서관 주관 부서는 교육부 소속이며, 주된 임무는 국고 보조금의 지출과 도서관의 적절한 수준 유지, 나아가 이동 도서관과 선원을 위한 대출 도서관의 운영이다. 이 선원 도서관을 위해서는 노르웨이의 모든 항구에 책의 교환 센터를 두고 있다. 어부의 어린이가 어촌에 대한 배본(配本) 서비스를 통해 공부를 시작하여 대학 교수가 된 예를 217절에서 설명한 바 있다. 【342절】

3) 스웨덴

도서관학의 제2법칙이 낡은 교구 도서관을 어떻게 변모시켰는지에 대한 그 두드러진 증명이 여기에 있다. 이전에는 책은 보존되면서도, 이용되지 않았다. 1905년에 민중 도서관에 대한 국가의 보조가 의결되었으며, 1913년 이후에는 교육부에 2인의 도서관 전문직을 두어, 책 등에 대해 일반 대중에게 조언하고 국고 보조를 받은 도서관을 감독하였다.

그 **성과**로서, 제2법칙은 도서관 운동의 촉진을 국가에 맡길 수 있게 되었다. 2인의 도서관 전문직 중 한 사람은 공공 도서관을, 다른 한 사람은 학교 도서관을 담당하고 있다. 공공 도서관의 담당자는 아동실에 개가제를 도입하고, 도서관 건축을 근대화하고, 도서관인의 능력 향상 등에 의한 도서관 시스템의 완전한 재편성을 이루어냈다. 이를 통해 여론의 지지를 얻어, 1929년에는 도서관법이 통과되었던 것이다. 이것은 도서관 서비스의 재편성과 지역 도서관 계획을 미국의 예에서 배워 입안(立案)하는 것을 목적으로 하고 있는데, 국고 보조에 대해 상세히 규정하고 있다. 도서관 전문직은 매년 2개관씩의 재편성을 담당하여 12년에 걸쳐 24개 지역을 마무리할 계획이다. 이와는 별도로 스웨덴에는 1,229개 학교 도서관을 포함한 8,500개 도서관이 있는데, 각각 지역과 정부로부터의 보조금을 받고 있으며, 연간 대출 권수는 700만권을 넘어서고 있다.

학교 도서관의 발전도 현저하다. 교육을 학교 도서관과 직결하여 추진하는 방침 때문인데, 학생을 위해 도서관과 도구의 이용 지도도 이루어지고 있다. 1928년의 교육 개혁은 도서관의 협력 아래에서 학생들에게 자주 활동을 요구하고 있으며, 그것이 학교 도서관에 대한 보조금의 증액이라는 결과를 가져왔다. 1913년에 279개관이었던 학교 도서관은 1927년에는 1,299개관, 대출 권수는 1923년의 30만권이 1927년에는 200만권이 되었다. 같은 숫자가 마드라스에서 달성되었다면, 어느 정도 교육 효과를 얻을 수 있을까 하고 생각해본다. 【343절】

4) 덴마크

스칸디나비아 3국 중 ≪모든 사람에게 교육을≫과 ≪모든 사람에게 책을≫에서 최대의 이익을 받은 것은 덴마크이다. 농업은 부진하였지만, 학교 교육 조직, 독특한 국민고등학교(Folk High School), 학교와 협력하는 공공 도서관 시스템 등에 의해 그 진흥을 도모하고, 생산을 증가시키고, 농촌 인구의 도시 유입을 중지시키고, 농촌 사회 생활의 새로운 전개를 꾀하였다.[7)]

그 **도서관 시스템**은 도서관 협력을 최대한으로 활용하기 위한 완전한 링크를 형성하고 있다. 링크의 한쪽 끝은 코펜하겐에 있는 두 개의 국립 도서관, 즉 왕립도서관과 국립대학도서관으로, 각각 인문학 분야와 과학 분야를 분담하고 있다. 그 다음에 있는 것이 시나 구의 도서관 80개관으로, 그 중 27개관은 교통의 요충지에 있는데, 지역의 중앙관 또는 제2급 보존 도서관으로서의 역할을 한다. 마지막으로 위치하는 것이 800개 가까이 되는 군립 도서관으로, 전국에 산재(散在)되어 있다. 이 링크를 바탕으로 도서관 상호 대차 제도에 의해 어느 곳에 사는 누구나 책을 대출할 수 있는 것이다. 이것은 1920년의 도서관법

---

7) 국민고등학교: 이것은 국가의 교육 제도의 구외(構外)인데, 18세 이상의 청년을 모아, 겨울을 포함하여 4~8개월간 농업 교육을 중심으로 하여 교육하고, 향토애의 고양(高揚)을 목적으로 하는 전교생을 기숙사에 입사(入舍)시키는 사립 교육 기관이다. 독일, 가나, 인도, 일본에도 영향을 미친 바 있다.

의 성과의 하나로, 이 법률에 의해 덴마크는 도서관의 일종의 국영화를 실현하였다. 도서관의 발전과 관리는 강력한 도서관 감사관의 보좌를 받아, 정부의 도서관부장관이 행하게 되었다.

도서관 재정은 지방세뿐만 아니라, 거기에 국가의 보조금을 추가로 지원한다. 왕립도서관장은 보조금의 지출, 시설·설비와 업무의 기준 책정, 서지적 조언의 제공, 도서관인의 훈련 계획 입안에 대한 책임을 가지고 있다. 전국의 도서관비 합계는 연간 190만 루피이며, 그 중 국고 보조는 70만 루피이다. 도서관의 운영은 도서관법에 따라, 도시는 시 당국에, 군 지역은 코뮌(commune)의 교구회에 위탁하고 있다.

그 **성과**로서, 장서 책수의 합계가 100만권 이상, 연간 대출 권수가 500만권 이상을 넘어서고 있다. 어린이들에게 도서관 이용 습관을 기르도록 배려해주고 있으며, 각 학교에는 학교 도서관이 있다. 제2법칙은 덴마크에서 이상적으로 받아들여지고 있다고 말할 수 있을 것이다. 【344절】

35. 서유럽

1) 독 일

제2법칙이 도래하기 이전부터, 이 나라에는 프러시아학술도서관이라는 훌륭한 조직이 있었다. 이것은 ≪진지한 학생과 연구자 한 사람 한 사람에게 그 사람의 책을≫이라는 바람의 실현이다. 그 완벽성은 독일이 출판하는 과학의 각 분야의 독자적인 핸드북(Handbuchs, 편람)과 같은 수준이다.

국립중앙도서관은 이 조직의 중심으로, 장서는 20만권, 그 책자식(冊子式) 분류순 목록은 1,000권 이상이다. 그 ABC순 색인은 3,000권에 달하며, 매년 90권 이상이 추가되고 있다. 직원수는 320명, 그 중 76명은 학문 분야별 전문가로, 분류 작업 및 참고 서비스를 제공하기 위해 일한다.

도서관 상호 협력은 프러시아의 국립 대학(10개교)과 소규모 고등기술전문학교(4개교)가 국립중앙도서관과 밀접하게 협력하고 있다. 각 도서관은 각각 전문 분야별로 수집 범위를 정하고 있는데, 그렇게 함으로써 국가 도서관 예산의 효율적 운용과 다양한 자료의 수집을 양립(兩立)시키고 있다. 인도에서는 아직 이러한 제도가 일반화되지 못하고 있다.

국립중앙도서관은 국내 학술 도서관의 장서의 **종합 목록**과 학술 정보 센터를 갖추고, 연구자가 필요로 하는 자료를 국내의 어느 도서관에서든 입수할 수 있도록 독자를 지원하고 있다. 이것이 독일이 거두고 있는 과학상의 업적의 다양성과 대량화에 크게 공헌하고 있는 것이다.

제2법칙은 ≪최고의 학자에게도 실패한 사람에게도 책을≫을 이상(理想)으로 하며, 학생 및 연구자를 위한 도서관뿐만 아니라, **민중 도서관**의 충실화를 목표로 하고 있다. 독일의 근대 도서관 운동은 1900년 무렵부터 시작되었는데, 제2법칙을 받아들인 것은 제1차 세계대전 후이다. 독일공화국사서연맹(1922년 결성)은 제2법칙의 홍보에 노력하고 있으며, 민중 도서관이 국민 전반에 교육을 보급하는 새로운 수단으로, 민주주의의 안정을 위해 얼마나 유효한가를 지방 및 주의 행정기관에 이해시키고자 노력하고 있다.

라이프치히연구소는 제2법칙의 요구를 실현하기 위해, 가장 두드러진 연구 업적을 거둔 바 있다. 창립자인 호프만(W. Hofmann)은 근대 도서관의 조건으로서 ≪모든 독자에게 그 사람의 책을 찾아낼 수 있도록≫ 지원해야 한다고 생각하였다. 그리하여 ≪적절할 때 적절한 방법으로, 적절한 책과 적절한 독자를 연결시켜 주는 사람≫, 그것이 바로 장서와 독자와 더불어 도서관의 제3의 요소라고 강조했던 것이다. 그러한 도서관인은 책에 대한 지식과 마찬가지로, 독서의 심리학적 기초에 대해 알 필요가 있다고 생각하였다. 그리하여 이 연구소는 참고 서비스를 담당하는 도서관 전문 직원의 훈련을 목적으로 했던 것이다.[8)]

이러한 사고 방식을 **인도에 응용**해보자. 가장 뛰어난 전문가라고 하더라도 사람에 의한 지원을 필요로 할 것이므로, 일반인이나 학생은 더 그럴 것이다. 제2법칙을 알지 못하는 사람은 독자에 대한 과보호라고 말할는지도 모른다. 인도에서는 글자 몇 자 읽을 수 있는 사람을 값싼 급료를 주고 고용하면 도서관인으로서 충분하다고 생각하는 도서관 관리자가 많은데, 이러한 생각을 극복하기 위해서는 호프만(Hofmann)이 여러 명 필요하다.【351절】

2) 이탈리아

공공도서관연맹이 대략 20년 전에 설립되어 제2법칙의 주장을 충실하게 실천하고 있다. 도서관의 설립, 일반 독자용 책의 출판 촉진, 도서관에 대한 재정 지원을 개인 및 정치 단체, 지방 자치 단체 및 국가에 로비하고, 도서관인의 전문적 훈련도 계획하고 있다.

정부의 활동은 파시스트 정권은 도서관 활동에 관심을 보이고 있다. 일반 독자를 위한 책의 출판에 재정 지원을 시작하고, 그것을 예산이 적은 도서관에 무료로 배포하였다. 또한 국가 도서관 시스템의 재편성

---

8) 호프만(W. Hofmann, 1879-1952): 라이프치히시립도서관장. 1910년대부터 민중 교육을 위한 도서관의 역할을 주창하였다. 도서관 기술과 도서관 관리의 전수 학교(專修學校)에 이어 라이프치히연구소를 설립하였다. 단지 책을 대출하기만 하는 도서관이 아니라, 독자를 이해하고, 적절한 서비스를 적극적으로 실시하고, 민중을 위해 일해야 한다고 주장하였다.

을 도모하기 위해, 국립도서관 총재를 임명하고, 도서관학과를 1개교 증설하여 3개교로 하였다. 【352절】

3) 프랑스

이 나라에는 귀중한 자료가 많지만, 도서관 전체의 조직이 없어, 제2법칙에서 보면 빈약하다고 말하지 않을 수 없다. 제2법칙이 비로소 인식된 단계라고 할 수 있을 것이다. 【353절】

4) 벨기에

제2법칙은 1921년의 도서관법 통과와 함께 이 나라에 들어왔지만, 이미 많은 것을 이루어냈다. 1928년 현재 이 나라에는 2,154개 도서관에 3,615,494권의 장서가 있으며, 517,822명의 독자가 7,518,630권을 이용하고 있다. 1921년에는 1,200개 도서관에서 265만권의 대출이 이루어졌기 때문에, 제2법칙의 성과임은 분명할 것이다. 그러나 2,675개 자치 단체 중에서 아직 945개 지역에는 도서관이 없다. 여기에 제2법칙에게 남겨진 일이 있다고 할 수 있을 것이다. 【354절】

5) 네덜란드

이 나라의 도서관 조직은 다른 나라의 그것과는 완전히 다르다. 1784년에 공익협회(Society for Public Good, 약칭은 Nut)가 설립되어, 전국에 분관(分館)을 두고 책을 대출하고 있었다. 그런데 대부분의 도시에서는 지방 자치 단체가 도서관을 설립하기를 기다리지 않은 채,

시민이 회비와 기부금으로 사적으로 도서관의 운영을 시작하여, 그것이 오늘날의 도서관의 원형이 되었던 것이다. 오늘날 이러한 종류의 도서관은 100개관으로 운영의 기반을 굳힌 후에는 지역과 국가로부터 재정 지원을 받고 있다. 헤이그에 있는 중앙공공도서관협회는 유력한 단체로, 그 추천을 바탕으로 교육부는 보조금을 교부한다. 이 시스템의 한 가지 결점은 도서관의 수입이 회원수나 지방과 국가의 재정 상황에 따라 매년 변동되어 극히 불안정하다는 것이다. 【355절】

6) 영 국

1850년의 에와트(Ewart) 등의 노력으로 만들어진 도서관법이 도서관 운동의 싹을 틔웠으나, 그 발육은 지지부진하였다. 20세기에 들어, 카네기가 관대하면서도 현명하게 비료를 주어, 이 나무는 급속하게 성장하기 시작하여, 그 씨앗이 전 영국에서 싹트게 되었다. 한편, 정부는 호의적인 미소를 지으면서 지켜볼 뿐이었다.

제2법칙에 대한 **카네기**의 지원이 컸다는 사실은 통계에 분명하게 나타난다. 1850년 이전부터 1927년까지는 537개 도서관이 만들어졌는데, 그 71%(381개관)는 카네기의 설득에 의한 도서관 건설이었다고 한다.[9]

---

9) 카네기의 설득에 의한 도서관 건설: 모리 코우이치(森耕一) 교수는 이 점을 상세히 조사하여, 71%는 과대평가로, 실제로는 263개관(51%)이라고 했다. 어쨌든 영국 정부나 정치가의 태도는 「호의적 미소를 지으며 지켜볼」 뿐이었고, 실제로는 카네기의 지원에 의해 영국의 도서관 운동은 움직이기 시작했다는 것이 랑가나단의 견해이다. 그는 상원의장, 국새상서(國璽尙書: 국새를 보관하는 장관)라는 최고의 지위에 있는 귀족이 「교육과 이를 위한 기관인 도서관의 충실화는 자치 단체의 노력에 맡기는 것이 좋다. 정치가는 그것이 좋은 것이고, 그것을 추진함으로써 표가 모아진다고 확신할 수 있을 때 손을 내미는 것이다」라는 의미의 발언을 했다고 원저의 이곳에 적혀 있는데, 거기서 그와 정부 고관의 관심의 낙차

7) 카네기와 주립 도서관

이에 대해서는 재단 자체가 유일한 발의자(發議者)이며, 추진자였다. 그 영향력으로 법률이 만들어지고, 이 계획이 진전되어 계속할 수 있게 되었던 것이다.

그러나 정부의 소극성은 변하지 않았다. 정부의 자세에 관계없이, 제2법칙의 영국 원정은 커다란 성과를 거두어, ≪모든 사람에게 책을≫이라는 이상이 거의 달성되었다. 현재 잉글랜드와 웨일즈 주민의 96.3%는 자신이 읽고자 하는 책을 도서관에서 입수할 수 있다. 도시와 농촌의 도서관 장서 책수는 1,300만권, 연간 대출은 8,000만권에 근접하고 있다. 도서관의 단골 이용자는 약 15%, 연간 경비는 1,500만 루피에 달하고 있다. 이것은 도서관세로 징수되며, 농촌의 할당 세율은 도시의 세율의 1/4에 상당한다.

제2법칙의 영국 원정은 완전한 성공을 거두고 있으며, 도서관 운동은 최종 단계로서, 국가 레벨에서의 통합과 협력을 추진하는 단계에 있다고 말할 수 있을 것이다. 【356절】

(落差)를 파악할 수 있다. 그러나 그로부터 60년 후의 그의 자서전에는 이 귀족의 연설이 「풍부한 기지와 지성과 정치적 수완을 보여주는 것으로, 극히 강한 인상을 받았다」고 적혀 있다. 이 차이는 무엇일까?

아마도 귀국 후 45년간에 걸쳐 도서관 운동을 계속한 랑가나단은 그 귀족의 강연에 대해 「주민이 정말로 도서관 서비스를 바라고, 그것을 행정이 받아들여 계획을 세운다」는 점으로 해석의 중점을 옮겼던 것일 것이다. 주민이 원하지 않는 곳에 도서관을 세웠다고 하더라도 오랫동안 지속할 수 없다는 사실을 랑가나단은 몸소 알고 있었던 것으로 생각한다. 그것은 기부를 원하는 자치 단체에 대해 엄격한 조건을 붙였던 카네기와 동일한 견해이다.

그렇다면 주민이 원하지 않는 곳에는 도서관이 필요 없는 것일까? 거기에 제2법칙이 있고, 노력이 있는 것이다. 영국에서는 카네기재단이 제2법칙의 의사를 구체화했다고 할 수 있을 것이다.

36. 오세아니아

1) 오스트레일리아

여기에는 카네기의 지원은 없었지만, 제2법칙을 받아들이는 노력에서는 영국 본국에 뒤지지 않는다. 자치 단체나 주의 지원을 받고 있는 도서관은 1,200개관에 달하며, 농촌 지역에는 카운티 회관(County Institute)이 있어서, 독서 요구에 응하고 있다. 【361절】

2) 하와이 제도

여기는 「뜻이 있는 곳에 길이 있다」(Where there is a will, there is a way = 精神一到何事不成)는 말 그대로라고 할 수 있는 곳이다. ≪모든 사람에게 책을≫ 제공하기 위해서는, 8개의 큰 섬과 몇몇의 작은 섬으로 이루어진 자연 조건이 다양한 장애가 된다. 다민족, 다언어, 여러 섬으로의 인구 분산이 있기 때문이다. 그런 만큼 제2법칙에 큰 기대를 걸고 있는 것이다.

그 성과로서, 4개 군립 도서관으로부터 246개 배본소를 통해, 어느 곳에나 수준 높고 균일한 도서관 서비스를 받을 수 있다. 도서관의 경비는 모두 주(州)의 지출로, 연간 총 경비는 30만 루피에 달한다. 도서관인은 자주 각 섬을 순회하며, 이용자의 요구를 파악함과 동시에, 이용자를 더 넓은 학습의 세계로 안내한다. 연간 대출 권수는 70만권이다. 하와이의 전체 인구가 25만이라고 보면, 이것은 강한 독서 의욕을 나타내는 것이라고 볼 수 있다. 해저 통신 케이블의 관리를 위해 15명밖에 살고 있지 않은 섬에도 도서관인이 1년에 4회는 나가고 있다. 문자 그대로 ≪책은 모두를 위해≫를 실현하고 있는 것이다.[10) 【362절】

37. 아시아

1) 일 본

20세기의 근대적인 도서관 운동이 일본에서 일어났다. 그것은 급속한 공업화, 새로이 얻은 부(富)와 서구 정치 사상이 대중에 미친 영향, 그리고 국민이 서서히 여론 형성에 참여하게 되었던 것 등이 원인인 동시에 결과이기도 하였다.

일본은 개국을 하면서 비로소 세계로부터 닥쳐오는 위협에 대해 각성하게 되었다. 그리하여 세계의 변화와 함께 변화하는 방침을 택하고, 청년을 해외로 보내 배우도록 하는 한편, 국민의 교육에 힘을 쏟으면서, 1872년에는 「학제」(學制)를 발포(發布)하여, 「가정에 배우지 않은 사람이 없도록 하고, 마을에 배우지 않은 집이 없도록 한다」는 방침을 분명히 했던 것이다.

이것은 ≪모든 사람에게 교육을≫이라는 정책을 일본 텐노우(天皇) 정부가 취했음을 의미한다. 최초에는 학교 교육의 보급만을 생각했었지만, 그 후 정부는 ≪모든 사람에게 책을≫이라는 제2법칙에 지원을 구하면서, **도서관 조직의 성장**을 도모하고, 1899년에는 최초의 도서관 법규

---

10) 하와이: 하와이가 준주(準州)에서 주(州)로 승격한 것은 1959년이다. 여기에서 「주」(state)라고 하는 것은 준주(territory) 당시의 일이지만, 그럼에도 불구하고 아주 세세한 도서관 서비스가 있었다는 사실을 보여주고 있다.

를 공포하였다. 그 후 문부성으로부터 각 현지사(縣知事)[11]에 대해 비공식적인 장려도 있었다. 도서관 수는 급속하게 증대하여, 1926~1927년에는 4,337개 도서관과 7,623,371권의 장서를 갖기에 이르렀다.[12]

문부성은 연 2회 선정 도서 목록을 발행하고 있다. 또한 데이코쿠도서관(帝國圖書館)의 협력 아래, 도서관인교습소를 개설하였다. 도서관 운동을 촉진하기 위한 기관으로서는, 1892년에 일본문고협회가 민간단체로서 창립되어, 도서관 주간을 실시하는 등으로 국민의 강한 관심을 모으고 있다.[13] 【371절】

2) 만 주

원저에서는 이 이외에도, 남만주철도주식회사가 구만주 땅에 열었던

---

11) 역자주: 한국의 도지사에 해당함.

12) 일본 최초의 도서관 법규: 이것은 도서관령(圖書館令)으로 텐노우(天皇)의 명령으로 공포되었던 것이다. 국가의 법률로서 제정되었던 것은 1950년의 도서관법이 최초이다. 이 법률에 의해 비로소 도서관 자료의 이용은 무료라고 규정되었던 것이다.

여기에서 랑가나단이 들고 있는 도서관의 수는 문헌상으로는 틀림이 없다. 그러나 실태는 도서관이라는 간판을 걸고 있었던 데 불과한 것들이 많았다. 1933년의 문부성 조사에서는, 도서관 수가 4,609개관으로 늘어나고 있는데, 장서수가 1,000권 미만이 3,055개관, 1만권 이상의 도서관은 180개관이었다. 그 장서 중에는 에도(江戶) 시대 이래의 화한서(和漢書: 일본서 및 한적)가 상당 부분을 차지하고 있었을 것이다. 직원수는 1개관 평균 2.4명이었다. 소수의 대도서관을 제외하고는, 주민의 이용을 견뎌낼 만한 내용은 아니었던 것으로 생각한다. 랑가나단은 여기에서 「활동하고 있는 도서관 수」로서 1909년부터 1927년까지의 급속한 상승 그래프를 들고 있는데, 이 책에는 게재하지 않았다.

13) 일본도서관협회: 1892년 창립된 일본문고협회가 1907년 일본도서관협회로 개칭되었다. 어느 곳으로부터의 보조도 받지 않는 독립의 단체로서, 전 일본의 도서관 발전을 위해 110년 이상 계속하여 역할을 수행하고 있다. 국제적으로 보면, 미국과 영국 양국에 이어 세계에서 3번째로 결성된 도서관협회이기 때문에, 일본의 선인들의 감각과 노력은 대단하다고 생각한다.

도서관 사업을 소개하고 있다. 다롄(大連)도서관은 장서 12만권으로, 이 지역에 대한 외국어 도서도 풍부하였다. 【372절】

3) 중 국

국민당 정부는 공공 도서관과 성인을 위한 문자 교육 학급을 담당하도록 하기 위해 교육부의 한 부서를 사회 교육에 배속시키고, 도서관 운동에 자극을 주었다. 중국도서관학회는 1925년에 설립되었다. 이 나라의 도서관 운동은 미국으로부터의 지원과 해외 각지의 화교(華僑)로부터의 기부금에 의해 후원을 받고 있다. 도서관인의 교육은 미국 유학을 주로 하고 있었는데, 최근에 우한원화대학(武漢文華大學)에 도서관학과가 개설되었다. 다른 대학에도 하계 강좌 등이 설치되어 있다. 【373절】[14]

38. 인 도

1) 펀 잡

인도에서는 제2법칙이 새로운 활동을 시작하였다. 고대의 다수의 교육 기관의 전통을 존중하는 것처럼, 제2법칙은 그 최초의 주창자로서 펀잡(Punjab)의 공교육국을 선택하였다. 그로부터 발전을 시작하여, 현재는 1,600개 농촌 도서관이 중학교 도서관에 부설·공개되어, 농업, 협동조합, 건강 문제, 기타에 대한 책을 제공하고 있다. 【381절】

14) 374절은 생략하였음.

2) 연합주

연합주(union territory) 정부는 군부(郡部)에 대한 이동 도서관의 순회를 실험적으로 시작하였다. 이것도 제2법칙의 영향일 것이다. 【382절】

3) 인도 정부

정부도 제2법칙에 대한 이해를 갖기 시작한 것 같다. 교육부의 교육 감독관이 우선 ≪모든 사람에게 책을≫이라는 생각을 받아들였다. 앞으로의 교육 개혁이 어떤 방향으로 향하든, 「도서관이 가까운 장래에 교육에서 두드러진 지위를 차지하고, 그 영향이 전국으로 확대될 것」이라는 감독관의 인식이 실현되도록 주(州)의 교육장 여러분의 시급한 시책을 바라는 바이다. 【383절】

4) 벵 골

여기에서는 제2법칙의 메시지를 전하기 위해 도서관협회를 결성하였다. 【384절】

5) 바로다

≪모든 사람에게 책을≫을 완전하게 실시할 조건이 갖추어져 있는 곳은 이곳뿐이다. 바로다(Baroda)의 재무장관은 「여기에서의 도서관 운동은 신중하게 심의되고 영주 전하에 의해 승인·실시된 민중 교육 계획의 일부이다. 보조금에 의한 무료의 공공 도서관 조직은 1910년에

시작되어, 현재는 군·구의 도서관과 이동 도서관을 포함하는 네트워크로 성장하였는데, 주 인구의 60% 이상에게 서비스를 제공하고 있다」고 말하고 있다.

이 운동은 바로다의 도서관이 중심으로, 그 부속 기관으로서 동양 연구소, 여성 도서관, 청소년 도서관, 시청각 교육 부서가 있다. 그리고 군과 구의 도서관 45개관(이용자 19,000명, 장서 222,000권)과 마을의 도서관 661개관(37,000명, 250,000권)이 있다. 도서관을 갖지 못한 마을에 대해서는 이동 도서관 부서에서 서비스를 맡고 있는데, 1926~1927년에는 418상자(13,400권)를 123개 센터에 발송하는 성과를 올리고 있다. 【385절】

6) 안드라데사

1920년대 말에 싹튼 씨앗이 이제야 풍성한 열매를 보여주고 있다. 이것은 안드라데사(Andhra Desa)도서관협회의 노력에 의한 것이다. 【386절】

7) 마드라스

도서관협회는 3년 전에 창립되었는데, 정부를 설득하여 중심이 되는 보존 도서관의 설립에 성공하고, 나아가 두 개의 군립 도서관을 소규모이기는 하지만 발족시킬 수 있었다. 협회는 일반 독자를 위한 책의 시리즈를 출판하고, 하계 학교를 열어 제2법칙과 그 밖의 법칙을 이해할 수 있는 사람들을 육성하고 있다. 협회는 「모든 마음을 도서관과 책의 쪽으로 향하도록 하기 위해」 PR 활동을 전개하고, 주내 제일의 주립

대학인 마드라스대학과 제휴하여 도서관학의 법칙에 대한 수업을 개강할 수 있었다. 그 후에는 대학이 인계하여 도서관학 강좌로 하였다.

그렇지만 반대와 저항을 뛰어넘지 않으면 안 되었다. 정치적, 경제적, 언어적, 재정적인 것 등을 바탕으로 하는 다양한 장애가 있기 때문이다. 만일 마드라스에도 카네기가 있어서, 도서관에 필요한 기본 재산을 제공해주었다면, 이 문제는 해결할 수 있었을 것이다. 그러나 이곳의 부유한 사람들의 관심은 남미와 마찬가지로, 종교 및 자선 단체로 향하고 있는 것 같다.

인도가 카네기재단의 지원을 받을 가능성은 지금으로서는 없다. 네덜란드의 예와 같이, 지방 자치 단체의 발의를 기다리지 않고, 도서관의 설립을 시작할 정도로 주민의 관심이 높은 것도 아니다. 그렇지만 우리들은 불가리아나 루마니아와 같이 오랜 항아리를 가지고 있다. 문제는 누가 이 인도 고유의 효과를 갖는 항아리에 술을 부어 넣을 것인가 하는 것이다.

만일 재력도 있고 영향력도 있는 단체가 힘을 빌려준다면, 마드라스도서관협회는 폴란드도서관협회처럼 제2법칙에 자발적으로 협력하면서 동시에 PR 기관이 될 수 있을 것이다. 제2법칙의 침투의 역사가 우리들에게 가르쳐주는 것은 ≪모든 사람에게 책을≫ 제공하는 것은 교육부의 책임이라는 사실이다. 제2법칙의 명령을 만족시키는 방법을 우리들에게 보여주는 것은 중유럽 및 동유럽의 새로운 정부이며, 서북유럽의 과거 정부이다. 그리고 인도의 교육부에 대해 영감(靈感)의 원천이 되는 것은 체코슬로바키아, 핀란드, 스웨덴, 덴마크, 일본, 그리고 하와이의 실례이다. 【387절】

8) 마누의 격언

도서관학의 제2법칙의 세계 제패를 개괄적으로 살펴보았다. 이를 마무리하면서, 인도에서 제2법칙이 신속하게 성공을 거둘 수 있기를 진심으로 기원한다. 그와 함께 주(州)의 교육장 여러분에 대해 다른 선진국의 실례는 다름 아닌, 다음과 같은 인도 고대 법률가의 가르침과 일치한다는 사실을 전하고자 한다.

> 지식을 배우지 못한 사람의 집 앞까지 운반하고, 한 사람 한 사람이 지식을 배울 권리를 갖는다는 사실을 모든 사람이 이해할 수 있도록 인도하는 것, 이 서비스는 지상의 지배권을 부여받는 것보다도 훨씬 더 큰 의의를 갖는 것이다.[15) 【388절】

---

15) 마누(Manu): 마누 법전. 기원전 2세기부터 기원후 2세기 사이에 만들어졌다고 한다. 고대 인도의 종교, 도덕, 생활 규범을 정하고 있으며, 오랫동안 인도 사회를 규정하였다. 출전: S. R. Ranganathan, *The Five Laws of Library Science,* 2nd ed., Asia Publishing, 1957. ©1963. p.189.

인도 최초의 이동 도서관

제4장

제2법칙과 그 의미

이 장은 ≪모든 사람에게 그 사람의 책을≫이라는 목표를 실현하기 위해서는 무엇이 필요한지에 대한 질문을 던지고 있다. 그리고 그 큰 요건으로서 재정 문제, 즉 그것을 위한 비용을 누가 지불하는가 하는 것을 검토하는 것이 목적이다.

공공 도서관은 그 자치 단체의 세금으로 유지되고 있다. 여기에는 보통세에서 지출하는 경우와 도서관세라는 목적세에 의하는 경우가 있다. 일본의 경우는 보통세에서 지출하지만, 미국에서는 지역에 따라 그 어느 한 쪽을 선택하고 있다. 랑가나단은 인도에서는 도서관세에 의해 지출할 것을 주장하고, 그 근거와 방법, 도서관 시스템, 도서관 주관 당국과 도서관인, 독자의 삼자 각각이 관계되는 방법을 이 장에서 설명하고 있다.

일본과는 세금의 구조가 다르기 때문에, 일본에서 도서관을 생각하는 데 이 장이 무슨 도움이 되는가 하는 의문이 생길는지도 모른다. 그러나 목적세인가 보통세인가는 세금을 모으는 상에서의 구분이다.

세금으로 지원한다는 기본은 변하지 않는다. 그러므로 왜 도서관을 세금으로 지원하는가, 세금으로 지원되는 기관으로서 도서관은 어떻게 존재해야 하는가, 그리고 독자는 납세자로서 어떻게 도서관 서비스를 받아야 하는가, 이 장은 그러한 것들을 생각하기 위한 풍부한 시사점을 담고 있다.

또한 원저에서는 인도의 주(州) 레벨의 도서관법과 연방의 도서관법의 실례를 제시하고 있다. 원저와의 차이도 함께 고려하여, 여기에서는 그 각 장의 타이틀만 열거하고자 한다.

40. 이 장의 범위

이 장에서는 제2법칙이 제시하는 「사회적 존재로서의 도서관」의 적절한 규모와 조건에 대해 고찰하고자 한다. 그리하여 우선 "Every Person His or Her Book"이라는 표현의 "Every"와 "His or Her"의 검토로부터 시작해보자.

1) "Every"의 의미

"Every"에 중점을 두고 생각하는 것은 이용자 요구의 다양성을 인정하는 것이다. 그 한 사람 한 사람이 요구하는 책을 제공하기 위해서는, 누가 무엇을 해야 하는가? 그것을 ① 주와 국가, ② 도서관 주관 당국, ③ 도서관 직원, ④ 독자에 대해 살펴보고자 한다. 【401절】

41. 주(州)의 역할

그것은 ① 재정, ② 입법, ③ 조정이다. 조정은 재정상의 문제의 경감에 도움이 되고, 입법화는 재정과 조정을 어떻게 행하는가를 규정한다.

1) 재 정

도서관이라는 조직이 지역 주민 한 사람 한 사람에게 충분한 서비스를 제공하기 위해서는 재원이 필요하다. 그 조달은 자치 단체가 스스로 해결해야 하는 것이다. 지역에 카네기가 존재하지 않으면 주민이 부담해야 한다. 주의 역할은 그 갹출 비율을 결정하고, 자치 단체와의 사이에서 징수와 분배 방법을 결정하게 된다. 【411절】

2) 도서관세

도서관세를 제안하면 항상 정부 각료는 「격렬한 비난이나 주민의 강한 반대가 있기 때문에 안 된다」고 말한다. 반대가 있으면 어떤 세금이든 중지해야 하는 것일까? 각료가 만일 「모든 사람에게 책을」이라는 제2법칙의 의미를 이해하지 못하고 있다면, 이 법칙이 갖는 경제적 가치부터 설명할 필요가 있다.

그것은 **도서관 재정의 경제학**이라고 말할 수 있을 것이다. 지역의 사람은 지역의 재산이다. 이 인간이라는 재산을 보전하고, 더 생산적이고 가치 있는 사람으로 길러내는 것은 지역 사회에 경제적인 이익을 가져다준다. 학교와 도서관은 이를 위한 중요한 공공 기관이다. 인간의 정신적 가치가 중요하지만, 그 이외에도, 경제적인 가치가 있다는 사실을 인정하지 않으면 안된다.

이러한 **사람이라는 부(富)**에 대해서는, 1922년 미국의 생명 보험 회사의 연구 결과가 있다. 미국 국민의 경제 활동을 합산하면, 국가의 물질적인 부의 5배에 이른다는 것이다. 이것은 국민의 경제적 가치를 발전시키는 데 학교와 도서관이 극히 중요하다는 사실을 보여주고 있다. 사람이 보통 교육을 적절하게 받았을 경우, 교육을 받지 못한 사람에 비해, 더 큰 경제적 가치를 자신과 지역을 위해 만들어낸다는 사실이 언제나 확인되고 있기 때문이다. 각각의 지역에 대해 이렇게 큰 공헌을 하고 있다는 사실을 국가도 일반 납세자도 거의 생각하지 못하고 있다. 이를 인식하고 교육 정책의 대담한 일보를 내딛는 것은 **정치가의 역할**이다. 그러한 정치가는 장래에 그 훌륭한 선견성 덕택에 칭찬을 받게 될 것이다. 【412절】

3) 주민의 반응

자신이 책을 구하고 있을 때 그 책을 도서관이 제공해주면, 주민은 비로소 도서관이 자신들에게 도움이 되는 것이라는 사실을 알아차리게 된다. 그로부터 주민은 도서관세의 징수를 오히려 기쁜 것으로 생각하게 된다. 이러한 이익이 전 주민에게 미치면 반대는 머지않아 사라져 버리겠지만, 처음에는 행정을 통한 노력이 필요하다.[1)]【413절】

---

1) 납세자로서는: 세액이 작은 쪽을 좋아하는 것이 당연하며, 새로운 도서관세를 징수하는 것을 좋아할 리가 없다. 그러나 도서관이 존재하기 때문에「자신의 책을 찾아낼 수 있다」는 큰 기쁨을 얻은 독자는 그로 인해 자신의 소액의 부담이 이러한 결과를 낳는다는 사실을 이해하고, 그 이상의 큰 부담을 하지 않고 끝나는 것을 기뻐할 것이다. 또한 도서관은

4) 영국의 예

제3장에서 살펴본 에드워드 에드워즈(Edward Edwards)는 1848년 유럽과 북미 주요 도서관의 통계적 개관을 발표하였다. 그에 힘입어, 에워트(William Ewart)는 공공 도서관 설립을 검토하는 특별 위원회의 설치를 영국 의회에 제안하였다. 이 위원회의 보고를 바탕으로 하여, 그는 하원에 **도서관법안**(1850년)을 제출하였다. 고정자산세 1파운드 당 반 페니(1파운드의 1/480)를 넘지 않는 금액에서의 세율을 정하였다. 이를 실시하는 것은 각 자치 단체에서 주민의 2/3의 찬성을 얻는 것이 조건이었다. 이에 대해 국가가 궁핍할 때 적절치 않으며, 원격지의 주민에게는 불편하고, 정치적 선동가를 양성할 위험이 있다는 등의 반대가 있었지만, 118표 대 101표로 가결되었다. 이 법안은 다시 공공 비용으로 책을 구입할 수 없다는 등의 몇 가지 수정을 가했기 때문에, **알맹이가 빠진 법률**이 되었지만, 장래에 대한 씨앗은 남아 있었다. **1854년의 개정**을 거쳐, **1919년의 도서관법**에서는, 제2법칙의 침투가 반대론을 소멸시키고, 훌륭한 정치가의 노력의 도움을 받아, 과세 상한을 완전히 철폐하고, 도서관 주관 당국이 원하는 대로 과세하는 것이 이의 없이 의회를 통과했던 것이다. 【414절】

그러한 납세자의 감정도 고려하여 운영해야 한다. 이러한 생각은 그 다음의 「관계 각료 회의」(418절)의 제2법칙의 발언에도 나타나 있다. 또한 여기에서 「처음 … 노력」이라는 것은 이 앞의 문장에서 말하는 「교육 정책상의 대담한 일보」, 즉 도서관 정책의 확립과 실시를 의미한다.

5) 반대 줄이기

≪모든 사람에게 그 사람의 책을≫이라는 제2법칙의 주장에 의해, 사람은 「자신을 위한 책」이 존재한다는 것을 알게 되었다. 그러한 사실이 사회에 알려지면서, 그로부터 반대를 줄이는 힘이 생겨났다. 제2장의 「책의 선택」의 항목에서는, 그때까지 책이 자신에게 도움이 된다는 사실을 알지 못했던 영국의 농민이나 원예가에 대해 지역 도서관장이 행했던 노력을 소개하고 있다(236절). 결국 도서관에 호의적인 여론은 이러한 개인적인 의견을 만들어내는 노력과 그것을 한데 모아 제시함으로써 형성되는 것이다.[2)]【415절】

6) 입 법

19세기 각국의 도서관 입법은 영국과 완전히 마찬가지의 과정을 따라가고 있다. 굳이 그것을 보류한 나라들은 체코슬로바키아의 도서관 서비스 보급의 노력에서 배워, 공공 도서관의 의무 설치를 규정하는 법률의 제정에 노력하고 있다. 【416절】

---

2) 도서관에 대한 몰이해: 랑가나단 자신도 도서관에 대한 이해를 갖지 못한 독자나 도서관 관리자, 정부의 공무원 때문에 상당히 고생하였다. 도서관에서 책을 빌려 돌아가는 길에 폭우를 만나면 책을 우산 대신 머리에 덮어쓰고 돌아가는 독자도 적지 않았다고 한다. 남쪽 나라의 심한 비로, 책은 순식간에 손상된다. 그런 일이 꽤나 많았기 때문에, 그러한 책의 장례식을 공개적으로 실시했다고 다른 저작에서 언급하고 있다. 다양한 경험을 거치면서, 도서관인은 독자에게 도서관에 대한 호의적인 여론을 구축하고자 노력해왔던 것이다.
 오늘날의 국제 회의에서도, 각국의 도서관인은 행정이나 의회의 사람들은 도서관에 대한 이해가 없다고 말하고 있다. 그것은 랑가나단의 무렵부터 내내 이어져 오고 있는 것으로, 그러한 조건 아래에서 「반대 줄이기」가 자라난다고 그는 주장하고 있다. 우리들에게 중요한 말이다.

7) 인도에 대한 제언

인도의 여러 주들은 공공도서관법의 제정과 세계 각국의 레벨로 인도 각 주가 도달하기 위한 소액의 지출에 대한 결정을 서둘러야 한다. 【417절】

8) 관계 각료 회의

정부의 책임자들이 제2법칙과 함께 도서관의 문제를 토의하고 있다. 그 참석자는 다음과 같다.

① 주(州)의 개발부장관
② 재정부장관
③ 교육부장관
④ 공교육국장
⑤ 공중위생국장
⑥ 산업국장
⑦ 농업국장
⑧ 농촌재개발국장
* 제2법칙은 특별 초청자로서 출석하였다.

개발부장관: 정부를 대표하여 오늘의 특별 초청자 제2법칙 여사의 참석을 환영합니다. 이 분의 사명은 ≪모든 사람에게 책을≫인데, 이 곤란한 업무의 실현에 다년간 노력해오고 있습니다. 오늘의 회의는 이 분의 활동의 결과로 이루어진 것입니다.

교육부장관: 저도 지역 사람들의 교육 조건의 향상을 위해 노력하고 있습니다만, 재정 문제 때문에 그 실현이 곤란합니다. 재정부장관님의 배려를 기대하는 바입니다.

재정부장관: 무엇인가 할 수 있으면 기쁘겠습니다만, 증세(增稅) 이외에는 방법이 없습니다. 그 원인은 모든 분들이 알고 계실 것입니다.

공교육국장: 재정 문제가 나왔기 때문에 솔직히 말씀드리겠습니다. 졸업 후의 어린이들의 읽고 쓰는 능력을 유지하고 그 지식을 넓히기 위해서는, 공공 도서관이 필요합니다. 그것이 없기 때문에 읽고 쓰는 능력을 상실하는 어린이들이 39%를 넘고 있습니다. 이것이 공적인 자금의 사용 방법으로서 건전하다고 말할 수 있을까요?

교육부장관: 확실히 장기적인 관점이 필요합니다.

제2법칙: 이야기 도중입니다만, 발언을 허락해 주시기 바랍니다. 영국에서는 5세에서 14세까지 교육에 들어가는 경비는 성인 학급과 공공 도서관에 의해 졸업 후의 읽고 쓰는 능력을 유지하지 않는 한 쓸모없게 된다고 합니다.

교육부장관: 저도 그 보고를 읽었습니다. 재무부장관님께 간청 드리고 싶은 것은 읽고 쓰는 능력을 기르기 위해 7,000만 루피와 읽고 쓰는 능력을 유지하기 위한 일을 시작하는 데 700만 루피를 제공해 주십사 하는 것입니다. 그것은 기존 건물의 유지 관리비를 계상(計上)하는 것과 마찬가지로, 졸업 후의 읽고 쓰는 능력의 유지에 대처하지 않으면 안되기 때문입니다.

농촌재개발국장: 교육부장관님의 의견에 찬성합니다. 도서관이 교육상 유효한 기관이라는 사실이 완전히 무시되고 있습니다. 인도에서 필요한 것은 여러 마을의 작은 도서관입니다. 그것은 영어를 알 수 있는 주민과 그 부족 고유의 언어밖에 이야기할 수 없는 사람 쌍방에게 도움이 됩니다. 그리고 제 업무는 도서관이 없기 때문에 정말로 하기 어렵습니다. 주민의 마음속에 있는 아이디어를 살리고, 그것을 기르는 수단으로서 도서관이 필요한 것입니다.

농업국장: 동감입니다. 우리들의 업무는 도시의 커다란 저수지에 물을 저장하더라도, 물을 배분하는 파이프가 없는 것과 마찬가지입니다.

제2법칙: 제가 보는 바로는 여러분들의 출판물을 농민이 흥미를 가지고 읽고 있습니다.

공교육국장: 문제는 거기에 있습니다. 독서에는 도서관이 필요하지만, 우리들에게는 그것이 없는 것입니다.

재정부장관: 과연 그럴까요? 많은 출판물을 농촌에 보냈습니다만, 사람들이 배우려고 하지 않습니다. 이것은 주민의 무기력함과 학습 의욕이 없음을 증명하는 것이라고 일컬어지고 있습니다만.

개발부장관: 왕립농업위원회의 보고서에서는, 기회만 주어진다면, 인도의 농민은 강한 적극성과 충분한 능력을 발휘한다고 합니다. 그것에는 전적으로 찬성입니다. 그러나 홍보용의 팸플릿은 읽히지 않고 있습니다. 이것은 왜일까요?

제2법칙: 우편 배달원은 확실하게 전하는 것이 업무이지만, 도서관인은 책과 사람을 연결해주는 노력을 하는 사람입니다.

여기에서 농업국장은 제2법칙의 발언에 감사하고, 개발부장관과 함께 종래의 농촌진흥비를 제2법칙이 제시하는 방향으로 사용하고 싶다고 말하고 있다. 그리하여 재정부장관과의 사이에 관청의 권한에 대한 의견 교환이 있었으며, 그때까지의 시책에 대한 농민의 반응이 얼마나 무기력하고, 현재 상황이 얼마나 절망적인지에 대해 이야기하고 있다.

제2법칙: 만일 농촌에 열심인 도서관인이 있는 활발한 도서관(a live library with a librarian)이 있으면, 사태는 변할 것입니다. 농촌 진흥 사업에 허비되는 경비를 농촌 향상을 위해 사용하고, 생산물이 언제나 재고로 확보되어 수요에 따르도록 변화해 가기 위해서는, ≪모든 농민에게 그 사람의 책을≫ 제공해야 합니다. 재정 상태를 이유로 전국 도서관 계획을 채택하지 않는 것은 현명하지도, 경제적이지도 않습니다.

공중위생국장: 저도 예산 전체를 최대한 유효하게 사용해야 한다고 생각하고 있습니다만, 공공 도서관이 없기 때문에 그러한 노력이 지장을 받고 있다고 느끼고 있습니다.

제2법칙: 미국에서는 도서관 서비스의 많은 경비는 건강 보험의 보험료와 마찬가지로, 장래에 대한 준비금인 것입니다.

농촌재개발국장: 제가 경험으로부터 배워서 확신하는 것은 인간의 신체의 발달과 건강의 유지는 의사의 노력보다는 사회 전체의 향상에 의한 영향이 크다는 사실입니다. 그렇게 하기 위해서는 교육되고 계몽된 여론이 필요합니다. 교육을 받은 사람들만이 효과적으로 병과 싸울 수 있습니다. 그리고 사람들은 공공 도서관의 효과적인 네트워크에 의하지 않으면 교육을 받을 수 없습니다.

재정부장관: 그렇다면 공공 도서관은 공중위생국의 업무도 하는 것입니까?

제2법칙: 그 대답은 Yes and no입니다. 그것이 병의 치료에 관계되는 것이면 No이고, 생명을 구하고 업무에서나 생활에서나 지역 사회를 더 건강하고 즐겁게 하기 위한 지식을 넓힌다는 점에서는 Yes입니다.

공교육국장: 저는 건강 교육에 대해 학교 교육의 불충분성을 인정하지 않을 수 없습니다. 사람들이 생리 기능과 건강의 법칙에 대해 배우기 위한 무료 도서관 시스템도 없습니다.

공중위생국장: 그것이 인도가 사망률이 높은 원인으로, 영국의 2배에 달합니다. 유아의 사망률은 뉴질랜드의 4.5배입니다. 인도에서는 5세 아이의 평균 여명(平均餘命)이 35년인데, 영국에서는 54년입니다. 덴마크에서는 100,000명의 소년 소녀의 절반이 65

세까지 살지만, 영국령 인도에서는 절반이 11세까지의 나이에 사망하고 있습니다.

제2법칙: 덴마크의 빈틈없는 도서관 조직을 생각하면, 그것은 이상할 게 없습니다. 덴마크의 모토는 ≪책은 모든 사람을 위해≫이기 때문입니다. 그것은 그 경비를 충분히 갚고도 남는 것입니다.

재정부장관: 제2법칙 여사는 도서관을 세우면 11세에 사망할 소년이 65세까지 장수한다고 말씀하고 싶으신 건가요?

산업국장: 그러한 해석은 공평하지도 않고 정확하지도 않습니다. 여사의 말씀은 여론의 형성에 공공 도서관이 무엇보다도 큰 효과를 보인다는 것입니다. 위생의 향상과 전염병의 예방, 식사, 의복, 운동, 신선한 공기, 술을 절제하는 생활 등, 건강을 제일로 생각하게 되면 평균 수명이 늘어난다는 것입니다.

공중위생국장: 공공 도서관의 설치와 공중 위생의 수준 사이에는 일정한 상관 관계가 있는데, 해가 거듭할수록 상당히 커져가고 말할 수 있을 것입니다.

농촌재개발국장: 공공 도서관은 지역 사회의 모든 계층의 사람들에게 지식을 보급한다는 점에서, 다른 공공 시설보다 훌륭하다고 생각합니다.

교육부장관: 그렇기 때문에 공공 도서관은 개인과 사회의 행복을 만들어내기 위해 지식을 활용한다는 적극적이고 활동적인 강력한 기관이 될 가능성을 가지고 있다고 말할 수 있을 것입니다.

산업국장: 근대 사회에서 공공 도서관을 갖고 있지 않다는 것은 차에 차축(車軸)이 없는 것과 마찬가지입니다.

재정부장관: 여러분의 열정적인 말씀을 듣고 있으면 제가 책과 도서관의 가치를 전혀 인정하고 있지 않다고 생각하는 것 같습니다. 그렇지는 않습니다. 다만 필요한 자금을 찾아내는 방법과 수단에 고심하고 있는 것입니다.

여기에서 개발부장관이 자금의 조달에 관한 제2법칙의 의견을 요청하였다.

제2법칙: 그것은 다음 중 하나 또는 세 가지 모두에 의해 이루어집니다. ① 지방세, ② 정부로부터의 보조금, ③ 사적인 기부 또는 기금의 설정이 그것입니다.

교육부장관: 세 번째와 관련해서 종교 관계 기금이 떠오릅니다. 지금으로서는 거의 이용되지 않는 것으로 생각됩니다만.

재정부장관: 좋은 생각입니다. 국가의 부의 커다란 부분이 종교적 시설에 묶여 있는 것 같습니다. 그것을 활용하면 인도에 카네기가 없더라도 애석해할 필요는 없습니다.

제2법칙: 그러나 이러한 기부나 기금이 출발점이 되기는 합니다만, 매년의 유지비는 지방에서 부담하지 않으면 안 됩니다.

재정부장관: 그 점이 어렵습니다.

제2법칙: 다른 나라에서는 주민이 제대로 운영되고 있는 도서관 서비스에 대해 알고, 그곳에서 받는 이익을 누린다는 사실을 알기 때문에, 이 서비스에 대해 기꺼이 세금을 내게 되는 것은 분명합니다.

재정부장관: 그 점을 확신할 수 없습니다.

제2법칙: 인도의 실례에서 추론하든, 다른 나라의 실례에서든, 도서관에 사용한 경비는 장래에 10배가 되어 돌아옵니다. 그것은 시민 생활의 합리화에 의한 감각이나 습관의 변화, 평균적인 생활 수준의 향상에 의한 인간적 능력의 증대, 노동자의 기술 향상에 의한 생산력의 증가, 다양한 정보를 바탕으로 하는 거래 방법에 의한 상업의 번영의 형식으로 되돌아오는 것입니다. 공공 재정과 가계(家計)는 다르기 때문입니다.

교육부장관: 교육에 대한 지출은 이미 끝난 일에 대해 돈을 지불하는 것이 아니라, 장래에 좀 더 가치 있는 형식으로 돌아오기

때문에, 지금 지출을 한다는 성격의 것입니다. 그리고 우리들이 개선을 계속하는 한, 사람은 교육적으로 향상됩니다. 어떤 나라에서든 지식과 경험 없이는 민주주의가 성립되지 않습니다. 그 때문에 이 일에 곧바로 착수하지 않으면 안 되는 것입니다. 처음 단계에서의 실망이 아무리 크더라도, 그것이 크면 클수록 이 목적을 위한 행동력과 이 일의 유용성이 커지게 됩니다. 그리고 그것은 전체적으로 나라의 이익이 되는 것입니다.

여기에서 개발부장관은 제2법칙에게 만일 세금을 신중하게 징수할 수 있다면, 실시를 위한 좀 더 상세한 부분은 어떠한지, 그에 대한 조언을 구하였다.

제2법칙: 그러기 위해서는 공공도서관국장을 이 회의의 멤버로 하고, 아울러 도서관법을 시행하는 것이 필요합니다. 참고를 위해 한 주(州)의 도서관법 초안을 준비하고 있기에 보여드리도록 하겠습니다.

아울러 제2법칙은 미국의 조금 색다른 실례로서, 주법(州法)을 위반한 결과로 납부된 벌금을 도서관의 비용으로 하는 주가 있다는 사실을 설명하고, 출석자로부터는 인도에서의 실례를 설명하면서, 이날은 산회(散會)하였다. 【418절】

42. 주(州) 도서관법

[각 장의 타이틀만 열거함]

제1장 서문, 명칭
제2장 주 도서관 주관 당국
제3장 지방 도서관 주관 당국
제4장 지방 도서관 위원회와 마을 도서관 위원회
제5장 주립중앙도서관
제6장 재정, 회계, 감사
제7장 이용, 기준, 보고
제8장 규칙과 세칙

43. 연방 도서관법

국립 중앙 도서관의 설립과 유지, 그리고 인도, 외국 및 공해상(公海上)의 포괄적인 도서관 서비스의 발전과 협력을 위해 다음과 같은 법률을 규정하고 있다.

제1장 서 문
제2장 국립 도서관 주관 당국
제3장 국립 중앙 도서관
제4장 재 정
제5장 국립 중앙 도서관의 활동

44. 도서관 시스템

앞서 주(州)는 세 가지 의무를 가지며, 그 세 번째가 조정이라는 것을 살펴본 바 있다(41절). 그것은 두 가지의 상반되는 요인을 조화시키고자 하는 시도이다. 그 요인이란 그 지역의 재정에는 한계가 있다는 사실과 ≪언제나, 모든 사람에게 그 사람의 책을≫ 제공하는 것의 두 가지이다. 이것을 양립(兩立)시키기 위해서는, 주의 깊은 계획을 바탕으로 하여 도서관의 조정과 협력을 추진하고, 지역의 자료의 현명한 축적을 도모하는 수밖에 없다. 그것은 국민 경제의 발전에 필요한 것이라는 점 때문에, 주에서 추진해야 하는 것이다. 즉 주는 주내의 도서관을 하나의 도서관 시스템으로 통합해야 하는 것이다. 여기에서는 다음과 같은 세 가지 다른 레벨의 조정 수단을 생각할 수 있다.

① 가장 기본이 되는 지역 도서관 구역(local library area)에 대해 그 넓이의 하한을 설정하는 것. 이것은 법률에 의해 이루어져야 한다.
② 도서관 사이의 우호 관계를 깊게 하고, 전문화와 도서관 상호 대차를 촉진하는 것. 이것은 정기적인 모임에서 이루어지는 비공식적인 제안이나 의견 교환에 의해 진행할 수 있다.
③ 상호 협력의 중심 기관을 만드는 것. 주에서 경비를 부담하고, 직접 운영을 맡는다.

1) 도서관 설립의 가능성

작은 지역으로 징세액도 작은 곳에 독립의 도서관을 만드는 것은 어려운 일이다. 재원이 부족하고, 도서관 서비스도 충실하지 못하며, 건물이 세워질 가능성도 없다. 유능한 도서관인도 구할 수 없고, 구입 책 수도 적어질 것이다. 그렇기 때문에 주(州)에서는 과세를 위한 최소한의 조건으로서 인구를 독립된 지역 도서관의 기초로 삼아야 한다. 이것이 설립을 가능하게 하기 위한 조건이 된다. 【441절】

2) 마드라스주에서 설립이 가능한 지역

마드라스주에서는 인구 50,000명 이상의 시라면 유효한 도서관 서비스를 기대할 수 있다. 주내에 이 규모의 시는 12개밖에 없으며, 그 다음의 도시로서 20,000명 이상의 곳이 40개 있다. 그러므로 이 주에는 52개 도시 지역에 도서관 주관 당국을 둘 수 있다. 다른 지역에는 26개 군 도서관 주관 당국을 설치하여, 이동 도서관 서비스를 실시할 수밖에 없다. 【442절】

3) 주제별 전문화

마드라스주 전체의 도서관 주관 당국의 수는 앞서 제시한 것처럼 불과 78개이다. 각 주관 당국이 ≪모든 사람에게 그 사람의 책을≫ 독자적인 힘으로 제공하기 위해 충분한 자금을 확보하는 것은 용이하지 않다. 적은 경비로 1-2권의 고가의 책이나 거의 이용되지 않는 책을 사 보았자, 국민 경제에 대한 실질적인 영향은 생겨나지 않는다. 도서관이 도움이 되기 위해서는, 78개 도서관 주관 당국이 각각 수집해야 하는 전문 분야, 예를 들면 지방사, 지역 산업 등, 그 지역의 중점 분야를 정하여 분담 수집을 할 필요가 있다. 그 범위 이외의 자료에 대해 시민으로부터 요구가 있을 때는, 그 주제를 분담하는 도서관에서 빌려 제공하는 것이다. 【443절】

4) 주 및 국가의 기능

세계의 모든 나라에서는 이러한 계획과 도서관 상호 대차의 필요성이 강하게 인식되고 있다. 그 내실 있는 성장을 서서히 추진할 수 있는 것은 주와 같은 중심적인 존재뿐이다. 이를 위해 주는 정기적인 협의회를 열고, 때에 따라 필요한 조정을 실시한다. 또한 분류, 편목, 제본, PR 등 도서관의 제 문제에 대한 생각도 이 기회에 교류하는 것이다. 【444절】

5) 주립 중앙 도서관

이러한 조정 기능과 건전하고 자발적인 협력을 78개 도서관 주관 당국에 제공해주고, 더 한층 국민 경제의 향상에 이바지하기 위해서는, 주에서 직접 어떤 조치를 할 필요가 있다. 이 조정 활동은 교육부가 주립 중앙 도서관을 통해 실시해야 한다. 【445절】

6) 기본적 기능

그 하나로 정보 센터의 유지가 있다. 이것은 이미 살펴본 것처럼, 프로이센국립도서관에 있는 것과 마찬가지이다(35절). 그것은 주내의 모든 도서관의 종합 목록을 가지며, 필요에 따라 도서관 상호 대차를 원활하게 추진하고, 주내의 어느 곳에 살더라도 ≪그 사람의 책을≫ 시간과 경비 걱정 없이 입수할 수 있도록 하는 것이다.

주는 이용 빈도가 낮은 고가의 책을 주립 도서관에 갖추고, 각 지역의 도서관 주관 당국에 대출해준다. 그 결과 각지의 도서관 주관 당국은 자주 이용되는 책이나 지역의 관심을 끄는 책에 경비를 사용할 수 있게 되는 것이다.

주립 도서관은 각지의 도서관에서 이용 빈도가 낮은 책을 모아, 장래의 이용을 위한 보존 도서관의 역할을 수행한다. 또한 주립 도서관은 시각 장애인을 위한 도서관이나 선원 도서관과 같이 한 지역의 서비스에 한정할 수 없는 일종의 전문 도서관을 유지·관리해야 한다. 【446절】

7) 그 밖의 기능

주립 중앙 도서관은 미국의회도서관과 마찬가지로, 상호 협력에 의한 편목 작업이나 서지 자료를 간행하는 것, 출판계를 위해 서지적 기준을 정하여 출판물의 향상을 도모하는 것, 소련처럼 책의 수요나 공급에 관한 데이터의 수집을 통해 ≪모든 사람에게 그 사람의 책을≫ 제공하기 위한 출판을 촉진하는 것, 도서관 서비스의 적절한 기준을 유지하는 것, 주 전체를 위한 도서관으로서 도서관의 사고 방식이나 새로운 아이디어의 정보 센터가 되는 것, 도서관보를 발행하여 도서관 상호간의 자극을 높이기 위해 정보를 교환하고, 서로의 업적이나 새로운 경험을 함께 배울 수 있도록 하는 것 등의 가능성을 가지고 있다. 【447절】

45. 대학 도서관 시스템

전국 도서관 시스템에서 주에 요구되는 조정 기능이 있는데, 그 몇 가지는 다른 도서관 시스템, 예를 들면 대학 도서관 시스템에도 적용된다. 거기에는 중앙 도서관과 몇몇의 부속 도서관, 그리고 대학을 구성하는 칼리지의 도서관이 있다. 대학의 관리자가 대학 도서관의 자료비를 적절하게 절약하고 쓸데없는 중복을 피하고자 한다면, 학술적 및 경영적 관점에서 주의 깊게 구성된 도서관 위원회에서, 이 조정 기능의 발동을 검토할 필요가 있다. 그렇게 함으로써, 불충분한 예산밖에 없는 칼리지 도서관에 학생의 이용에 충분히 부응할 수 있는 학습용의 책이나 요구가 많은 그 밖의 책을 갖출 수 있게 될 것이다.

1) 조 정

대학이 아주 부유하지 않는 한, 학부의 장서에 대해서는 다음과 같은 조정이 필요하다. 학부의 구성원이 매일 이용하는 중요한 참고 도서와 현재의 관심의 대상인 책에 대해서는 복본을 마련한다. 그 이외에는 필요할 때마다 중앙 도서관에서 빌려온다. 학술 잡지에 대해서도 학부마다 고가의 학술 잡지의 세트를 복본으로 갖추기보다는 가능한 한 많은 종류의 잡지를 한 책씩 구입하도록 해야 한다. 【451절】

2) 대학 이사회의 기능

대학 이사회가 도서관에 대해 이상과 같은 조정을 시도하게 되면, 도서관 예산은 장기간에 걸쳐 뒷받침되어, 제2법칙의 이상의 실현에 좀 더 가까워질 것이다. 부속 도서관은 대학의 중앙 도서관 시스템이 갖는 것과 같은 포괄적인 시야를 갖지 못하는 것이 보통이기 때문에, 제한된 관점에서 각각 복본을 갖추려고 한다. 이에 대해 이상적인 조정을 단행하는 것은 대학 이사회의 생각과 결단밖에 없는 것이다. 【452절】

3) 대학 도서관의 위치

조정과 병행하여, 중복 구입의 방지에서 오는 불편함을 최소한으로 그치도록 하기 위해, 대학 이사회는 건물의 배치를 신중하게 생각할 필요가 있다. 그것은 전 학부를 도서관 시스템 전체에 가까운 곳에 두는 것이다. 만일 제2법칙에 유의하고 아울러 제4법칙의 사고 방식을 추가하면, 대부분의 연구실은 중앙 도서관의 주위에 배치하게 된다. 그것이 불가능하면, 이사들은 도서관 안에 다른 것에 우선하여 연구실과 세미나실을 두는 원칙을 따라야 한다. 【453절】

46. 도서관 주관 당국의 의무

주(州)의 주도면밀한 조정 계획이 필요하기는 하지만, 그것은 자금이나 건물의 원조에 대한 것이다. 도서관 서비스에 생명을 불어넣는 것은 도서관 주관 당국의 일이다. 그 당국의 의무는 ① 책의 선택, ② 직원의 선택의 두 가지로 정리할 수 있다.

1) 책의 선택

그 한 가지 측면은 이미 살펴본 것처럼, 지역의 상황에 따르는 것이다. ≪모든 사람에게 그 사람의 책을≫ 제공하는 도서관에 가장 이상적인 방법은 모든 인쇄물을 수집하는 것이지만, 그 종류와 양의 방대함을 생각하면 거의 불가능하다. 그렇지만 ≪모든 사람에게 그 사람이 원하는 책을≫ 제공하기 위해서는, 각 도서관 주관 당국이 우선 국내에서 시작하여 점차 세계의 도서관으로 나아가 협력하고, 수집 분야의 전문화를 채택해야 한다. 【461절】

2) 선택상의 판단

실제로 제2법칙이 그 메시지를 실현하기 위해 추구하고 있는 것은 도서관의 크기가 아니라, 그 컬렉션의 선택 방법에 있다. 도서관의 재원은 항상 부족하기 때문에, 책의 선택에는 많은 지식과 판단이 절대적으로 필요하다. 많은 방에 가득한 책은 단순히 책의 산에 불과하다. 그러나 특정의 목적을 위해 선택되어 서가 한 단을 채운 책은 도서관으로서의 가치가 있다. 좋은 종합 도서관이란 쓸데없는 중복을 없애고, 서로가 다른 도서관을 강화하고 보충할 수 있도록 조정된 전문별 컬렉션의 집합이라고 말할 수 있을 것이다. 【462절】

3) 참고 도서의 선택

또 하나의 중요한 측면은 다수의 백과사전이나 전문 사전, 그 밖의 참고 도서에 관한 것이다. 이러한 책은 보통 고가(高價)로 개인적으로는 구매하지 않지만, 독자가 찾는 많은 정보를 담고 있는 것이다. 참고 도서의 훌륭한 컬렉션이 있으면, ≪모든 독자에게 그 사람이 생각하기 위한 재료를≫(Every Reader His or Her *Material*) 제공한다는 과제의 대부분을 해결할 것이다. 인도에는 브리태니커백과사전조차도 갖추지 않은 채 십 수 년을 버텨온 대학 도서관도 있으며, 대부분의 학교에서는 아동용 백과사전 *Book of Knowledge*의 가치도 필요성도 인정하지 않고 있다. 이래서는 제2법칙의 요구를 최소한으로 만족시키는 것조차도 곤란하다. 【463절】

4) 책의 선택 권한

제3의 포인트는 독자를 알고, 그들의 요구를 이해하고, 예측하는 것이다. 이것은 이용자와의 살아있는 접촉을 통해서만 가능한 것이다. 도서관 주관 당국이 도서관장의 의견을 존중하지 않으면 안 되는 것은 그 멤버 중에서 도서관장만이 독자 전체를 관찰하고 보고하는 입장에 있기 때문이다. 그러나 인도에서는 도서 선택의 권한을 도서관 주관 당국 안의 유력자가 행사할 위험이 있다. 이 사람들이 책에 대한 주민 요구를 이해하기 위해서는, 제2법칙이 "Every"라는 단어를 강조하고 있다는 사실을 깊이 명심해야 한다. 【464절】

5) 도서관인을 선택하는 것

다음의 과제는 도서관인을 선택하는 것이다. 도서관의 ≪모든 사람에게 그 사람이 읽을 것을≫ 제공하는 서비스의 성패는 실로 이 일에 관련되어 있다. 이미 제1장에서, 훌륭한 교육을 받고, 기술적으로 훈련을 받고, 적정한 급료를 받는 도서관인의 필요성에 대해 상세하게 살펴보았다. 여기에서는 이 일을 담당하는 도서관인이 필요하다는 사실을 보충해 두고자 한다. 이에 대해서는 제4법칙을 토의할 때 더 심각한 문제로 나타나게 될 것이다. 【465절】

6) 충분히 유능한 도서관인

도서관 주관 당국이 제2법칙의 사고 방식을 실현하고자 한다면, 다음과 같은 사실을 인식해야 한다. 면학자(勉學者)나 지식인을 포함한 대부분의 시민은 도서관에는 무엇이 있고, 책에서 무엇을 알 수 있으며, 자신이 필요한 책은 어떻게 하면 입수할 수 있는지에 대해 알지 못하는 경우가 많은 것이다. 도서관에서 책을 찾는 방법이나 참고 도서의 사용 방법을 알지 못하기 때문에, 아무 것도 얻지 못한 채, 그대로 돌아가 버리는 사람들을 자주 보게 된다. 그러므로 도서관 주관 당국이 이러한 사정을 이해하면, 어떤 것을 조사하기 위한 도구로서의 책의 이용법이나 일터로서의 도서관의 이용 방법을, 그 도서관에 한정된 자료로도, ≪모든 독자에게 그 사람이 조사하기 위한 재료를≫ 한 사람 한 사람의 독자에게 제시해주는, 충분히 유능한 도서관인의 필요성을 알게 될 것이라고 생각한다. 【466절】

47. 도서관인의 의무

그리하여 도서관인이 해야 할 일에 대해 생각해 보고자 한다. 예를 들면 주 정부와 도서관 주관 당국이 제2법칙에 따라 그 의무를 수행했다고 하더라도, 도서관인이 그 의무를 충분히 수행하지 않으면, 도서관이 임무를 수행한 것은 아니다. 여기에서는 도서관인의 태만이나 무관심에 대해서는 언급하지 않을 것이다. 그러한 것들은 이미 제1장에서 살펴보았다. 우리들은 도서관인으로서의 의무감에 불타고 있는 열성적인 직원에 대해, 제2법칙이 추구하는 것에 대해서만 설명하고자 한다.[3)]

---

3) 도서관인에 대한 기대: 1970년대에 일본 각지에서 공공 도서관의 충실화 운동이 일어나, 도서관인에 대한 주민의 기대가 높아졌다. 그것은 「책을 알고, 주민을 알고, 그것을 연결시키는 일에 열의를 가진 사람」으로 표현되었다. 그리고 그러한 요구에 부응하기 위해 노력을 계속한 도서관인에 의해, 오늘날의 일본의 공공 도서관과 학교 도서관, 학술 도서관

1) 참고 서비스

여기에서는 제2법칙 "Every Person His or Her Book"의 "His or Her"에 중점을 두고 그 영향의 발자취를 더듬어 보고자 한다. 이로부터 우선 명확해지는 것은 도서관인의 일은 단순히 청구된 책을 카운터 너머로 「시혜적으로 넘겨주는」 것이 아니라는 사실이다. 이 일은 독자를 알고, 책을 알고, 그리고 「모두가 자신의 책을 찾을 수」 있도록 하기 위한 적극적인 지원인 것이다. 이 활동은 참고 서비스라고 알려져 있다.[4)] 【471절】

2) 독자를 안다

도서관인이 가장 먼저 해야 할 일은 독자를 아는 것이다. 그 중요성은 제1장(175절, 176절, 177절)에서 이미 설명한 바 있으며, 제3장에서는 독일의 예(351절)를 들어, 독자의 심리학적 기초에 대한 깊은 지식이 필요하다는 사실에 대해 살펴보고 있다. 【472절】

이 있는 것이다. 그 무렵의 사람들은 이미 퇴직의 시기를 맞이하였지만, 그 뜻을 이어, 조용하게 정열을 불태우고 있는 사람들이 있다. 또한 한편에서는 각지에서 도서관의 일을 진지하게 생각하는 시민으로부터 「도서관인은 이 일을 하는 사람으로서 뜻을 가져 주었으면 한다」는 목소리를 듣는다. 그렇게 얘기하지 않을 수 없는 엄격한 현실이 있는 것이다.

4) 참고 서비스: 여기에서 랑가나단이 말하는 것과 일본의 도서관에서 일반적으로 이해하고 있는 것은 같은 것일까? 일본에서는 질문에 대한 응답과 그 분석, 다음 질문에 대한 준비라는 이미지가 강한 것은 아닐까? 랑가나단은 책의 선택 · 수집, 편목, 분류, 그리고 참고 서비스와 대출이라는 업무를 병렬적으로 파악하는 것이 아니라, 중층적(重層的)으로 고려하고 있는 것으로 생각된다. 참고 서비스는 도서관의 모든 업무를 종합하여, 한 사람의 이용자를 위해 일하는 업무라는 것이다.

3) 전문적 훈련

참고 서비스는 전문적인 훈련과 경험의 철저한 축적 없이는 불가능하다. 이것은 아무리 강조해도 지나친 것이 아니다. 도서관에 대해 지식도 경험도 없는 사람이 도서관의 관리직일 경우, 고등학교만 졸업하면 도서관에서 일하는 데 불편함이 없다고 생각하는 일이 자주 있다. 그것은 도서관의 업무를 단순히 책을 기계적으로 건네주는 것뿐이라고 생각하기 때문이다. 그런 사람에게 세계의 어느 나라에나 도서관학교나 도서관학의 학위를 취득할 수 있는 코스가 있고, 괴팅겐대학(University of Göttingen)에도 도서관학 코스가 있다고 이야기하면 아마 놀랄 것이다. 나아가 오늘날에는 자신에게 적절한 책을 찾고자 하는 독자들(≪Finding Their Books≫)을 위해 도서관이 독서 어드바이저(readers' adviser)라는 포스트를 두고 있다고 하면 틀림없이 더 놀랄 것이다.

그리고 「그것은 마치 학교와 같다. 그럼에도 불구하고 성인이라면 스스로 해야 할 일이다」라고 말할 것이다. 이에 대해 서구 사회에서는 「사람은 자신의 위로 음식을 소화시켜야만 하지만, 그렇다고 해서 조리를 하고, 나이프와 포크, 스푼을 사용하는 것까지 거부할 이유는 없다」고 대답하고 있다. 【473절】

4) 독서 안내인의 부족

그 다음으로, 도서관인은 독자를 위해 도서관에 있다는 사실을 깊이 이해해야 한다. 직원은 「모든 독자가 자신에게 적절한 책을 찾기 위해」 어떤 지원이 필요한가를 상식의 범위 내에서 알 필요가 있다. 그것은 독자의 개인 비서나 개인 교수의 교사의 역할을 하는 것은 아니다. 디트로

이트시립도서관의 예에서는, 이 일을 하는 사람을 「교육 카운슬러」라고 부르는데, 책의 세계에 대해 좀 더 잘 알고자 하는 독자와의 비공식적인 상담을 그 업무로 하고 있다. 가르치는 사람의 입장이 아니라, 「좋은 것을 함께 나누는 사람」으로서, 독자 자신이 책의 세계에 들어가 모험을 하는 것을 즐겁게 듣는 사람이다. 또한 다른 기관에 초청을 받아 가서, 일반적이거나 특수한 화제에 대해, 지적 탐구와 책에 대해 이야기하는 일도 한다. 【474절】

5) 책을 안다

한 사람 한 사람의 독자를 위한 책, 즉 제2법칙에 따른 "His or Her Book"의 강조로부터 도서관인의 의무가 나타난다. 앞 절에서는 이 의무를 이상적으로 표현한 바 있다. 이렇게 말하면, 책과 책의 컬렉션에 대해 알기 위해서는 상당히 넓고 상세한 지식이 필요하게 된다는 사실을 곧 알 수 있을 것으로 생각된다. 책에 대해서는 그 책등(書背)의 문자나 책의 형태, 크기, 색깔, 소재, 그 밖의 특징을 기억하고 있는 것이라든가 하는 것이 도움이 되는 경우도 있지만, 그것만으로는 충분치 않다. 그에 대해 그렇게 말하는 것은 책이 도서관에 많이 들어오면 기억하고 있을 수 없기 때문이다.

그리하여 **책을 찾기 위한 책을 알** 필요가 있게 된다. 그것은 일반적으로는 알려져 있지 않은 특별한 종류의 지식이다. 도서관에는 모든 계층의 사람들이 찾아와 자신에게 필요한 책에 관한 도움을 요청한다. 그것은 천문학, 토목 기술, 생활 과학, 채광 야금, 식물학, 영양학, 종교학, 행동 심리학, 통계학, 항만 관리, 선거 관리, 광물학, 고대 생활지, 항공 관제 등 곤란할 정도로 다양하다. 그러한 요구에 부응하여 「

모든 사람이 자신에게 적합한 책을 찾아낼 수」 있도록 도와주고, 도서관인으로서의 직책을 수행하는 데는 이를 위한 도구가 되는 책으로, 객관성과 신뢰도가 높은 것에 지원을 구할 필요가 있는 것이다.5) 【475절】

6) 서지(書誌)

첫 번째 도구는 출판된 서지이다. 이 단어는 혼란을 불러일으키기 쉽기 때문에, 머리(Murray)의 *New English Dictionary*의 네 번째 정의에 의해 설명해 보고자 한다. 그것은「어떤 특정 저자, 인쇄자 또는 국가의 책의 리스트, 또는 어떤 특정 테마를 다룬 책의 리스트, 어떤 주제에 관한 문헌의 리스트」를 말한다.

오늘날에는 거의 모든 주제에 대한 서지가 출판되고 있다. 이것은 제2법칙의 성과의 하나이다. 오늘날 일반 단행본 중에 선택 서지를 포함시키는 것은 일반적이 되고 있지만, 그 이외에 전문 서지는 물론이고, 극히 넓은 범위를 갖는 종합 서지도 몇몇 출판되어 있다. 또한 도서관에 필요한 서지를 안내하는 **서지에 관한 책**(「서지의 서지」라고 불리는 a bibliography of bibliographies)도 나와 있다.

---

5) 서지라는「지도」: 1848년 미국의 도서관인 풀(William Frederic Poole, 1821-1894)이 처음으로 잡지 기사 색인의 초판을 냈을 때, 그 교사로부터 다음과 같은 글을 선사받았다: "He who knows where knowledge dwells has it within his research." (원문은 라틴어임). 또한 1960년대의 도서관계의 지도자의 한 사람이었던 쇼어스(Louis Shores, 1904-1981) 박사는 학생 시절 "The half of knowledge is knowing where to find it"이라는 문장을 만나고, 이「절반의 세계」를 탐구하고자 도서관학을 공부했다고 한다. 이 두 사람 모두 랑가나단이 말하는「책을 찾기 위해 도구가 되는 책」, 즉 책의 세계의 지도를 갖추는 것이 중요함을 말하고 있다. 그 실례에 대한 설명은 이어서 계속하고자 한다.

이러한 서지의 **범위와 기술(記述)의 구조**에 대해 잘 아는 것을 제2법칙은 도서관인의 의무로 하고 있다. 서지의 신속하고 효과적인 사용 방법에 숙련되기 위해서는, 실제로 서지에 대해 체계적인 연구와 빈번한 이용을 하는 것밖에 없다. 또한 서지에 따라 그 내용의 구성도 다르다. 그것이 도서관인의 업무를 더욱 더 곤란하게 하기는 하지만, 그러나 그것을 알지 못하면, 이 책을 찾는 도구를 효과적으로 사용할 수 없는 것이다.[6)]【476절】

7) 참고 도서

도서관인이 잘 알지 않으면 안 되는 또 하나의 「도구」는 지도첩, 명부(디렉터리), 사전 · 백과사전류, 연감 등 문제를 곧바로 해결할 수 있는 책이다. 독자는 이러한 책을 잘 알지 못하는 경우가 많지만, 도서관인이 그 특징과 사용 방법을 잘 알고 있으면, 제2법칙의 요구를 상당히 충족시킬 수 있으며, 독자를 만족시키는 비율도 높아질 것으로 생각된다.【477절】

8) 목 록

제2법칙이 도서관인에게 부여하는 제3의 의무는 목록에 대한 것이다. 책은 대부분이 복합적인 성질을 가지고 있으며, 단일 주제의 책

6) 서지와 서지학: 서지는 여기서 말하고 있는 것처럼 「책이나 논문의 리스트」이다. 이것은 서지학과 자주 혼동된다. 둘 모두 「책에 관한 지식」이기 때문이지만, 서지학은 책의 형태면을 연구하는 것으로부터 시작하여 그 책이 어떤 책인지를 명확하게 하는 학문이다. 서지학을 연구하기 위해서는 훌륭한 서지가 중요한 역할을 하며, 서지학의 연구 성과를 바탕으로 하여 서지가 만들어진다는 관계에 있다.

이라고 할 수 있는 것은 거의 없다고까지 말할 수 있을 것이다. 한 권의 책은 그 기본 주제를 가지고 있지만, 그 안에 다른 보조 주제를 포함하고 있는 것이 보통이기 때문이다. 그리고 그 보조 주제 쪽을 독자가 요구하는 경우가 적지 않은 것이다.

제2법칙은 독자가 찾고 있는 것을 도서관의 장서 속에서 가능한 한 많이, 곧바로 찾아내어, 독자에게 제공하는 것을 도서관인의 의무로 하고 있다. 이 의무를 수행하기 위해서는 목록 속에 분류 분출 저록을 충분하게 만들어내고, 주제간의 상호 참조를 작성해야 한다. 이를 주제 분석이라고 한다. 그것이 충분치 않으면, 독자가 요구하는 책이 서가상에 배열되어 있더라도, 많은 독자에게 서비스를 제공하지 못한 채, 수포로 돌아가 버리게 되는 것이다. 아무리 훌륭한 도서관인이 있다고 하더라도 그런 것이다.[7)] 【478절】

48. 독자의 의무

이미 살펴본 것처럼, 도서관이 복본(複本)을 충분히 갖추는 것은 곤란하다. 그런데 ≪모든 독자에게 그 사람이 구하는 책을≫ 제공할 수 있도록 하기 위해서는, 독자 각자가 「도서관을 사용하는 것은 자기 한 사람이 아니다」라는 사실을 인식할 필요가 있다. 제2법칙은 그 독자의 권리와 특권뿐만 아니라, 다른 사람들의 그것도 지키고 있는 것이다. 그러므

7) 일본 도서관의 목록: 랑가나단이 주장하는 분류 분출 저록은 극소수의 도서관에서 실행되고 있었다. 그러나 대다수의 일본 도서관은 분류 목록이라고 하면, 한 권의 책에 대해, 한 매의 카드(저록)밖에 작성하지 않고 있었다. 그것은 일본 도서관의 빈약함 때문이었다. 지금은 기계 기술의 도입으로 상당히 변했지만, 독자의 입장에 서서 책을 찾는 것과 독자가 스스로 찾도록 지원을 제공하는 것에서는 아직 빈약함이 계속되고 있는 것으로 생각된다.

로 독자는 자신의 이익이 다른 사람에 의해 지켜지고 있는 것과 마찬가지로, 다른 사람의 이익을 지키는 것을 생각해야 하는 것이다.

1) 도서관 규칙

다소 설교 같은 말을 하였다. 이것은 이론적으로는 간단하게 인정된다고 하더라도 실행은 곤란한 것이 보통이다. 그러므로 밖으로부터의 규제가 없으면 지키기 어려운 것이다. 즉 교통 법규와 같은 것으로, 경찰이 없으면 규칙을 어기고 싶어지는 것과 비슷하다. 독자는 도서관 규칙이 엄격하게 시행되면 본인에게 지장을 준다고 느끼는 경우가 있겠지만, 이것은 각 개인에 대해 지원하기 위한 것으로 생각하여, 기꺼이 따라야 하는 것이다. 【481절】

2) 대출 권수

대출 권수의 상한이 정해져 있는 것에 대해 이용자가 반대의 목소리를 높이는 경우가 많다. 이 상한은 3권, 6권, 8권 또는 그 이상 등 다양하지만, 어떻게 결정하든 불만은 남을 것이다. 제2법칙은 도서관이 일단 결정하면 그에 따를 것으로 기대하고 있다.

어느 도서관에서 독자의 한 사람이 권수 제한보다도 한 권 많이 빌려갔기 때문에 도서관인이 정중하게 한 권의 반납을 요청하였다. 그 답장은 「도서관의 규칙이 너무 엄격하여, 마치 세무서의 독촉장 같다. 그러나 도서관의 요청에 따라 책은 반납한다」는 것이었다. 직원은 마지막 한 줄에 감사를 표하고, 다른 문장은 쓰여 있지 않은 것으로 처리하였다고 한다.

도서관은 개인 독자에게 불편하게 하는 것이 아니라 모두에게 이익이 되도록 규칙을 정하여, 권수 제한을 하고 있다. 이것은 누군가가 대출하고 있기 때문에 다른 사람이 읽을 수 없게 되는 일을 애써 줄이기 위한 것이다. 【482절】

3) 대출 기한

도서관의 커다란 고민은 반납 기간에 대한 규칙일 것이다. 전 세계의 도서관은 벌칙이 없으면 기한은 지켜지지 않는다는 사실을 알고 있다. 그 대책으로 자주 사용되는 것이 벌금이다. 이것을 수입으로 간주해서는 안 된다. 도서관은 독자가 벌금을 내지 않도록 최대한 노력을 하고 있다. 대출 기한표에 날짜를 찍는 것, 연체하는 경우에는 반납될 때까지 독촉장을 보내는 것 등이 그 노력의 예이다.

이 벌금은 특권에 대한 지불이 아니다. 기한이 지나면 연체료를 내면 된다고 말하는 사람이 있는데, 다음으로 그 책을 읽으려고 기다리는 사람의 불편함을 생각하면 시민으로서 무책임하다고 말하지 않을 수 없다.

이것은 변명을 해서 통하는 문제가 아니다. 벌금(fine)이라는 말에 화를 내는 사람은 자신은 범죄자가 아니라고 말한다. 그래서 연체료(overdue charge)라고 부르고 있다. 이러한 사람은 여러 가지 변명을 하지만, 실제로는 연체 때문에 타인의 이용을 방해하고 있는 것이다. 【483절】

4) 대출 금지의 범위

경험상으로 필요해진 또 하나의 규칙이 있다. 참고 도서, 입수할 수 없는 귀중서, 무겁고 가지고 다니기 불편한 대형본, 또는 별쇄(別刷)

도판이 많고 손상되기 쉬운 미술책 등은 대출을 하지 않고, 관내에서 열람하도록 요구하고 있다. 사전 및 백과사전류, 인명록 및 주소록, 연감, 그 밖에 전체를 다 읽기보다는 누구나가 수시로 참조하고, 이용 빈도도 높으며, 하루 종일 이용되는 것에도 이 규칙이 적용된다. 제2법칙이 ≪모든 독자에게 참고 도서를 이용할 기회를≫ 제공하는 것을 열망하고 있다는 것을 독자가 알면, 대출한 책을 이용하지도 않으면서 자신의 서재에 방치해 두는 것이 얼마나 반사회적인 행위인지 잘 이해될 것으로 생각한다.[8)]【484절】

5) 미술책

책으로서 정교한 형을 띠고 있고, 고가(高價)이어서 두 권은 살 수 없다. 제2법칙은 이러한 책들이 주의 깊게 보존되고, 도서관 내에서만 이용되고, 그 수명을 연장하여 ≪모든 독자에게 이용의 기회를≫ 제공하길 바라고 있다. 만일 독자가 관내 이용의 코스트와 대출에 의한 자료의 결손(缺損)과 망실(亡失)의 위험성을 생각하고, 같은 입장의 다른 독자를 생각하는 선의(善意)가 있다면, 대출 규칙의 의미를 이해해줄 것이다. 【485절】

---

8) 오늘날 하룻밤 대출(一夜貸出: overnight loan), 복본의 대출 등의 편법이 있다. 대출 금지를 의미하는 일본어 “금대출”(禁帶出)이라는 단어는 원래 일본에서는 메이지(明治) 시대에 도서관이 이용자에 대해 「대출을 금한다」고 했던 무렵부터 이어지고 있는 단어가 아닌가 생각한다. 도서관인으로서는 오히려 「관내에서 열람해주세요」라는 의미의 「관내」(館內)라는 레이블 쪽이 낫지 않을까? 이 레이블이 상품화된 것은 1960년대의 일로 기억하고 있다.

6) 정기간행물

대출에 관해 모든 도서관이 엄중한 제한을 두고 있는 중요한 자료의 하나이다. 그 최신호는 각각의 분야에서의 최신 정보를 보여주는 유일의 것으로, 독자의 관심이 높은 것이다. 한편 도서관에 두기보다도 자신의 책상 위에 두는 쪽이 효과적이라고 생각하는 사람이 있다. 이에 대한 반론은 용이하지 않다. 그리하여 제2법칙은 다음과 같이 밝히고 있다.

> 소문난 소설은 모두가 보고 싶어 하는 것이다. 그 잡지를 자택의 쾌적한 소파 위에서 읽는 즐거움을 약간 희생하여, 도서관을 커뮤니티 센터로 사용하는 습관을 익힙시다. 주에 2~3회 도서관에 나가, 다양한 종류의 잡지를 타인의 기회를 빼앗지 않으면서 즐겨보시지 않으시렵니까?

잡지를 다른 사람의 눈에 띄지 않도록 한 채 자신의 책상 위에 방치해두는 반사회적 습관과 그것을 변명하거나 정당화하는 것은 대학에서 가장 두드러지게 나타나고 있다. 제2법칙은 그 사람들이 새로운 습관을 익히도록 요구하면서, **사태의 다른 측면**을 시사하고 있다. 그것은 학생이나 다른 독자들이 있다는 사실을 생각하도록 하는 것이다. 이 사람들은 목소리를 높이지 않을는지도 모르지만, 그러나 그 잡지를 보고 싶어 하는 의욕에서는 뒤지지 않는 사람들인 것이다.[9) 【486절】

---

9) 정기간행물을 중앙 도서관으로: 이것은 특히 대학 도서관의 고뇌이다. 일본에서 학술 잡지를 학부 도서관에 집중하는 방침을 취한 것은 1960년 도쿄대학 의학부에서였다. 이 해에 의학 도서관을 중핵(中核)으로 하는 의학부 중앙 도서관을 설치하고, 학부 도서관 부관장에 교육학부의 우라타 타케오(裏田武夫) 조교수(도서관학 담당)를 겸임시키고, 새로운 도서관의 사고 방식을 실행에 옮겼던 것이다. 의학 잡지의 집중은 처음에는 비판을 받았지만, 마침내 정착되었다.

7) 특례의 요구

이용 시간이나 대출 기간, 연체료, 참고 도서나 잡지의 관내 이용의 규정을 위반하는 시야가 좁은 사람들에 대한 대응은 그리 곤란하지는 않다. 그들은 자신들의 불만을 노골적으로 말하기 때문이다. 그러나 좀 더 감당하기 힘든 독자는 규칙과 그에 대한 준수 필요성은 인정하면서도, 지위나 직무를 말하면서, 자신만을 특별 취급해달라고 말한다. 이런 사람은 다루기 힘든 것이다. 항상 특별 취급받는 것을 행운으로 느끼는 사람이 세상에는 있는 것이다.

이러한 예는 무한히 늘어날 것이다. 이에 대해 제2법칙이 특례를 인정하는 것은 독자의 사회적 지위나 관직, 특별 취급에 대한 높은 관심 등에 의한 것이 아니다. 특례를 완전하고 성실하게 살리는 능력을 가지고 있는지의 여부인 것이다. 그러므로 **특례의 기준**으로서 제2법칙이 독자에게 요구하는 의무는 도서관 규칙 준수에 최선을 다하는 것, 그런 뒤에 조심스럽게, 그 특권이 없으면 독자로서의 요구를 충족시키기가 절대적으로 불가능하다는 사실을 말했을 때뿐인 것이다.[10)]【487절】

10) 특례의 기준: 여기에 나타나 있는 랑가나단의 생각은 각지의 도서관의 도서관 규칙의 한 항목에 대한 해석으로, 지침이 되는 것은 아닐까? 「도서관장의 허가를 얻을 것」이라는 조항이 있는데, 어떤 사람의 이용을 어떤 조건에서 도서관장이 허가하는가 하는 기준을 시사해주는 것으로 생각된다. 검토해주시길 바란다.

제 5 장

제3법칙

≪모든 책에게 그 책의 독자를≫

Every book its reader

제3법칙은 책이 주체이다. 5법칙은 각 법칙이 인격을 가지며, 주장을 가지고 그 실현에 노력한다는 작성 방법을 하고 있는데, 여기에서는 그것을 더 진행시켜, 책 그 자체가 의인화되어 있다. 즉 책이란 개성을 가지며, 그에 따라 작용하는 존재로 보는 것이다. 제2법칙에서는 독자로부터 보는 「책」이었다. 그러므로 이 양면(兩面)에서 봄으로써 「책」에 대한 시각을 더 깊게 할 수 있을 것으로 생각한다.

「책」 자체가 개성을 명확하게 하여 독자를 찾아내기 위해서는, 책이 활동하기 쉬운 환경이 있어야 한다. 그렇게 함으로써 제1법칙의 주장을 실현할 수 있는 것이다. 거기에는 우선 책 자체가 직접 독자에게 접할 수 있는 「개가제」(開架制)를 채택하는 것과 책을 분류순으로 배가(排架)하는 것이 있다. 나아가 그것만으로는 볼 수 없는 책의 내용을 알려주는 것이 목록 가운데 분출 저록(分出著錄)[1]으로, 그것을 도와주는 인간의 업무가 참고 서비스이다. 「갓 발행된 새 책」이 독자에게 말을 걸기 위한 장(場)으로서는 신착 자료 서가나 잡지대가 있다. 또한 홍보를 통해 「책」이 독자를 기다리고 있음을 알리고, 주민에게 도서관은 이런 곳이라고 알리는 것이 확장 서비스이다. 이렇게 해서 제3법칙의 실현이 도모된다. 그 기초로서, 독자를 찾는 개성을 가진 「책」을 골라 도서관에 갖추는 일, 즉 자료 선택의 요건을 이야기하게 되는 것이다.

이러한 제3법칙의 활동에 대해, 도서관 주관 당국이 간혹 이해를 보여주지 못하고 있다. 반대 또는 무시라는 반응뿐일는지도 모른다. 도서관인은 모든 책이 활동하게 하려고 일하고 있지만, 그것을 관리자들은 알지 못하고, 알려고도 하지 않는다. 또한 비용 부족을 내세우면서 개선 노력을 게을리하는 경우조차 있는 것이다. 한편으로는 도서관인 자신의 무관심 또는 자각의 부족도 인정하여야 하지만 말이다.

이 장의 마지막에 있는 제8장으로부터의 보충 부분에는 제3법칙의 그 후의 전개가 제시되어 있다. 경제 현상은 항상 크게 변화하지만, 그것을 탐구하는 연구 조직을 뒷받침하는 것은 적확(的確)한 도서관 서비스이다. 그러한 사고 방식과 기술이 도큐멘테이션으로 발전해갔다. 이를 실행하기 위해서는, 종래의 한 권의 책, 한 호분의 잡지를 서비스 단위로 하는 생각을 바꿔, 잡지에 수록된 한 논문, 책 속의 한 장(章) 또는 한 단락을 단위로 할 것을 제창하고, 그것이 새로운 제3법칙이

1) 역자주: 분출 저록(analytical entry; analytics)은 "하나의 서지 레코드의 작성 대상이 되고 있는 자료의 부분을 기술하고 그것을 전체의 자료와 관련짓는 기록"이다.(일본도서관정보학회 용어사전편집위원회 편. 오동근 역. 『문헌정보학 용어 사전』. 대구: 태일사, 2011, pp.251-252).

나아가야 할 길이라고 주장하는 것이다.

이 장에서는 개가제와 분류순 배열 등 일본에서 50년에 걸쳐 실시되고 있는 방법을 설명하고 있다. 그 부분은 랑가나단의 기본적인 사고방식만 남기고, 구체적인 설명은 생략하였다.

50. 이 법칙의 성격과 표현

제3법칙은 책의 측에서 도서관을 본다는 점에서 제1법칙과 비슷하고, 제2법칙을 보충하는 것이기도 하다. 제2법칙은 ≪모든 사람에게 적절한 책을≫ 찾아내는 것에 관련되어 있었는데, 제3법칙은 ≪모든 책에게는 그 책에 어울리는 독자가 있을 것이다≫라고 주장하기 때문이다. 그러므로 제3법칙은 ≪모든 책에게 그 책의 독자를≫로 표현된다.

1) 비 교

제1법칙은 도서관에 대한 지금까지의 시각을 바꾸었다. 제3법칙은 그 변혁을 가능한 한 철저하게 하려고 한다. 그 실현은 제2법칙과 마찬가지로, 결코 용이하지는 않다. 그리하여 이 장에서는 그 실현을 위한 다양한 방법을 설명하고 있다. 【501절】

2) 그 방법

「도서관에는 가능한 한 소수의 책을 두는 것이 좋다」는 냉소적인 발언을 하는 사람이 있는데, 이것은 제2법칙이 이미 보여준 광범위한 요구와는 일치하지 않는다. 또한 그것이 제5법칙과도 일치하지 않는다는 사실은 제7장에서 분명해질 것이다. 제3법칙을 만족시키기 위한 가장 훌륭한 수단은 「개가제」(開架制)이다. 나아가 서가상의 책의 배열 방법(배가법), 목록 저록, 참고 서비스, 일반에게 관심이 높은 신문·잡지나 신착 도서 등의 공개, 홍보, 확장 서비스 활동 등이 있다. 【502절】

51. 개가제

이 시스템은 개인 장서와 마찬가지로, 자유로이 도서관의 책을 보거나 조사할 기회를 이용자에게 제공한다. 폐가식(閉架式)(서고 출납식)에서 개가제로의 변화를 경험한 사람들은 이 시스템이 제3법칙의 실현을 위해 강력한지를 실감했을 것이다. 그리고 어느 도서관에서나 대출 권수가 증가하였다. 더 중요한 사실은 독자가 책을 스스로 찾게 되었다는 사실이다. 「여기에 이 책이 있는데 알지 못했네!」라는 소리가 들리지 않는 날이 없다. 이 책을 입수하여 본다는 사실에서, 자신이 찾고 있던 것을 자신이 찾는다는 즐거움을 얻을 수 있다. 【511-512절】

1) 상점과의 유사성

제3법칙을 중시한다면, 개가제를 채택하는 것이 합리적이다. 그렇게 하지 않는 것은 상품을 튼튼한 선반에 집어넣고 그것을 팔려고 하는 상점과 같다. 본래 상점에서는 상품의 하나하나가 고객의 손에 건네지고, 모든 상품에 대해 사는 사람을 찾도록 하는 것이 당연하다. 그러므로 사람들에게 가게 안에서 자유롭게 해주는 것과 마찬가지로, 서가상의 책 한 권 한 권마다 독자를 찾도록 하는 것이다.[2)]【513절】

2) 개가제의 연혁

개가제가 생긴 이유는 독자의 대다수는 자신이 찾고 있는 것이 무엇인지 잘 알지 못하고 있다는 사실, 그리고 독자가 주의 깊게 구성된 책의 컬렉션을 보러 가서, 책을 손에 넣어 보고, 자신이 무엇을 필요로 하고 있는지를 점차 알게 된다는 사실을 도서관인이 깨달았기 때문이다. 영국에서는 1910년대에 이 사실을 비로소 인식하게 되었는데, 미국에서는 영국보다도 일찍 제3법칙이 영향을 미쳐, 19세기 말에 도입되었다.[3)]【514절】

---

2) 일본에서의 제3법칙: 신착 도서의 소개나 시사적인 토픽을 파악하는 전시 등이 이루어지고 있는데, 그러한 생각을 전체 책으로 확대하여, 서가상의 책 하나하나마다 독자를 찾도록 하고자 하는 것이 제3법칙의 주장이다. 이를 위해 열성적인 도서관인은 노력을 하고 있지만, 도서관계 전체로서는 어떠한가?

3) 일본의 개가제: 폐가식(서고 출납식)에서 준개가식, 안전 접가식, 완전 개가식으로 진행되었다. 준개가식이라는 것은 독자에게 책등(書背)의 문자가 보일 수 있도록 앞면에 유리를 끼워 넣고, 그 하부에 손가락이 통할 정도의 간격을 둔 서가를 만든다. 보통의 서가와는 달리, 이 서가는 뒷면(背面)이 개방되어 있는 것이다. 독자가 유리의 간격으로부터 필요한 책을 누르면, 서가의 뒷면으로 눌려 나오기 때문에, 도서관인이 그것을 끄집어내어 독자에게 건네주는 방법이다. 일본에서는 빠찡고식이라고도 한다. 안전 접가식은 독자가 서가 부분으로 들어가 자유로이 책을 볼 수 있는데, 그곳에 대한 출입은 도서관인의 체크를 받는다. 그러한 경험을 거쳐 완전 개가식(자유 접가식)에 이르렀다. 초기의 예로서는 1907년에 야마구치(山口)현립야마구치도서관(관장 사노 토모사부로(佐野友三郎))에 의한 실천 사례가 있으며, 뒤이어 1909년 이후에 도쿄시립도서관에 순차적으로 채택되었다. 그러나 그 보급은 전후(戰後)의 일로, 도서관 주관 당국의 이해는 거의 얻지 못하였다. 회계 규칙상 책은 비품 취급이었기 때문에, 없어지면 도서관장이 책임을 지도록 규정되어 있었던 것이다. 그런데 1953년에 개가 도서를 소모품으로 취급하도록 해줄 것을 전국도서관대회에서 요청하여, 일본도서관협회에 실태 조사를 의뢰하게 되었다. 오늘날 개가제가 보급되게 된 것은 도서관법에 의한 사서 양성, 학교 도서관에서의 개가제 채택, 히노(日野)시립도서관을 시작으로 하는 새로운 도서관 운영법의 보급 등이 큰 힘이 되었다. 금후는 책을 찾기 쉬운 규모와 배가법, 분류 항목 간의 안내, 책 표지의 전시, 각 개가실 간의 연락 조정을 생각하는 시기가 아닐까? (제7장 주 8) 참조).

3) 장기적인 눈으로 손실과 도난을

도서관 주관 당국에는 책이 없어지는 것을 걱정하기보다도 도서관의 이용이 크게 증가했다는 사실에 관심을 갖도록 하고자 하는 것이다. 실제로는 그다지 없어지는 것은 아니다. 미국 프랫도서관(Pratt Institute Free Library)의 상세한 통계에 의하면, 연간 대출 권수 10,000권에 대해 망실(亡失)은 17권(0.17%)으로, 영국에서도 마찬가지라고 한다. 책의 도난은 대개 고의나 상습자 등 한정된 사람의 일로, 지역 주민 전부가 책을 가져가 버리는 것은 아니다. 일 년에 200 내지 300권의 망실본의 가격은 아마도 150달러 정도로, 그리 많은 금액이라고는 할 수 없다. 도서관의 조수 한 두 사람을 고용할 정도의 금액에 불과한 것이다. 책을 손쉽게 이용할 수 있다는 장점에 비하면, 그 손실은 문제 삼을 정도의 것은 아니라고 말할 수 있을 것이다.

인도 남부와 같은 **열대 지방**에 사는 사람들에게는, 책의 망실과 도난 방지보다도 종이의 열화(劣化)와 충해(蟲害)에 의한 손해 쪽이 액수가 더 많다. 【515-517절】

52. 책의 배가법

개가제가 제3법칙을 만족시키는지의 여부는 서가상에 어떻게 책을 배열하는가에 달려 있다. 책의 크기나 저자명의 자모순(문학은 제외)으로 배열하는 것은 책등(書背)의 색이 같은 것을 한 곳에 모으는 것과 마찬가지로, 무정견(無定見)한 방법이다. 보통은 이용자가 무엇을 찾는지를 기준으로 한다. 그것은 책이 다루고 있는 테마(주제)이다. 따라서 책을 독자가 찾기 쉽게 하기 위해서는 책을 주제별로 배열해야 하는 것이다.

1) 분류순 배가

제3법칙이 권하는 방법은 주제를 바탕으로 하여 논리 정연한 분류순 배열을 하는 것이다. 예를 들면 교류 전기(交流電氣) 책을 전기공학 책 바로 가까이에 몇 권이든 모아둔다면 저자명의 ABC순으로 열거되어 있는 수만 권의 책 속에 있는 것보다도 독자가 찾아낼 수 있는 기회가 많을 것이다. 【521절】

2) 신착 서가(新着書架)

독자의 관심을 끄는 것은 주제뿐만이 아니다. 심리학자에 의하면 「새로움」도 그 하나라고 한다. 제3법칙은 이 「새로움」을 충분히 활용하여 배가하라고 말한다. 그리하여 신착 서가를 두는 것이 일반화되었다. 여기에서 대출되는 경우가 많아, 이 서가가 곧 비어버리게 되는 것이다. 제3법칙의 실현을 항상 바라고 있는 오늘날의 도서관인에게, 신착 서가는 가장 고마운 서가이다. 【522절】

3) 재배치

이것은 서가상에 늘어놓는 방식을 새롭게 하는 것이다. 책이 이용자를 찾아내도록 도와주는 방법으로서 효과적이다. 서가상에 책을 놓아두는 방법을 바꾸면 책과 사람 사이에 새로운 관계를 만들어내는 데

도움이 되는 것이다.4) 【523절】

4) 진열장

열람실이나 서고 근처에 사람의 눈길을 끄는 장소에 진열장을 두고 적절한 캐치프레이즈를 붙여둔다. 예를 들면 「잠깐 볼만한 책」, 「지금 바로 필요한 책」, 「최근에 소개된 재미있는 책」, 「잊고 있었지만 여전히 도움이 되는 책」 등이 그것이다. 【524절】

5) 독자의 눈길이 미치도록

책이 독자를 획득하기 위해 결정적으로 중요한 조건은 독자가 자주 볼 수 있도록 하고, 입수하기 쉽도록 하는 것이다. 그러한 책은 자주 이용된다. 그런데 2미터 이상의 높이를 가진 서가는 제3법칙에 대한 공공연한 도전이라고 할 수 있을 것이다. 서가의 선반은 보통 신장의 사람들이 쉽게 닿을 수 있는 높이가 되도록 해야 한다. 또한 선반의 깊이가 너무 심하면 책을 두 줄로 배열하고 싶어지겠지만, 그것은 이용자에게 대단히 불편하다.5) 【525절】

---

4) 재배치: 자주 눈에 띄는 재배치의 한 예가 책의 「표지 전시」이다. 이것은 책 자체가 독자에게 말을 걸 기회를 만들어주는 것이다. 책이 자신의 존재를 나타내는 데 가장 효과적인 부분은 책등(書背)이 아니라 표지 바닥이다. 그것을 독자 쪽으로 향해 세워 두면 사람의 눈길을 끌 수 있다. 복본(複本)을 겹쳐 두면 한 권을 빌려가더라도 같은 효과가 이어진다.

5) 독자의 눈길을 끄는 배가법: 미국에서는 선반을 경사지게 한 서가를 만들어, 그곳에 10책 정도의 복본(複本)을 앞표지를 앞으로 내어 겹쳐 두고 있었다. 도서관인은 책의 이동에 항상 신경을 쓰면서, 그 책이 전부 대출되면 다른 책을 곧바로 표지가 보이도록 전시한다. 복본이 없는 책이라도 이렇게 전시하면 움직임이 없었던 책이 움직이게 된다고 말하고 있었다. 확실히 제3법칙의 요구를 만족시켰던 것이다.

53. 목 록

배가법만으로는 ≪모든 책에게 그 책의 독자를≫이라는 제3법칙을 실현하기에 불충분하기 때문에, 목록이 수행하는 역할 또한 상상 이상으로 큰 것이다. 독자가 서가상에서 못 보고 빠뜨려버린 책이라도 목록에서 발견할 수 있기 때문이다.

1) 총서명으로 찾다

목록은 저자명이나 서명으로 찾는 것뿐만 아니라, 제3법칙의 주장을 실현하는 데 필요한 역할을 한다. 그것은 총서명 저록과 주제 분출 저록(분류 분출 또는 분류 부출)이다. 총서에는 다양한 주제의 단행본이 포함되어 있는 경우가 많은데, 그 한 예로 여기에서는 *Home University Library Series*를 들어보고자 한다. 이 총서 중에 포함되어 있는 단행본의 저자는 그 주제의 전문가로서 저명하지만, 그 책 자체는 일반 독자를 대상으로 하는 것이 많다. 독자가 저자명으로 탐색하여 이 책의 저록을 발견하게 되면, 저자명을 보고 전문 도서라고 생각하여 그 책을

미국의 다른 도서관에서는, 7단 서가중 위에서 2, 3, 4단에만 배가를 하고 있었다. 키가 큰 사람이나 작은 사람이 모두 책을 쉽게 볼 수 있도록 배열한다고 생각했기 때문이다. 5, 6단은 복본의 재고(在庫)를 두는 곳이었다. 2, 3, 4단의 책이 대출되면, 곧 그 복본을 재고 서가에서 옮겨 독자가 쉽게 볼 수 있도록 한다. 이곳의 관장은 「도서관세가 사람의 키에 따라 달라지는 것이 아니다. 따라서 키 때문에 사용 편리성에 차이가 나도록 해서는 안 된다. 서비스는 평등하게 해야 하며, 책을 찾기 쉽도록 하는 것도 평등해야 한다」고 했다. 책은 북엔드(book end)를 사용하지 않고서도 넘어지지 않을 정도로 넉넉하게 배가하고, 북엔드는 위단에서 이동해온 책을 지지하기 위해 4단 째에 둔다는 방침을 실행하고 있었다. 그 결과 이 도서관의 서가는 여유가 있어 보기 쉽고, 그 이용이 활발하였다.

멀리하는 경우가 생긴다. 한편 전문가는 일반 도서라고 간주하여 이 책을 입수하지 않는다. 그리하여 이 책은 결국 독자를 찾을 수 없는 것이다. 그러나 총서명으로 찾아낼 수 있으면, 적어도 일반 독자는 흥미를 갖고 이 책에 접할 것으로 생각한다. 이와 같이 단행본으로서가 아니라 저명한 총서중에 포함되어 있는 책으로 독자의 요구를 만족시키는 방법은 그 밖에도 있을 것으로 생각되지만, 충분한 총서명 저록을 갖춘 목록은 ≪모든 책에게 그 책의 독자를≫을 실현하기 위한 커다란 힘이라고 말할 수 있을 것이다. 【532절】[6)]

2) 분류 분출 저록(分類分出著錄)

이것은 더 효과적인 서비스로, 분류순 목록에 포함되어 있다. 서가상의 책은 그 분류 기호에 의해 배열되어 있는데, 그 기호는 한 책에 하나이다. 그런데 책이라는 것은 한 권 안에 몇 개의 주제를 가지고 있다. 그 각각의 부분에 대해 분류 기호를 부여하고, 그 저록을 만들고, 가능하면 기재 페이지를 제시하여, 분류순 목록에 포함시키는 것이다. 그렇게 하면 이 책은 서가상의 소재를 나타내는 분류 기호 이외에, 복수의 분류 기호를 가지고, 각각의 주제로부터 찾을 수 있게 된다. 한 예로, 어느 정치 평론집에 대해 10매의 분류 분출 저록을 만들었더니 이 책이 자주 이용되게 되었다. 단체 출판물로 그 단체명 때문에 내용이 극히 고도의 것으로 경원시(敬遠視)되고 있던 책도 분출 저록을 만듦으로써 제2법칙이 어려움을 겪을 정도로 빈번하게 이용되게 되었다. 개인 전집의 내용에 대한 분출 저록을 만들었더니 그 테마에 끌려 독

6) 531절은 생략하였음.

자가 증가한 예도 있었다. 【533절】

3) 편목 담당자

이와 같이 분출 저록은 책의 이용을 증진시키는 데 중요하다. 그리하여 제3법칙은 도서관 주관 당국에 이 업무에 필요한 직원을 늘리도록 요구하고, 긴축 재정이나 예산 부족을 이유로 이를 부결하지 않도록 열심히 활동해왔다. 이 문제는 제4법칙에서 다시 한 번 다루어진다. 요컨대 도서관 주관 당국이 제3법칙을 신뢰한다면, 분출 저록을 작성해야 하고, 이를 위해 직원을 배치해야 하는 것이다. 【534절】

54. 참고 서비스

개가제, 분류순 배가, 분출 저록은 ≪모든 책에게 그 책의 독자를≫ 찾아내기 위한 세 가지 조건인데, 이러한 「사물에 의한 수단」만으로는 충분치 않다. 나아가 독자와 책을 연결해줄 필요가 있다.

1) 책을 독자에게 권하는 사람

도서관의 책과 독자를 연결시키기 위해서는, 사물을 이용한 무기적(無機的)인 장치를 충분히 만들어야 하지만, 그로 인해 사람에 의한 서비스가 없어서는 안 된다. 제3법칙의 요구는 그 무기적인 장치를 초월한 것을 목표로 하고 있다. 그것은 항상 「책과 사람을 연결」하기 위한 사람의 역할을 요구한다. 목록의 사용 방법이나 책을 고르는 방법에 대해 독자를 지원하기 위해, 일정 숫자의 도서관인을 반드시 배치해야 하는 것이다. 그들의 업무는 독자에게 책에 대해 설명하고, 책을 독자에게 권하는 것이다. 그것은 참고 서비스라고 불리는 것으로, 제3법칙의 목표를 실현하기 위해 근대 도서관이 채택한 효과적인 수단의 하나이다. 【541절】

2) 독자와의 접촉

참고 서비스 부문의 업무는 대규모 여행업자의 업무와 유사하다. 그들은 사람이 가고 싶다고 생각하는 새로운 장소의 자료를 수집하여, 폴더에 넣어 고객에게 건네주면서, 그곳에 가보고자 하는 마음이 들도록 한다. 참고 서비스 담당 사서의 업무도 그와 비슷하다. 이 직원은 계속하여 방문하는 독자들과 접촉한다는 귀중한 기회를 가지고 있어, 독자의 사고, 희망, 행동, 반응, 호오(好惡)의 대상 등을 관찰할 기회를 얻고 있다. 이 직접 접촉의 결과, 경험이 풍부한 참고 서비스 담당 사서는 직관적으로 독자와 책을 연결시켜 주고, 또한 책으로부터는 독자에 대한 적절한 시사(示唆)를 얻을 수 있는 것이다. 그는 독자의 실태에 관심을 가지고, 한 권 한 권의 책이 독자를 찾아낼 기회를 기다리고 있다. 【542절】

3) 만화경(萬華鏡)

훌륭한 참고 서비스 담당 사서의 손을 거치면 도서관은 마치 만화경 그 자체와 같이 된다. 그의 숙련된 능력에 의해 도서관이 가지고 있는 다양한 면이 회전되어, 모두가 볼 수 있도록 되며, 아울러 각각의 면이 독자를 끌어들일 수 있는 것이다. 제3법칙은 이러한 서비스를 참고 서

비스 담당 직원에게 기대하고 있는 것이다.[7) 【543절】

4) 호별 조사

미국에서는 제3법칙의 주장을 실현하기 위해 각 가정의 가족수나 직업, 독서 흥미의 유무, 도서관 등록 유무 등을 조사하는 도서관이 있다. 그 카드 파일로부터는 그 지역 주민의 사회 생활과 지적 관심의 상황을 알 수 있는 것이다. 이 중에서 독자가 될 것 같은 사람을 찾아내어 실제 독자로 만드는 것이 참고 서비스 담당 직원의 업무가 되고 있다. 【544절】

55. 도서관 서비스의 입구: 신문·잡지실

어떻게 하면 잠재적인 독자를 실제 독자로 바꿀 수 있을 것인가? 그 제1단계는 이 사람들을 도서관으로 불러들이는 것이다. 그것에는 신문·잡지실을 두는 것이 좋을 것이다. 큰 공간을 차지하기는 하겠지만, 이 목적을 위해서는 넓이가 필요하다. 잡지실은 열람실보다도 혼잡하고, 신문실은 좀 더 혼잡하기 때문이다. 도서관인은 때때로 이곳으로 나가서 독자와 이야기를 나누고, 흥미를 보이는 사람에게는 서고나 열

7) 참고 서비스 담당 사서의 업무: 이 업무에 대한 사고 방식은 471절의 아래에서도 설명한 바 있다. 여기에서는 「만화경」으로 부터의 연상에 의해 생겨나는 참고 서비스 담당 사서의 업무에 대해 부가하고자 한 것으로 생각한다. 뛰어난 참고 서비스 담당 사서와 상담을 하면, 단지 당면한 것의 해결에 이르는 조언뿐만 아니라, 대화중에 사고 방식의 다양한 가능성이나 새로운 세계의 전개를 경험하는 경우가 있다. 그것은 훌륭한 편집자와의 대화에서도 그런 적이 있었다. 그러한 전개 방법을 랑가나단은 만화경이라고 표현했던 것으로 생각한다. 그것은 독자가 「이 사람과 이야기해서 좋았다」고 생각하고, 「도서관에 와서 좋았다」고 생각하고, 그렇게 말할 때인 것이다.

람실의 견학을 권한다. 그것이 계기가 되어, 서가상이나 열람실의 책이 독자를 찾아내게 되는 것이다. 최신 뉴스를 찾는 사람의 기대에도 부응하고, 그렇게 함으로써 ≪모든 책에게 그 책의 독자를 가질≫ 기회를 증가시키는 것이다.

1) 확률의 법칙

도서관에 오는 사람의 증가에 따라 ≪모든 책에게 그 책의 독자를 찾아낼, Every Book Getting Its Reader≫ 기회가 늘어난다. 즉 제3법칙은 확률의 법칙에 따르고 있다고 할 수 있을 것이다. 이 주장이 인정된다면, 당연한 귀결로서, 도서관은 세상에서 사용되고 있는 모든 홍보 방법을 채택하지 않을 수 없게 된다.[8)]【551절】

56. 홍 보

제3법칙의 주장을 별도로 하더라도, 도서관은 홍보를 필요로 한다. 도서관은 충실하게 발전하고 있는데, 도서관에 무슨 일이 일어나고 있는지

---

8) 도서관의 홍보: 여기에서 랑가나단은 홍보의 필요성을 도출하기 위해 확률의 법칙을 제안했는데, 그것은 본래의 의미 이외에, 도서관에 홍보는 어울리지 않는다는 분위기가 있었기 때문은 아닐까? 즉 도서관이란 「지(知)의 전당」이며, 고답적인 장소로, 지적 수준이 높은 사람을 위한 기관이다. 도서관을 알지 못하는 사람에게 굳이 알릴 필요는 없다는 분위기가 도서관계에도 도서관 주관 당국에도 강했었기 때문으로 생각된다. 1950년대부터 1970년대에 걸쳐 일본의 도서관계 일부에도 마찬가지의 분위기가 있어, 독자를 위해 도모하는 것 자체가 불필요하게 여겨지고, 그것을 위해 경비를 사용하는 것 등은 고려하지 않는다는 분위기가 있었다. 그만큼 빈약한 예산이었다는 사정도 있었다. 지금은 그것이 조금씩 변해가고 있다.

시민은 아무 것도 알지 못하는 경우가 많기 때문이다. 도서관의 서비스가 얼마나 넓은 범위에 걸쳐 있는가, 얼마나 깊게 자료를 수집하고 있는가 등을 말하면, 시민은 언제나 놀란다. 이것은 도서관장이 제공하는 서비스가 아직 지역 전체에 퍼져 있지 않다는 것을 보여준다. 홍보가 기업에 중요한 것과 마찬가지로, 공공 도서관에도 홍보는 필요한 것이다.

1) 그 가치

미국의 어느 도서관장은 「홍보란 여론에 영향을 미치는 기술」이라고 말하고, 기업이 홍보에 들이는 경비의 규모를 소개하고 있다. 도서관에서도 마찬가지이겠지만, 도서관인은 대부분의 경우 그 중요성을 깨닫지 못하고, 그것을 위한 경비도 갖고 있지 않다. 오늘날에는 어느 도서관이나 홍보에 시간과 사고를 들여야 하며, 신문, 영화, 라디오 등의 협력도 얻을 수 있다. 【561절】

2) ALA 홍보 라운드 테이블

도서관의 홍보는 현재 광고 기술의 한 전문 분야가 되어, 책도 출판되고 있다. 미국에는 ALA에 홍보위원회가 있어, 전임 담당자를 두고 연차 대회 때마다 「홍보 라운드 테이블」(Publicity Round Table)을 연다. 그 기본 방침은 「주 전역에 대한 홍보」로, 그 성과도 발표되고 있다. 【562절】

3) 전반적인 홍보

도서관의 홍보에는 전반적인 것과 개개의 도서관이 실시하는 것이 있다. 전반적인 방법은 예를 들면 「과일을 더 많이 먹읍시다」나 「카다르 직물을 더 많이 삽시다」와 같이, 특정의 과일상이나 직물업자를 언급하지 않은 채 실시하는 타입이다. 도서관계에서는 다음과 같은 여러 가지 점을 강조하게 될 것이다.

① 책과 독서의 가치: 다른 인쇄물과 비교하여, 책은 의견이나 정보, 영감(靈感), 교육 등의 점에서 우수하다.
② 도서관은 세금으로 유지·운영되는 공공의 시설이다.
③ 참고 서비스나 평생 학습, 그 밖의 알려져 있지 않은 면을 포함하여, 광범위하고 활발한 서비스가 있다.
④ 도서관을 고려하기 위한 표준적인 데이터: 예를 들면 시민 1인당 대출 권수나 장서수 등을 제공한다.

이와 같은 전반적 홍보의 중심이 되는 기관은 예를 들면 마드라스도서관협회나 또는 주(州)의 공공도서관국(있을 경우)이다. 계속적인 홍보의 매체로서는 신문 지상의 광고, 잡지 기사, 라디오의 토크 프로그램, 공개 강연, 순회 홍보, 사람의 눈을 끄는 간판, 리플릿이나 안내서의 무료 배포 등에 의해 실시한다. 일본도서관협회는 11월에 도서관 주간을 두고 있다.[9][10] 【563절】

---

9) 일본의 도서관 주간: 1923년 일본도서관협회 창립 30주년을 기념하여 전국도서관데이의 설정을 결의하였는데, 간토(關東)대지진이 발생하여, 도서관 표어 모집 이외의 기획을 연기하였다. 다음 해인 1924년 11월 1일부터 1주간, 도서관 주간을 가고시마(鹿兒島), 도쿠시마(德島) 등에서 실시하고, 1925년 11월에 도쿄에서 실시하였다. 당초에는 도서관 주간을 「독서 주간」으로 홍보하고 있었다. 현재 일본의 독서 주간은 11월 3일 문화의 날을 중심으로 하여 2주간 실시하는 것과, 4월 하순부터 5월 상순에 걸친 「어린이 독서 주간」(공히 독서추진운동협의회 주최)이 있다. 또한 「도서관 진흥의 달」은 매년 4월 30일 도서관

4) 개별 도서관에서 실시하는 홍보

도서관은 각각 자관(自館)의 서비스가 시민에게 보급되고 있는지의 여부를 확인해야 한다. 대도서관에서는 홍보 담당자를 두지만, 만일 없다면 도서관장의 업무가 된다. 그것은 잠재 독자를 진정한 독자로 하는 것을 목적으로 하기 때문이다. 그 결과 이용자가 증가하고, 제3법칙의 실현 기회도 늘어난다. 그 기본 원칙은 계속성, 다양성, 신규성, 명쾌함 및 개인에 대한 접촉이다.

도서관에서 가장 이용하기 쉬운 매체는 신문일 것이다. 항상 지역의 신문과 연락을 취하고, 신문 기사로서의 문체나 길이, 정기성, 그 밖의 것에 정통하여, 원고가 그대로 기사가 되는 것이 바람직하다. 테마는 최근의 신착 도서, 독자나 대출의 통계, 주중 또는 월중의 특정일의 이용 상황 등이다. 매월 1일의 석간(夕刊)에 도서관의 기사가 나오면, 2일이나 3일의 도서관 방문자가 늘어난다. 이 밖에 도서관의 대출 방법이나 책의 배열 방법, 개관 시간 등의 변경, 특별 컬렉션으로서의 기증 도서 소개, 시민을 위한 설비의 개선, 전람회나 집회, 행사를 위한 서지의 발행, 도서관인의 기고나 다른 도서관의 동향 등이 시민의 호기심을 자극하여 도서관에 대한 관심을 높이는 것이다.

기념일(도서관법 공포 기념일)에 이어 한 달 동안(5월 1일부터 5월 31일까지) 실시한다. 이 기념일은 전국도서관대회(1971년)에서 제정되었으며, 각지의 도서관에서 기념 행사를 실시하고 있다.

10) 역자주: 한국의 도서관 주간은 1964년 3월 13일에 한국도서관협회가 4월 12일부터 18일까지를 도서관 주간으로 정한 이래로 현재까지 지켜지고 있다. 한편 「독서의 달」은 1994년 7월에 제정된 「도서관 및 독서진흥법 시행령」에 따라 9월을 독서의 달로 지정하여 실시되고 있다.

낱장 자료를 자관(自館)에서 인쇄하여 배포하는 방법도 있다. 신착 도서, 특수한 서지, 서비스 방법의 변화, 참고 서비스 담당 직원에 의한 「1인」에 대한 서비스의 소개 기사, 그 밖의 공지 사항 등을 도서관에 등록하고 있는 사람이나 앞으로 도서관에 올 사람에게 배포한다. 이것은 도서관이 스스로 기획하고 편집하는 업무이다. 그리고 도서관인이 자료에 대해 잘 알고 있는 것을 전달하게 된다. 이것을 보존해 두면 장래의 도서관 안내의 편집에 도움이 된다.

도서관보를 비롯한 도서관 안내나 보고 등의 정기간행물은 비용은 들지만 효과적이다. 그 목적은 다음과 같다.

① 공공 시설로서의 도서관에 대한 시민의 관심을 이끌어낸다.
② 도서관의 모든 활동과 시설에 대해 알린다.
③ 시민이 현재 가지고 있는 취미나 관심과 책을 연결시켜 준다.
④ 독자가 이전에 빌렸던 책과 새로운 테마를 연결시켜 준다.
⑤ 새로운 관심을 불러일으킨다.
⑥ 알고자 하는 것을 책을 통해 차차 조사해 가는 방법을 계속적으로 독자에게 제공해준다.
⑦ 직업 교육이나 그 밖의 교육을 받거나 교양을 높이는 것을 매력적이면서도 차분하게 뒷받침해준다.

정기간행물로서 출판하는 경우는 신착 도서의 해제 서지, 관심을 불러일으키는 시사 문제에 관한 책, 다양한 도서관 활동의 설명이나 지역의 흥미를 끄는 테마로 도서관에 관계가 있을 것 같은 것을 게재한다. 이것은 무료로 배포하는데, 광고를 모집하지 않는 한, 한 도서관에는 비용 부담이 너무 클 것이다.

쇼윈도(show window) **전시**도 도서관의 홍보 수단이다. 전시 자료를 주의 깊게 선정함으로써, 지금까지 서가에서 꼼짝하지 않았던 책이 독자를 찾아내는 경우도 있다. **라디오** 또한 도서관의 홍보에 사용된다. 도서관이 단독으로 또는 주내(州內)의 다른 도서관과 협력하여, 책이나 잡지의 소개, 책과 저자에 대한 이야기 등을 매주 15분씩 방송하여 청취자로부터 환영받는 예도 있다. 큰 효과가 있지만, 검토 과제도 남아 있다.

광고 홍보에는 **포스터**도 사용한다. 도서관에서 사용할 수 없는 홍보 매체는 아무 것도 없다고 해도 좋을 것이다. 마케팅의 수단에 의한 것으로서는, 1년에 한 번 주(州)의 농업 축제에서 군내에 있는 도서관의 지도를 전시하고, 아울러 그 도서관 시스템에 대한 설명을 부채에 인쇄·배포하여, 아직 도서관을 갖고 있지 않은 군의 사람들에게 강한 인상을 주었던 미국의 예도 있다.

홍보의 가장 단순하면서도 비용이 들지 않는 방법은 **독자와의 직접적인 대화**이다. 집회 장소에서 독자에게 말을 걸 수 있는 개성과 능력을 갖춘 도서관인이 한두 사람만 있으면, 잠재적 독자에게 말을 걸어 도서관의 단골로 삼을 수 있을 것이다. 이 때 오랫동안 이야기에 열중하거나, 화제가 너무 추상적이어서는 안 된다. 도서관에 대해 잠깐 이야기한 뒤에는, 거기에 모여 있는 사람들에게 도서관으로서 무엇을 할 수 있는지 구체적인 화제에 들어가야 한다. 열심인 나머지 서비스의 이야기를 너무 확대하면 제3법칙의 효과를 저해하게 된다. 개인에 대해 영향을 미치고자 하는 이러한 노력의 결과로, 마드라스 대학에서는 도서관의 이용이 증가하였다. 그 후에는 요원의 부족 때문에 홍보 활동을 중단하지 않을 수 없었지만, 머지않아 부활할 예정이다. 【564절】

57. 확장 서비스

이상에서 살펴본 홍보 활동과는 별도로, 도서관의 확장 서비스라는 새로운 업무가 있다. 책과 사람을 연결시켜 줌으로써, 도서관을 독서를 장려하기 위한 지역 센터로 삼는 것이다. 이것은 제3법칙이 높이 평가하고 열의를 기울이는 업무이다.

1) 읽고 쓰는 능력을 갖지 못한 사람에 대한 낭독 서비스

오늘날 인도가 안고 있는 시급한 과제는 도서관이 독서 시스템의 기관으로서 역할을 수행하는 것이다. 읽고 쓰는 능력을 갖지 못한 성인들이 도서관의 이익을 누릴 수 있는 유일한 기회가 낭독 서비스이다. 이것은 도서관 서비스의 일환으로서, 낭독 전문가 또는 사회 봉사에 열의를 가진 사람들에 의해 이루어진다. 이를 통해 인도 성인 교육상의 문제 하나가 확실하게 해결되는 것이다. 이 책의 338절에서는 제1차 세계대전 후에 러시아에서 있었던 실례를 들어두었다. 【571절】

2) 번역문을 필사로

남인도(南印度)의 언어로 작성된 현대적인 책이 적기 때문에 낭독 서비스를 더 강화하지 않으면 안 된다. 글자를 읽을 수 없는 사람이 책에 관심을 갖게 되는 것은 일상의 업무에 도움이 되는 지식의 낭독 서비스로부터 시작된다. 그러한 책은 지역의 언어로는 출판되지 않기 때문에, 영어로 된 책을 번역하여 낭독해주는 것이 도서관의 업무가 된다. 지역에서 영어를 할 수 있는 사람을 찾아내고, 도서관이 1년에 한두 책 이러한 종류의 책을 만들어, 다른 도서관과 정기적으로 교환하여, 지식의 범위를 점차 넓히는 것이다. 대학 출판부와 같이 영리를 목적으로 하지 않는 출판사가 있으면 좋겠지만, 없더라도 이것은 「공급이 수요를 만들어내는」 유일한 방법으로서, 상업 출판사의 관심을 끌 수 있을 것이다. 도서관의 업무로서는, 이 언어(타밀어 등)로 된 출판 사업이 성립하기까지의 일시적인 서비스가 될 것이다. 【572절】

3) 독서 동아리

독서 클럽을 결성하기 위해서는, 우선 공통의 관심을 가진 사람들이 도서관에 모여, 한 클럽에 한 사람의 리더와 2인에서 5인의 동료로 동아리를 만든다. 도서관은 책이나 잡지를 공급하고, 작은 회의 장소를 제공한다. 이 동아리는 회원의 흥미의 전개에 따라 도서관의 장서를 이용하기 때문에, 제3법칙은 커다란 만족을 얻게 된다. 【573절】

4) 지적(知的) 센터

도서관과 같은 기관이 지역에 뿌리내리기 위해서는, 서비스를 제공하는 사람과 제공받는 사람 사이에 마음의 상통과 상호 지원, 그리고 사람을 위해 일한다는 마음가짐을 육성하는 것이 필요하게 된다. 이를 위해 도서관은 딱딱함을 최소한으로 줄이고, 누구나가 편안하게 쉴 수 있도록 노력해야 한다. 근대적 도서관은 그로부터 자연적으로 발전한 것으로, 개인적 및 사회적 서비스뿐만 아니라, 지역의 모임에 장소를 제공하는 경우가 많아졌다. 그것은 그 독자들이 시민의 중심적인 존재가 될 것을 기대하고, 도서관이 그 지역의 지적 센터로서의 역할을 수행할 것을 바라기 때문이다. 또한 이러한 종류의 모임은 제3법칙을 실현할 수 있는 기회를 제공해준다. 영국의 작은 마을에는, 취미 모임이나 교육 문제, 직업 단체, 교회 관계 등 생활의 모든 면에 걸친 모임이 도서관에서 이루어지고 있는 예가 있다. 【574절】

5) 도서관 주최 강연회

도서관이 기획하고, 관내에서 실시하는 공개 강연회도 널리 이루어지고 있다. 근대적 도서관은 넓은 강당과 연단(演壇), 슬라이드나 영화의 영사 장치, 그 밖의 시설을 갖추고 있다. 도서관은 지역의 단체가 이 시설을 사용하는 것을 환영하지만, 도서관이 기획하는 도서관인이나 외부 전문가의 강연회도 실시한다. 그 경우는 이 날의 주제에 대한 책의 리스트를 만들고, 그것을 배포한다는 사실을 사전에 시민에게 알려두는 것이다. 그것이 참가자에게는 이야기의 참고가 되기도 하고, 또한 그 중의 책을 빌려서 돌아갈 수도 있다. 이야기의 주제는 편향(偏向)되지 않게, 현대의 화제나 사고 방식을 폭넓게 받아들이도록 하고, 슬라이드나 영화를 사용하여 효과를 높인다.

남인도(南印度)의 음악과 이야기로 구성되는 전통 예술 칼락세팜(Kalakshepam)은 도서관 확장 서비스의 큰 힘이 될 수 있다. 그러나 전통의 속박으로부터 탈각(脫却)하는 배려도 필요하다. 도서관에서 이루어지는 음악회도 제3법칙이 악보를 사용하는 사람을 찾아낼 수 있는 기회가 된다. 【575절】

6) 도서관에서 실시하는 책의 전시

강연회의 내용에 관련된 책의 전시도 자주 이루어진다. 강연회장에 가까운 홀에 전시를 하여, 강연회가 끝난 뒤에 참가자가 보도록 한다. 강연회장에 책을 전시하는 경우는 주의 깊게 배가(排架)하고, 설명용의 눈길을 끄는 안내판을 붙여 둔다. 도서관인이 옆에 있으면서, 흥미를 보이는 사람이 있으면 대출을 권한다. 주저하는 사람에게는 등록되어 있지 않더라도 특별 대출을 해준다는 사실과 2주 이내에 반납하면 된다는 사실을 알려준다. 그 사람이 책을 자택에서 펼치면, 「귀하는 이 도서관의 유지비를 세금으로 지불하고 있습니다. 부디 이용해 주시기 바랍니다」라고 적혀 있는 도서관 안내를 발견하게 된다. 이와 같이 하여 대출된 책이 반납되지 않는 일은 거의 없다고 한다.[11)]【576절】

7) 구연회(口演會)

지역의 어린이들과 도서관을 연결시켜 주는 것이 목적이다. 아마추어 극단에 의한 연극의 상연도 자주 이루어지고 있는데, 이 시간의 목적이 제3법칙을 실현하기 위한 것이라는 사실을 잊지 않도록 해야 할 것이다.【577절】

---

11) 책 속에 끼워 넣는 도서관 안내: 이 아이디어는 일본에서도 이전부터 행해졌으며, 독자의 호기심에 말을 걸고 있다. 성인도 어린이도 「읽어라」라고 강요받으면 읽지 않게 되지만, 자신의 호기심으로 움직이면 읽게 된다. 그리하여 그 내용이 자연스레 머리에 들어오는 것이다. 이러한 자연스런 안내 방법은 가정 문고나 지역의 소규모 도서관, 학교도서관 등에서 손수 만든 광보로서 이루어지고 있으며, 그 자세, 센스, 그 내용과 표현 등에서 핫이슈가 되는 경우가 있다.

8) 축제와 행사

지역의 축제나 축일(祝日), 저명한 인물의 기념일, 수확제(收穫祭)에는 사람이 많이 나온다. 그곳에 도서관이 참가하는 것은 제3법칙의 사고 방식을 실현하는 데 큰 힘이 된다. 【578절】

58. 책의 선택

책의 선택에 대해서는 제2법칙과 재정의 관계를 논할 때, 약간 다른 관점에서 고찰한 바 있다(461-464절). 이 문제를 제3법칙의 요구를 만족시키는 수단의 하나로 생각하면, 그 최대의 요점은 그 도서관에 항상 오는 사람들의 취향과 필요성을 중요시하는 데 있다. 그것을 알기 위한 실마리는 다음과 같다.

① 독자로부터 직접 받은 힌트
② 즉답(卽答)할 수 있었던 질문의 기록에서 얻은 힌트
③ 참고 서비스 담당 사서가 근무중에 기록한 매일의 메모
④ 지역 주민의 주된 직업
⑤ 국가나 지역에 중요한 예측 가능한 행사
⑥ 지역의 지도적인 입장에 있는 사람들과의 면담에서 얻은 인상

1) 무원칙한 선택

자료 선택에 대해 이와 같이 주민의 잠재적 요구를 존중하고 충분히 고려하고 있으면, 제3법칙을 실현하는 데 곤란할 게 없다. 그러나 그것

은 도서관이 이용자의 요구에 무조건 따르라고 하는 것은 아니다. 도서관에는 독자의 독서 취미가 건전한 방향으로 나아가도록 착실하게 의식적으로 노력할 책임이 있는 것이다. 제3법칙이 각 도서관의 선택 방침에 이의를 제기하는 일은 없겠지만, 그러나 무계획적인 선택에 대해서는 항의한다. 그것은 현재와 미래에 걸쳐 있는 독자의 요구에 대해 무관심해서는 안 되기 때문이다. 자료 선택은 매일매일 독자의 요구와 출판계의 진전, 그리고 예산액을 함께 고려하면서 나아가야 하는 중요한 업무인 것이다. 【581절】

83. 제3법칙과 도큐멘테이션 [제8장의 보완]

제3법칙에 대한 최대의 비판은 오늘날의 사회 경제적 조건중에 ≪모든 책에게 그 책의 독자를≫을 실현하고자 하는 점을 향하고 있다고 생각한다. 그러나 경제계에 도서관 서비스가 진출함으로써, 도서관이라는 업무의 급속한 발전이 이루어지게 될 것이다. 세계는 정치의 영역보다는 훨씬 일찍 경제계가 하나로 결합되고 있다. 그러므로 도서관 서비스의 경제적 기능은 긴급한 과제인 것이다. 그것은 826절에서도 언급하였다.

나아가 오늘날의 경제계의 변화는 필연적으로 연구 체제의 변화를 가져오게 되고, 그로부터 연구를 뒷받침하는 서비스 체제에 대한 요구가 생겨나게 된다. 그것은 다음과 같은 사실을 바탕으로 하고 있다.

현재 의식주로부터 교통·통신을 포함하는 생활 전반에 걸쳐, 종래의 자연적 또는 반인공적인 생산물이 차차 과학적 내지 화학적 제품으로 대체되고, 그것을 안전하면서도 적확(的確)하게 생산하고 공급하는 것에 대해서도 연구할 필요성이 생겨났다. 종래의 연구는 소수의 천재에 의해 생각나는 대로 이루어져 왔지만, 지금은 사회의 요구를 바탕으로 하여 조직적으로 연구를 진행하지 않으면 대응할 수 없게 되었다. 예를 들면 전지를 병렬한 경우 그 전압은 변하지 않지만, 직렬하면 몇 배의 힘을 얻을 수 있는 것과 마찬가지라고 말해도 좋은 것일까? 【83절】

1) 계통적 연구에 대한 재투자

이 연구는 경제계에 대한 도서관 서비스의 급속한 진출에 큰 관계가 있다. 우선 이것은 연구 조직에 의해 이루어지는데, 그 구성원의 연구 능력은 사람에 따라 차이가 있다. 천재와는 다른 것이다. 천재는 자립하여 연구하는 사람으로, 도서관 서비스의 지원을 필요로 하지 않는 것이 보통이다. 이에 대해 업무로서 연구를 분담하는 사람들에게는 적절하고 망라적인 도서관 서비스가 필요하다. 이것은 전 세계에서 계통적 연구가 진행됨에 따라 점점 더 필요해지게 되었다.

계통적 연구의 진전에 따라, 대량의 논문이 생산된다. 그 결과 한 연구소 안에서조차 연구자 간의 연락이 없으며, 서로의 연구 제목조차 알지 못한 채 연구 성과가 발표되고, 이용되지도 않은 채 축적되는 데 불과한 결과를 초래하고 있다. 여기에서 도서관 서비스의 필요성이 나날이 두드러지게 되는 것이다. 새로운 정보를 연구자 한 사람 한 사람에게 전해주고, 그것을 통해 상호간에 연구 분야를 알고, 중복된 연구를 피하고 협력하면 커다란 낭비를 줄일 수 있을 것이다. 그리하여 새로운 도서관의 기술로서 도큐멘테이션이 개발되었던 것이다. 【831절】

2) 「책」이라는 형식으로부터의 해방

경제계와의 관계에서 또 하나 주목해야 할 요인이 있다. 그것은 도서관이 책이나 잡지를 서비스의 단위로 하는 한, 계통적 연구에는 도움이 되지 않는다는 사실이다. 서비스 단위는 하나의 논문, 한 권의 책의 하나의 장(章), 하나의 단락으로 해야 한다. 즉 서비스 단위를 매크로하게 파악하는 것이 아니라, 이제 막 싹트기 시작한 마이크로적인 사고 방식을 채택하는 것이다. 그 서비스가 효과적이고, 신속하며, 아울러 목표에 직결되는 것이 바로 오늘날의 사회가 요구하는 것이다. 그것을 도큐멘테이션 서비스라고 부르게 되었던 것이다.

이 업무와 제3법칙 및 다른 법칙을 융합하기 위해서는 「책」이라는 단어의 의미를 그 형식으로부터 해방시킬 필요가 있다. 앞으로는 「책」은 문헌(document)이라는 의미로 사용해야 하며, *Heading and Canons* (S. R. Ranganathan 저, 1955)에서는 그 정의를 시도한 바 있다. 그러나 오늘날 사람의 마음을 통하지 않은 채 기계적 수단에 의해 기록이 만들어지고, 그것이 문헌으로서의 중요성을 증가시키고 있다는 사실로부터 생각해보면, 이 정의도 시대에 뒤떨어지게 되었다. 이에 대해서는 "Documentation in Many Lands"(*Annals of Library Science,* S. R. Ranganathan 저, 1956)에 발표되어 있다. 【832절】

3) 「책」의 형식으로부터의 해방과 분류법

이 사고 방식의 효과는 분류법에서 가장 현저하게 나타난다. 분류 기술은 그 초기에 책의 서가상의 위치를 결정하기 위해 만들어졌기 때문에, 매크로적인 사고 방식을 바탕으로 하는 피상적인 방법으로 충분하며,

그 시작부터 열거식(列擧式)이었다. 그러나 서비스 단위가 마이크로 지향적으로 대체되면, 심층 분류법(depth classification)이 필요하게 된다. 그것이 분석 합성식이다. 그 안에서는 장래의 전개가 예상되는 부분이나 약간의 형식 구분에만 열거식이 사용되고, 대부분의 구성은 상 분석(phase analysis), 패싯 분석(facet analysis), 존 분석(zone analysis)과 분류의 기본 범주(fundamental category), 아이디어의 차원과 기호법의 차원의 분리(이것들은 모두 인도에서 개발된 것)에 의해, 그 유효성이 인정되고 있다. 1957년에 인도에서 열린 국제 회의의 공식 기록에도 저자의 공적이 기재되어 있다.[12) 【833절】

---

12) 인도에서 개발된 분류법: 이것은 랑가나단 자신에 의해 개발된 콜론분류법(CC: Colon Classification)을 지칭하고 있다. 책이나 논문의 주제를 분석하여, 각각을 기호로 표현하고, 그것을 일정한 순서에 따라 합성하여 분류 기호로 하는 방식이다. 그때까지는 분류법이라고 하면 열거식(DDC, LCC, NDC 등)이었기 때문에, 여기에서 완전히 성격을 달리하는 분류법이 생겨나게 된다. 종래의 열거식에서는 분류법이란 모든 명사(名辭)를 포함하거나 대표하지 않으면 안되고, 그것이 하나의 체계 아래 조직되어 있는 것으로 생각되고 있었는데, 콜론분류법은 분석 합성식이라는 새로운 사고 방식과 실천을 제시한 것으로서 높이 평가되었다. 한편, 그 사고 방식을 독단적이라고 하는 비평도 있는데, 그것은 이 분류법에 랑가나단의 몸에 밴 인도적인 사고법이나 세계관이 강하게 영향을 주고 있고, 그것이 서구적인 사고법이나 세계관과 꼭 일치하지는 않기 때문이 아닌가 생각한다. 이러한 의견의 차이는 인간이 만들어낸 감각이나 사고, 행동의 기록을 하나의 체계로 정리하고자 하는 분류법이 안고 있는 커다란 과제라고 해야 할 것이다.

제 6 장

제4법칙
≪독자의 시간을 절약하라≫
Save the Time of the Reader

제1법칙의 ≪책은 이용하기 위한 것이다≫라는 획기적인 발언으로부터 제2, 제3법칙을 거쳐 여기에 이르면, 돌연 실무의 목표와 같은 표현을 만나게 된다. 이에 당황하는 사람이 결코 적지 않을 것이다. 그리고 이로부터 다른 네 개 법칙도 또한 같은 실무 레벨의 것이라고 생각하는 것은 자연스런 귀결일는지도 모른다.

그러나 이것은 도서관의 바람직한 모습을 독자의 입장에 서서 불과 여섯 개 단어로 표현한 것이다. 세금을 지불하여 도서관을 유지하고, 그것을 사용하여 자신의 문제를 해결하면서 살아가는 독자에게는, 도서관의 서비스가 신속하면서도 적확(的確)하고, 자신의 목적에 적합해야만 한다. 만약 그렇지 않다면, 독자는 문제 해결의 방법을 상실하고, 그 의욕마저도 잃어버리게 될 것이다. 아니면 다른 마을의 도서관에 가서 같은 절차를 반복하게 된다. 이 때문에 독자가 잃어버리는 시간은 정말로 큰 것이다. 그렇게 생각하면, 이것은 도서관으로서 바람직한 모습의 궁극적인 표현이며, 이렇게 함으로써 비로소 제4장에서 말하는 「주민이 즐겁게 도서관세를 지불」하는 상태가 출현하는 것이다.

그런데 이것은 일상의 서비스 중에 도서관인이 명심해야 하는 것이기는 하지만, 그것만은 아니다. 도서관 서비스의 실무와 이념이 하나로 통합되어, 도서관의 바람직한 모습의 실현을 지향하여 노력하지 않으면, 독자의 만족은 얻을 수 없는 것이다. 그리고 그 「독자」의 범위는 어린이로부터 일반 시민, 학생, 연구자, 나아가 읽고 쓰는 능력(식자(識字) 능력)을 갖추려고 노력하는 사람들까지를 포함하는 전 국민으로, 나아가 전 세계의 사람들로 크게 넓어져가고 있다. 그러므로 제4법칙은 제1법칙부터 제3법칙까지의 종합의 장이라고 생각할 수 있을 것이다. 지금까지의 단계에서 구축되어 온 도서관 서비스 전체를 「시간」이라는 면에서 분석하여, 도서관의 바람직한 모습을 찾는 것이 이 장이다. 그리고 다음 장에서는 시간과 함께 성장하는 도서관에 「공간」을 도입하고, 한 도서관의 스페이스 확장에서 시작하고, 계속하여 그것을 넘어서서 전 세계 도서관의 제휴를 가져오는 것이다.

이 장에서는 과거의 폐가 서고(閉架書庫) 시대의 독자의 시간 낭비에서 시작하여, 개가제(開架制), 목록, 서지, 참고 서비스, 대출과 반납, 수서 작업과 중앙 집중식 편목 업무, 그리고 독자에게 중요한 도서관의 소재지 검토를 다루고 있다. 또한 제8장으로부터의 보완 부분에서는, 분류·편목 작업의 집중화, 책의 유통 이전에 이루어지는 분류·편목 작업, 국제적 및 국내적 도큐멘테이션, 그리고 도서관 작업의 기계화를 다루고 있다.

60. 서 언

지금까지 살펴본 세 법칙은 도서관의 책을 가능한 한 충분히 그리고 다수의 사람이 이용하는 데 도움이 되도록 하기 위한 것이었다. 그만큼 당연한 것만을 이야기한 것으로 보였을는지도 모른다. 그러나 이것이 도서관의 기초적인 생각으로 나타났던 것은 불과 수십 년의 일이며, 지금까지의 고찰은 이 세 법칙의 의미에 대한 검토와 함께, 도서관의 전도(前途), 방침 및 관리의 다양한 모습과 그것이 만들어내는 변화에 대해 살펴보았다.

1) 다른 법칙과 비교하여

이 장에서는 이 제4법칙을 실마리로 하여, 몇몇 과제를 검토하고자 한다. 이 법칙은 제2법칙과 마찬가지로, 독자의 측에서 도서관의 문제에 다가가고자 하고 있다. 그러므로 ≪책은 이용하기 위한 것≫으로, ≪모든 독자에게 그 사람의 책을 제공해야≫ 하며, 나아가 ≪모든 책에게 그 책의 독자를 찾을 수 있도록 지원해야≫ 하는 것이 당연하다면, 도서관 관리도 그것을 실현할 수 있도록 형성되지 않으면 안 되는 것이다.

이 법칙은 제5법칙과 함께, 제1법칙부터 제3법칙의 요구를 점진적으로 실현함으로써 만들어진 상황과 관계가 있다. 그리하여 여기서는 시간이라는 관점에서 검토를 진행하고자 한다. 【601절】

2) 제4법칙의 표현

제4법칙은 ≪독자의 시간을 절약하라≫로 표현된다. 이것은 다른 법칙만큼은 자명하지 않을는지도 모른다. 그러나 이것은 과거에나 미래에나, 도서관의 관리나 업무 개선에 크게 관련되는 것이다. 그리하여 이 법칙의 중요성을 살펴보기 위해, 한 사람의 독자가 거치는 도서관 입관(入館)에서 퇴관(退館)까지의 프로세스를 시간의 절약이라는 관점에서 비판적으로 검토하고자 한다. 【602절】

61. 「폐가」(閉架) 시스템

도서관에 들어온 독자가 최초로 하는 것은 빌려갔던 책의 반납이겠지만, 이것은 대출에 관한 곳에서 살펴보고자 한다. 대출과 반납의 실무는 서로 관련이 있기 때문이다.

1) 책의 청구

폐가식의 도서관에서는 독자가 책을 선택하기 위해서는 목록을 사용해야만 한다. 여기에는 도서관에 따라 카드식과 책자식의 차이가 있다. 마드라스대학도서관은 7만권이라는 소규모이면서도 그 책자 목록은 35×30cm 정도 크기로 14권이 있다. 영국박물관도서관에서는 같은 형태의 목록이 1,000권에 달한다. 그 찾는 방법은 결코 간단치 않다. 여기에서 특정의 책을 찾는 것은 마치 미로(迷路)에 들어간 것과 같다. 그럼에도 불구하고 찾고 있는 책을 발견하고 나서는 틀리지 않도록 슬립에 기입하여 대출 직원에게 건네주고 책이 나오기를 기다린다. 영국박물관에서는 오전중에 슬립을 제출하고 오후에 책을 받는 것이 보통이다. 기다리는 시간을 절약하기 위해 전날 밤에 슬립을 제출하고 다음 날 아침에 받는 사람도 있을 정도이다. 【611절】

2) 실망의 원인

이용자가 많은 도서관에서 목록을 찾고 대출 카운터에서 기다리기 위한 시간의 손실은 큰 것이다. 또한 책을 입수하기까지에는 몇 번이나 다시 하는 경우도 있다. 슬립에 적는 숫자나 철자에 잘못이 있으면 직원이 책을 찾아낼 수 없고, 대출중이나 예약이 되어 있는 경우는 다른 책을 찾지 않으면 안된다. 또한 가지고 나온 책이 도움이 되지 않을 때도 있다. 목록 저록이 불충분하기 때문에 책을 찾을 수 없는 경우도 있다. 그러한 것이 도서관의 이용을 주저하게 만들어 버리는 것이다. 【612절】

3) 손실 시간의 측정

개가제(開架制) 도입 직전의 마드라스대학도서관에서 독자가 헛되이 보내는 시간을 측정해 보았더니 대략 30분이었다. 하루에 200명의 입관자(入館者)의 30분은 하루에 100시간, 1년에 36,500시간을 낭비하는 것이다. 개가제의 특질에 대한 논의에는 이 낭비되는 시간의 크기를 고려해야 한다고 제4법칙은 주장한다. 개가제 대 폐가제라는 큰 문제를 생각할 때는 원가 계산의 기본적인 사고 방식과 커뮤니티와 도서관을 전체로서 내다보는 넓은 시야가 필요하며, 망실(亡失), 그 밖의 시야가 좁은 관점이나 비난을 기초로 해서는 안 된다. 【613절】

4) 경영 기법의 영향

영미 양국과 같이 「시간은 돈이며」 「돈은 시간」이라고 생각하는 근대 사회에서는 ≪독자의 시간을 절약하라≫라는 말은 큰 의미를 갖는다. 근년의 경영 기법과 원가 계산에 대한 관심은 경영자에게는 물론 일반 시민에게도 급속하게 확산되고, 이를 바탕으로 개가제에 찬성하는 사람이 결정적으로 많아지게 되었던 것이다. 이에 따라 카운터에서 쓸데없이 기다리는 시간이 완전히 없어지고, 귀찮은 목록을 찾는 낭비는 최소한이 되어, 보통의 독자에게는 그 두 가지 다 불필요하게 되었다고까지 말할 수 있을 것이다.

폐가제의 도서관에서도, 도서관인이 독자의 시간을 절약하려고 노력은 하고 있었다. 대출한 책의 서명을 표시하는 **대출본 표시판**을 고안했던 것도 그 하나인데, 넓은 스페이스가 필요했다. 그것보다도 기다리는 시간 그 자체를 없애야 한다는 생각에서, **개가제**가 출현하여 제4법칙의 생각을 실현하는 유일한 방법이 되었다. 제2법칙, 제3법칙에 의해 제창된 개가제는 제4법칙에 의해 국민 경제라는 관점에서 더욱 강화되었던 것이다. 【614절】

62. 책의 배열과 서가의 배치

개가제를 보급하면 그것으로 제4법칙의 관심 전체가 만족되는 것은 아니다. 사용의 용이성의 성패를 결정하는 급소를 좌우하는 것으로서, 제4법칙은 서가에 대한 책의 배가(排架)와 서가 자체의 배치에 개가제에 대한 것과 마찬가지의 강한 관심을 가지고 있는 것이다.

1) 알파벳순 배열

저자명의 음순(音順)으로 책을 배가한다는 사고 방식은 자주 주장되고 있다. 그러나 독자의 대부분은 주제에 관심을 갖는다. 문학서의 경우에는 저자명으로라는 사고 방식이 있으나, 문학자의 전기나 문예 비평 책을 찾는 경우, 그 책의 저자는 그 주제가 된 인물 정도의 중요성을 갖지 못하는 것이 보통이다. 그러므로 그러한 책을 저자명으로 찾더라도 전기의 주제가 된 인물(피전자: 被傳者)의 책은 찾아낼 수 없을 것이다. 【621절】

2) 분류순 배열

책이 상세한 분류순으로 배열되어 있으면, 하나의 주제에 관한 책은 큰 그룹을 만들어, 서가상의 한 곳에 모아진다. 그리하여 독자가 책등(書背)을 30cm에서 60cm 정도만 훑어보면 무엇이 있는지 한눈에 알 수 있다. 제4법칙이 분류순 배가를 주장하는 것은 이러한 이유 때문으로, 이는 제2법칙과 제3법칙의 주장과도 일치한다. 【622절】

3) 각 유(類)의 상대적 배치

제4법칙은 나아가 배가법에 대한 새로운 사고 방식을 시사하고 있다. 그것은 어느 주제의 책과 그에 가까운 주제의 책을 가능한 한 가깝게 배가하는 것이다. 철학에 관심을 가진 독자는 종교와 심리에 흥미를 가질 것이 확실하기 때문이다. 그리하여 ≪폭넓은 관심을 가진 독자의 시간을 절약≫하기 위해, 철학의 한쪽 편에 종교, 다른 한쪽 편에 심리학의 책을 배가하는 것이 바람직한 것이다. 다른 주제에서도, 이러한 의미의 제4법칙을 항상 고려하여, 그 상대적 위치를 결정해야 한다.[1) 【623절】

1) 현재의 분류법: 랑가나단은 이와 같이 설명하고 있지만, 이것은 아직 통일적인 분류법이 각 도서관에 보급되기 이전에 각 도서관에서 독자적으로 주류의 순서를 결정하고 있었던 시대의 제언이라고 생각한다. 오늘날의 도서관에서는, 통일적인 분류법에 따라 배가를 하면, 어느 도서관에서나 랑가나단이 말한 것과 같이 된다. 즉 오늘날의 분류법은 제4법칙에 충실히 따르고 있다고 말할 수 있을 것이다.

4) 각 유(類)의 고정적 배치

이상의 방법에 대해, 주제의 위치를 고정하는 배가법도 제4법칙을 바탕으로 하여 결정한다. 독자의 요구가 많은 주제는 서고 입구의 가장 가까운 곳에 두고, 이용이 적은 주제는 가장 먼 곳에 두는 것이다. 마드라스대학에서는, 지리학 책 한 권의 대출에 대해 문학서는 100권 이상 대출이 이루어지고 있다. 그리하여 다수의 독자의 시간을 절약하기 위해, 서고 입구 가까이에 문학서의 서가를 두고, 서비스 카운터 바로 옆에, 곧바로 도움이 되는 참고 도서(디렉토리, 연감, 사전, 백과사전)를 두고 있다. 신착 도서는 자주 이용되기 때문에, 일정 기간은 카운터 가까이에 둔다. 이러한 방법은 이미 앞 장에서 설명한 바 있다.[2) 【624절】

63. 서고내의 안내

독자가 서고에 들어가서, 제4법칙을 바탕으로 하는 상대적 또는 고정적 배가법을 갑자기 마주치게 되면 당황하는 것이 당연하며, 그렇게

경우에 따라서는 이를 다시 해석하는 경우도 있다. 예를 들면 NDC의 590 가정학 · 생활과학에 분류되는 책을 각 도서관의 상황에서 어떻게 해석하는가는 자주 논의되는 것이다. 도서관에 따라서는, 육아에 관한 책을 교육학에 다시 분류하는 곳과, 일정 기간 교육학의 신착 도서와 함께 두고, 나중에 분류 기호의 해당하는 곳에 둔다고 하는 방침을 취하는 곳이 있다. 이러한 방법 또한 그 도서관에서의 제4법칙에 대한 해석 방법이라고 말할 수 있을 것이다.

2) 서고: 이것은 오늘날과 같이 서가 부분과 열람 부분이 일체가 된 개가제가 아니라, 그에 이르는 한 단계 바로 앞의 스텝으로서, 독자가 자유로이 책을 선택하는 방을 만들었던 것으로 생각할 수 있다. 서고 안은 어둡고 통로가 좁은 것이 보통이기 때문에, 제2법칙이 지시하는 대로 통로를 넓게 하고 밝은 방을 마련했었을 것이다.

되면 제4법칙의 목적은 달성할 수 없다. 그리하여 독자의 시간을 절약하기 위해, 서고 안에 효과적인 안내도를 표시하게 된다.

1) 평면도와 안내판

서고의 입구에 서가의 위치와 그곳에 소장되어 있는 분류 항목을 나타내는 크고 확실한 설명도를 둔다. 서가에는 그 열의 끝 옆판에 그 열에 배가된 책의 주제에 대한 안내판을 설치한다. 그 판에는 독자의 눈길을 끌 수 있도록 주제를 표시한다. 【631절】

2) 선반에 붙이는 안내 표시

선반 한 매마다 필요한 수의 선반 안내 표시를 붙인다. 마드라스대학에서는 3,500매의 선반 판에 6,000매의 선반 안내 표시를 사용하고 있다. 이렇게 많은 수의 안내 표시를 적절하게 관리하는 것은 커다란 과제이다. 이것은 제5법칙에 대한 검토에 맡기고, 여기에서는 다만 숫자가 필요하다는 사실을 언급하는 정도로 밝혀두고자 한다. 너무 많으면 독자를 혼란시키기 때문에, 선반마다 2매로 족할 것이다. 마드라스대학도서관에서는 잘못 쓴 목록 카드를 가로로 4등분하여, 굵은 활자체로 분류 항목을 기재하고, 만일 스페이스가 있으면 분류 기호를 적어 넣고 있다. 【632절】

3) 도서 라벨

독자는 입구의 평면도를 보고, 서가의 옆판에 설치된 안내판에 따라 특정 통로로 들어가, 선반에 붙어 있는 안내 표시를 훑어보고, 자신이 필요로 하는 책이 있을 것 같은 분류 항목의 서가로 인도된다. 그리하여 그곳에 모아진 책을 보고 자신이 선택하는 것이다.

독자가 특정 책을 찾고 있을 경우에는, 좀 더 시간을 절약하게 되는 효과적인 방법이 있다. 그것은 서고에 들어가기 이전에 목록을 통해 정확한 청구 기호를 찾아 두는 것이다. 그렇게 하면 그 청구 기호를 찾기 위한 가이드가 필요하게 되는데, 그것이 바로 책등(書背)에 붙어 있는 도서 라벨이다.

편목 작업과 동시에 라벨에 청구 기호를 기입한다. **라벨을 선택**할 때는, 붙이기 쉽고 잘 더러워지지 않는 조건을 중시하게 된다. 붙인 뒤에는 광을 내고 보호하기 위해 니스를 칠한다. 만일 더러워져 보기 곤란해지면 정기적으로 그리고 조직적으로 다시 붙이게 된다. 더럽혀지고 닳아 끊어진 라벨만큼 책의 인상을 나쁘게 하는 것은 없다. 그것은 깔끔하지 못한 인상을 주며, 도서관이 독자에게 주어야 할 반듯한 업무와는 어울리지 않게 된다. 연간 15만권을 대출하는 마드라스대학도서관에서는 라벨을 바꾸어 붙이기 위해 일주일에 10시간을 근무하는 직원 한 사람을 필요로 하고 있다. 이것은 도서관만의 좁은 입장에서 생각하면 큰 비용이겠지만, 도서관과 독자를 포함하는 커뮤니티라는 커다란 입장에서 생각하면 ≪독자의 시간을 절약한다≫는 점에서 경제적이라고 말할 수 있다.

라벨의 위치가 책등(書背)에 같은 높이로 가지런히 깨끗하게 붙어 있을 때 독자에게 서가는 매력적으로 보인다. 라벨을 붙이는 방법이 가지각색이면, 하찮은 업무로 간주될 뿐만 아니라 책을 찾는 독자의 눈을 피로하게 할 것이다. 경험에 의하면 라벨의 표준적인 높이는 책등의 하단으로부터 2.5cm 간격을 두고 붙이는 것이 좋을 것으로 생각한다.

라벨을 바꿔 붙이는 노력을 피하기 위해 **압형**(押型)에 의해 청구 기호를 직접 책등에 찍는 방법도 있다. 이것은 보통 제본시에 눌러 박는(箔押) 방법을 사용한다. 도서관 내에서 작업을 할 수 없으면, 제본사가 있는 곳으로 책을 보낸다. 【633절】

4) 외관상 사소하게 보일 수 있는 것

이러한 것은 사무상의 사소한 것으로 보일 수 있을는지도 모른다. 도서관의 업무를 알지 못한 채 자신의 장서에 대한 경험으로 판단을 내리려고 하는 사람에게는, 이와 같은 사소한 일이 얼마나 큰 의미를 갖는지 전혀 상상도 할 수 없을 것이다. 근대적 도서관의 전통을 갖고 있지 않은 인도의 상황에서는, 도서관을 알지 못한 채 발언하는 사람과 도서관인의 인식 차이 때문에 도서관장의 업무가 점점 더 수행하기 어려워지는 것 같다. 그러나 도서관은 ≪이용자의 시간을 절약한다≫는 제4법칙을 실현하기 위해 이러한 문제를 심사숙고하고 해결하지 않으면 안 되는 것이다.[3)]【634절】

---

3) 라벨의 위치에 대해: 전체적인 입장에서 보면 저자가 말하는 그대로이다. 그러나 일본에서의 개개의 책에 대해서 보면, 라벨에 의해 저자명이나 권수 표시가 가려져 이용자에게 불편을 주는 경우도 있다. 그것을 피하기 위해 가는 라벨에 글자를 찍어 사용하는 도서관도 있는데, 기재 부분이 보통 라벨의 1/5 정도이기 때문에, 상세한 청구 기호를 사용하는 도서관에서는 기재할 수 없다는 문제가 발생한다. 라벨의 위치와 기재 사항의 선택은 그 도서관이 가지고 있는 책의 특질이나 양, 이용 방식 등을 함께 고려하여 빠른 시기에 결정해야 하는 것으로, 단지 같은 높이로만 하면 좋은 것은 아니다. 아무리 해도 권수 표시가 가려져 버리게 되면, 라벨에 그것을 써넣는 등의 방법을 강구할 필요가 있을 것이다. 또한 도서관에 따라서는 일본의 경우 NDC의 주제별로 라벨 외곽의 색을 결정하는 곳이 있다. 색중에는 퇴색하기 쉬운 것도 있기 때문에 주의가 필요하다.

그것은 정말로 사소한 것 같지만, 독자가 분류 기호에 의해 책을 찾을 경우에, 실마리가 되는 것은 이 라벨이다. 주소를 믿고 가본 적이 없는 집을 방문할 때, 전주(電柱)나 다른 집의 표찰에 있는 주소에 의존하는 것과 마찬가지이다.

64. 목록 저록(目錄著錄)

대부분의 책은 복합적인 성격을 가지고 있기 때문에, 그것이 독자에게 시간을 낭비시키는 다른 요인이 된다. 모든 책이 하나의 주제만을 다루고 있는 것은 아니다. 특정 주제에 관한 훌륭한 발언이 한 권의 책의 한 장(章) 또는 수 페이지에 나타나 있다고 하더라도, 그 책이 취급하는 중심적인 주제가 아닌 경우가 있다. 주의 깊은 연구자는 도서관에 있는 모든 자료에서, 그의 테마에 관한 것을 모두 알고 싶어할 것이다. 만일 목록에 한 권의 책에는 단 하나의 저록밖에 없고 분출 저록(分出著錄)이 없다면, 연구자는 한 권 한 권 책을 보지 않으면 안된다. 예를 들면 서가상에는 5-6권이 정리되어 있는 데 불과한 주제가 분출 저록에는 30점의 자료가 있었던 경우도 있다. 또한 핵 변화에 관한 제만 효과(Zeeman effect)에 대해, 마드라스대학도서관에서는 서가상에는 4책, 분출 저록에는 17점을 얻을 수 있었다. 이렇게 함으로써 도서관은 이 연구자의 시간을 절약할 수 있었던 것이다.[4)]【641-642절】

1) 편목 담당 직원

이러한 분출 저록을 만들기 위해서는 높은 학술적 자격과 충분한 전문적 훈련을 받은 도서관인을 필요한 숫자만큼 배치할 필요가 있다. 마드라

4) 목록의 역할: 미국의 저명한 대학 도서관에서 학부 학생을 위한 개가제 도서관을 설치했었을 때의 일이다. 목록은 단지 책의 소재를 알면 되는 것으로서 기술을 간략하게 하였다. 그 도서관의 이용이 궤도에 오름에 따라, 이 목록에서는 하나하나의 자료를 식별할 수 없게 되고, 또한 참고 서비스에 도움이 되지 않는다는 사실도 분명해졌다. 그리하여 목록을 다시 고치는 시간이 많이 걸리는 일에 착수하지 않으면 안 되었다. 계획 단계에서는 볼 수 없었던 일이지만, 큰 마이너스를 가져왔던 것이다.

스대학에서는 연간 6,000권의 책 각각에 대해 평균 6매의 카드를 작성하고 있다. 그 비용은 대략 한 권 당 10아나(5/8루피)에 상당한다. 【643절】

2) 낭비의 반복을 줄이는 일

도서관 주관 당국은 이 정도의 지출에도 직원의 확보에 주저하는 것이다. 그리하여 제4법칙은 좁은 시각을 취하지 않고 국가 전체의 입장이라고도 할 수 있는 넓은 입장에 설 것을 요구한다. 그렇게 하지 않으면 높은 급여를 받는 연구자들이 문헌 조사를 위해 쓸데없는 시간을 허비하게 된다. 도서관 직원이 한 번만 처리해두면, 국가의 경제에도, 연구자로서 최고의 능력을 가진 사람들에게도, 쓸데없는 반복을 시키지 않는 것이다. 연구를 그 정도까지 퇴화시켜서는 안 되기 때문이다. 【644절】

3) 연구상 불리한 조건의 회피

세계의 모든 국가는 연구 활동에서 경쟁하고 있다. 인도의 어느 분야의 연구자도 이 경쟁에서 빤히 알면서도 불리한 조건에 빠져서는 안 된다. 도서관이 충분한 분출 저록을 작성함으로써 그들의 귀중한 시간을 지켜줄 수 있는 것이다. 【645절】

4) 분 업

이와 마찬가지로, 매년 교수는 물론 학생이 문헌을 찾는 데 시간을 허비하고 있는 것은 국가적인 낭비라는 사실을 생각해보라. 우수한 교수나 학생의 두뇌를 활용하는 것도 경제적인 방향에 두어야 한다. 제4

법칙은 모든 주제에 대해 철저한 리스트를 만드는 도서관인을 도서관에 배치하고, 연구자, 교수, 학생들과 업무의 분담을 추진하는 것이 경제적이지 않은지 묻고 있다. 이 일은 한 번 해두면 줄곧 사용할 수 있기 때문이다. 【646절】

65. 서 지

제4법칙의 제안에 대해, 분출 저록의 작성은 책에 한정되는 것인지 잡지에도 해당하는 것인지에 대한 의견이 제기되고 있다. ≪독자의 시간을 절약≫하는 것을 실현하기 위해서는, 당연히 잡지의 내용도 분류순으로 찾을 수 있도록 해야 한다.

1) 잡지 기사 색인

잡지의 수는 60,000종이라고도 하는데, 마드라스대학도서관에서는 약 1,000종, 예일대학도서관에서는 11,500종을 입수하고 있다고 한다. 여기에는 실로 많은 주제의 논문이 포함되어 있다. 바쁜 연구자의 시간을 그 조사에 허비하기보다는, 학문의 세계 전체에서 보는 전문 직원이 조사하고, 그 결과를 모든 연구자가 사용할 수 있도록 하는 것이 더 경제적이라고 생각한다.

제4법칙은 이 일을 연구자 개인이 하지 않아도 될 수 있도록 할뿐만 아니라, 개개 도서관의 일 또는 한 나라의 일을 넘어서서, 국제적인 단체에 그 업무를 맡기고자 생각하고 있는 것이다. 【651절】

2) 그 실례

1928년에 라만 경(Sir C. V. Raman)이 발표했던 새로운 방사능에 관한 라만 효과는 전 세계의 물리학자가 관심을 가지고 많은 논문을 발표하였다. 연구의 중복을 피하고 새로운 방향을 찾아내기 위해 이 분야의 사람들이 모든 관계 논문을 용이하게 입수할 수 있도록 하는 것이 바람직하였다. 그런데 *Indian Journal of Physics*는 550편을 수록하여, 시간의 실질적인 절약이라는 효과를 가져왔다. 이 이외에도 제4법칙의 사고 방식을 존중한 것으로서, *International Catalogue of Scientific Literature*를 비롯하여, 14종의 서지가 나오고 있다. ≪독자의 시간을 절약≫하기 위한 서지에 대해서는 반 호센(Henry Bertlett Van Hoesen)의 *Bibliography: Practical, Enumerative, Historical*의 제3장부터 제9장에 상세히 설명되어 있다. 【652절】

3) 서지의 서지

제4법칙의 영향은 「서지의 서지」(a bibliography of bibliographies)가 다수 출판되었다는 사실에도 나타나 있다. 그 대표적인 것으로, 예를 들면 대로우(K. K. Darrow)의 *Classified List of Published Bibliographies in Physics*를 들 수 있다. 【653절】

4) 서지에 대한 분출 저록

제4법칙의 실천을 뒷받침하는 것으로서는, 영국박물관도서관이 발행한 목록이나 브리태니커백과사전의 각 항목 뒤에 있는 짧은 서지가 있다. 이용자가 안고 있는 문제의 상당수는 이것들을 사용함으로써 신속하게 해결할 수 있다. 도서관은 이러한 것들 없이는 하루도 견딜 수 없다. 또한 마드라스대학도서관에서는 책의 각 장의 말미나 권말에서 볼 수 있는 중요한 서지의 분출 저록을 작성하고 있다. 이것은 어느 곳의 도서관에서나 실행할 수 있는 단순한 일이다. 마드라스대학의 서지 분출 저록은 이제는 상당한 수에 이르고 있으며, ≪독자의 시간을 절약≫하기 위해 헤아릴 수 없는 서비스를 제공하고 있다. 【654절】

5) 단행본 서지와 누적 서지

제4법칙은 자료 선택을 위해 공평하고 대표적인 서지적 출판물을 입수할 것을 주장하였다. 이것은 커다란 공헌이다. 영국박물관도서관의 *The English Catalogue*나 그 연간 보유판은 각 도서관에 없어서는 안되는 것이다. 나아가 각 도서관은 그 성격과 독자의 관심 및 재정 규모에 따라 서지를 구입한다. 과학을 전문으로 하는 도서관이나 대학도서관이 간행중인 잡지의 누적 색인을 입수하는 것은 당연하며, 문헌에서 볼 수 있는 한의 저자의 서지와 주제 서지를 가능한 한 많이 구입해야 한다. 공공 도서관에서는 *Poole's Index* 또는 영국도서관협회나 National Book Council의 서지도 도움이 될 것이다. 【655절】

66. 참고 서비스

이상의 두 절에서는 도서관이 사용하고 있는 서지 도구에 대해 설명하였다. 그러나 그것을 충분히 갖추었다고 하더라도, 독자가 그것을 사용하여 구하는 책을 곧바로 찾아낼 수 있는 것은 아니다.

우선 개인을 대상으로 하여 초보적인 것을 가르칠 필요가 있다. 그것은 독자가 도서관의 적절한 사용 방법을 익힐 수 있는 것이다. 이러한 초보적인 것을 익힌 후에도 많은 독자는 참고 서비스 담당 직원에 의한 서지 서비스를 필요로 한다.

참고 서비스 담당 직원은 이 서비스의 실적을 쌓아감으로써 정확하면서도 단시간에 서지 서비스를 제공하게 된다. 초보적인 것을 익힌 후에도 독자는 서가상의 책을 어떻게 찾으면 좋을는지 알지 못하는 경우가 있다. 직원은 분류법과 편목법의 지식을 활용하여, 독자의 문제에 적확하면서도 신속하게 대응하는 것이다.

제4법칙은 제1법칙, 제2법칙, 제3법칙과 손을 잡고, 적절한 참고 서비스 담당 직원이 모든 도서관에 필요하다는 사실을 강력하게 주장한다. 이를 위한 경비는 국가의 가장 우수한 두뇌의 귀중한 시간을 절약한다는 점에서, 국가에 환원된다. 그렇지만 그 총액은 도서관 서비스의 충실화에 따라 매년 계속적으로 증가한다. 기업이 유지하는 전문도서관은 유능한 참고 서비스 담당 사서를 위한 경비를 아까워하지 않는데, 그것은 시간의 경제적 가치를 인식하고 있기 때문이다. 그러나 학술 도서관은 아직 이러한 인식이 불충분한 것 같다.

1) 두 가지 유형

제4법칙에서 보면, 참고 서비스 담당 직원의 업무는 다음과 같은 두 가지이다.

① 그곳에서 곧바로 대응할 수 있는 서비스
(즉답형 서비스: ready reference service)
② 조사를 필요로 하는 서비스(long range reference service) 【661절】

2) 그곳에서 곧바로 이루어지는 대응

이 목적을 위해 제4법칙을 실현하고자 하는 도서관은 관내의 눈에 띄는 곳에 안내 데스크(information desk)를 둔다. 가능하면 복수로 설치하면 좋을 것이다. 그리하여 독자가 도서관에서 자신의 일을 시작할 때, 이 서비스가 눈에 띄도록 한다. 그 업무는 다음과 같다.

① 질문의 해결에 시간이 소요될 것 같고, 전문적인 지원을 필요로 하는 독자를 적절한 장소나 전문 참고 서비스 담당 직원이 있는 곳으로 안내한다.
② 처음으로 도서관을 이용하는 독자를 적절하게 지원한다. 특히 목록이나 서지의 사용 방법, 분류법과 서가 배열 등.
③ 간단한 질문에 대해 회답한다. 연감, 디렉토리, 연간 행사 일람표 등, 그 데스크에 준비되어 있는 것을 사용한다.

안내 데스크에서 이루어지는 서비스에는 전화로 이루어지는 질문이 많이 포함되기 때문에, ≪독자의 시간을 절약≫하기 위해서는, **도서관인으로**

서의 자질이 중요하다. 그것은 기억력이 좋고, 연상 능력이 우수하여, 한 주제에서 다른 주제로 발상을 전환할 수 있는 능력을 갖추는 것이다. 동작도 늦고, 업무가 둔한 사람은 제4법칙을 위해 일할 수 없다. 【662절】

3) 조사에 시간을 필요로 하는 서비스

서고에 있는 독자의 행동에 주목해보자. 만일 도서관이 이상적으로 조직되어 있으면, 독자는 곧바로 자신이 찾는 분야의 서지에 상세한 전문가, 즉 참고 서비스 담당 사서를 찾아낼 것이다. 이 직원은 독자에게 상냥하게 응대하는 사람으로, 독자가 찾는 분야의 전문 용어에 정통한 사람이기도 하다. 독자는 그 분위기 속에서 망설이지 않고 자신의 과제와 요구를 확실하게 전달한다. 참고 서비스 담당 사서는 전문가에 대해 서비스를 제공해온 경험과 서지나 그 밖의 도구와 자료를 끊임없이 다각도로 다루어온 경험의 양면을 아낌없이 제공한다. 이것이 ≪독자의 시간 절약≫에 큰 역할을 하며, 다른 방법보다도 훨씬 더 신속하게 필요한 자료를 제공할 수 있는 것이다. 【663절】

4) 독자의 범위

독자가 젊고 경험이 없는 학생이라서 같은 분류 기호를 가진 책에서 다루는 내용의 상위(相違)에 대해 알지 못하는 경우가 있다. 참고 서비스 담당 사서는 그 학생의 지식에 걸맞는 한 권의 책을 건네주고, ≪자신의 시간을 절약≫할 수 있도록 한다. 또한 하나의 주제에 아마추어로서의 흥미를 보이는 학생도 있을 것이다. 참고 서비스 담당 사서는 그 학생의 지금까지의 독서 이력을 찾아, 필요한 예비 지식으로부터 시작하여, 단계적인 독서 리스트를 제공한다. 만일 그러한 참고 서비스 담당 사서가 없으면, 이 학생은 이해할 수 없는 책의 리스트를 제공받아, 시간을 낭비했을는지도 모른다. 바쁜 관리자나 어느 분야의 전문가가 도서관에 조사하러 왔을 경우에, 이 사람의 내방(來訪)이 사전에 알려져 있으면, 참고 서비스 담당 사서는 본인의 주제에 적절한 책을 선정해둔다. 그렇게 함으로써 이 독자가 도서관의 여기저기를 찾아 헤매면서 귀중한 시간을 잃어버리는 낭비를 피할 수 있는 것이다.【664절】

5) 하나의 실례

산스크리트어 학자가 북부의 마을로부터 와서, 인도 철학에 관한 자료를 찾았던 적이 있었다. 이 사람은 이 언어로 된 책의 특성 때문에, 실제로 내용을 보지 않는 한 필요한 책을 찾아낼 수 없다는 사실을 알고 있었다. 그러나 분류법에 의한 배가법도, 분류순 목록의 분석적 성질도 알지 못하고 있었다. 물론 참고 서비스 담당 직원의 존재도 알지 못했었다. 그리하여 며칠 간에 걸쳐 조사할 예정으로 마드라스에 왔다. 처음에는 몇 번 지원을 신청하고서도 귀를 기울이지 않은 채, 계속하여 책을 조사하였다. 그가 피곤해졌을 무렵, 다시 지원을 신청하고 서고 안을 한 바퀴 돌게 되었다. 이것이 참고 서비스 담당 사서에게 ≪독자의 시간을 절약≫할 기회를 제공했던 것이다. 이 학자는 인도 철학의 서가로 안내되었고, 그 결과 여러 날의 체류 예정을 그 날로 마무리 짓고 돌아갈 수 있었다. 도서관의 직원이 ≪그의 시간을 절약≫했던 것이다.【665절】

67. 대출 방법

독자가 책을 빌려갈 때의 절차가 「대출 업무」이고, 책을 돌려주고 도서관에 대해 지는 모든 책임에서 해방되는 절차가 「반납 업무」이다. 제4법칙의 출현 이전에는 이러한 업무들은 극히 복잡하고 낭비적일뿐이었다. 만일 도서관의 기능이 제1법칙, 제2법칙, 제3법칙의 이상에 도달할 수 있으면, 지금까지의 방법은 다음의 제5법칙에 이르러서는 사라져 버리게 될 것이다. 여기에서는 이 프로세스 중 시간의 문제만을 검토해 보고자 한다.

종래의 대출은 우선 독자가 저자명, 서명 및 청구 기호를 활자체로 기재하고, 그것을 대출 카운터의 직원이 **대출 일지와 개인 대출 원부** 양쪽에 옮겨 적었다. 이 장부는 한 부씩밖에 없기 때문에, 대출이 붐비면 상당히 시간이 걸렸다. 반납 때는 각각의 기록을 말소하는데, 이에 15분이 걸린다고 한다. 그런데 대출 기록의 요건은 다음과 같다.

① 어떤 책이 몇 권 그 날 대출되었는가?
② 누가 각각의 책을 빌렸는가?
③ 그날 반납될 예정인 책은 어느 것인가?

이 조건과 제4법칙을 만족시키기 위해, **복식 카드 시스템**이 고안되었던 것이다. 이것은 각각의 책에 북 포켓을 붙이고, 북 카드를 넣어두는 방식이다. 독자에 대해서는 대출 한도 권수와 같은 수의 대출권(貸出券)을 발행한다. **대출 절차**는 독자가 대출권과 책을 카운터에 제시하고, 담당 직원은 대출 기한표에 반납일을 날인하고, 북 카드를 북 포켓에서 꺼내, 각 권마다 대출권과 함께 모은다. 이로써 독자는 책을 가지고 돌아갈 수 있다. 이 방식에서는 10권 이상의 경우에도 1분 이내에 처리할 수 있다. 이렇게 함으로써 비로소 제4법칙의 이상이 실현되었던 것이다. 그 후 담당 직원은 **북 카드와 대출권을 한 조로** 정리한다. 여기에도 몇 가지 방법이 있는데, 어느 방법을 선택하든, 이 카드를 대출 일자 아래에 분류 기호순으로 배열한다. **반납 절차**는 담당 직원이 대출 기한표에서 반납일을 찾아내어, 북 카드와 대출권을 뽑아낸다. 북 카드는 북 포켓에 꽂아 넣고, 대출권은 독자에게 돌려준다. 여기에 소요되는 시간은 대출의 경우와 마찬가지로 극히 짧은 시간이다. 이것은 기본적인 형식으로, 각 도서관의 사정에 따라 다양하게 변화된 형식이 고려되고 있다.[5)]【671-676절】

---

5) 일본 도서관에서의 대출: 일본에서는 1950년에 도서관법이 제정, 공포되었다. 그 이전의 일본의 도서관에서도 대출이 이루어지고 있었지만, 그 상당수는 대출권을 구입하는 형식의 유료제였다. 메이지(明治) 시대에 관외 대출을 일본어로 「타쿠사게」(宅下げ)라고 표현했던 「관청 도서관」의 감각을 그대로 끌고 왔기 때문이었다. 또한 도서관 예산이 적고, 유료제에 의한 작은 수입이나마 내세우지 않으면 예산을 얻기 어렵다는 사정도 있었다. 1950년의 도서관법에 의해, 「도서관 자료의 이용은 무료」라는 원칙이 확립되었던 것이다. 아울러 새로운 양성 교육 중에 새로운 대출법을 가르치게 되고, 젊은 도서관인 사이에 「이용자를 위한 도서관」이라는 사고 방식이 보급되었다. 이 무렵부터 해외 도서관의 영향도 커지고, 대학 도서관 중에서는 1950년대 말부터 학생에 대한 대출을 시작한 곳이 있었다. 공공 도서관에서는 1965년 히노(日野)시립도서관이 기선을 잡고, 「이용자의 시간을 절약」하기 위한 더 간단한 방식을 채택하였는데, 그 실례가 전국의 공공 도서관으로 확산되었다. 그 후 대출용 기기도 일부에 도입되었는데, 1970년대 후반부터 IT 기기에 의한 대출 방식이 시작되었다.

한편 학교 도서관에서는 1954년 4월부터 이루어진 학교도서관법 시행 이래, 관외 대출은 당연한 것으로 이루어지고 있는데, 그 방식은 북 카드 방식, 즉 랑가나단이 말하는 복식 카드 시스템에 의한 것이 많다고 할 수 있을 것이다.

한편 랑가나단은 대출 기록의 요건으로서 3가지를 들고 있는데, 오늘날에는 독자의 독서의 비밀을 준수하는 것을 최대 요건으로서 여기에 추가하지 않으면 안 된다. 이전에 사용하던 대본판(代本板)은 절차의 복잡성과 함께, 이 점에 대한 배려 없이 공개되고 있는 도서관의 대출 방식으로서는 역할을 마쳤다고 말할 수 있을 것이다.

68. 직원의 시간

「독자의 시간을 절약」하기 위해서는, 참고 서비스에 충분한 인원이 필요하다. 그 인원이 늘어나고, 그 일에 사용하는 시간이 증가하면 증가할수록, 제4법칙 실현의 범위와 정도도 증대하게 된다. 그 말은 도서관의 직원이 이른바 기계적으로 하는 수작업에 소요되는 시간을 가능한 한 줄여준다는 것이다. 이와 같은 생각은 실업계로도 확산되고 있다. 이러한 제4법칙의 제언은 장기간에 걸쳐 도서관계의 주목을 받고, 훌륭한 결과를 만들어냈다. 즉 구식의 장부로부터 한 매 한 매를 따로 다루는 카드식으로 도서관의 업무를 바꾸고, 나아가 실업계에 카드식에 의한 사무 처리를 가져다 주었던 것이다.[6)]

책의 선택, 발주(發注), 입수, 편목 작업, 제적에 대한 일련의 기록에도 카드식을 채택함으로써 ≪직원의 시간을 절약≫시켜 준다. 카드 이전에는 모든 용지나 노트에 적어 넣는 대단히 번잡한 방식을 택하고 있었다. 그것을 카드식으로 바꿈으로써, 이전에 5분이 걸리던 것이 1분 만에 해결할 수 있게 되었던 것이다. 그 밖에도 부차적인 이점이 있는데, 카드 방식은 정확할 뿐만 아니라, 용이하면서도 신속하며, ≪도서관인의 시간을 절약≫하고, 그로부터 ≪독자의 시간을 절약≫하는 데

---

6) 도서관계에서 실업계에 미친 영향: 랑가나단이 말하는 실업계에 대한 영향의 예로서 버티컬 파일 캐비닛이 있다. 이것은 서류를 그때까지의 평적(平積: 표지가 보이도록 위로 향하게 쌓아 놓는 것)으로부터 파일에 넣어 세우는 방식(즉 카드식과 동일한 방식)을 채택하여 서류 정리를 능률화하였다. 이것을 세상에 선보인 것은 1893년 멜빌 듀이(Melvil Dewey)가 관여하고 있었던 라이브러리 뷰로(Library Bureau) 사라고 한다. 또한 고객 리스트를 카드식으로 유지하고 있던 회사의 실례도 있으며, 교육 현장에서도 읽은 책의 내용을 카드에 적어 두고, 그것을 통해 자신의 생각을 정리한다는 방식이 오랫동안 이루어지고 있었다.

도달했던 것이다. 이 카드 시스템은 5×3인치의 카드를 표준으로 하여, 자료 선택으로부터 발주, 수입(受入), 서가 목록 편성, 제적(除籍)의 각 단계에서 효과적으로 사용되었다.[7)8)] 【681-689절】

---

7) 카드 시스템에 대하여: 목록 카드의 크기에 관한 국제 표준은 12.5×7.5cm이다. 일본에서는 4×2.5촌(寸)이라는 크기의 카드를 사용했던 적도 있다.

카드 시스템은 관내 업무의 효율화를 도모할뿐만 아니라 도서관 사이에서 이루어지는 목록 카드 교환을 통해 상호 협력의 기초가 되고, 나아가 목록 카드 케이스의 표준화로 이어져, 인쇄 카드 사업을 비품・용품면에서 뒷받침하였다.

모든 것을 장부로 처리하고 있던 시대에서 생각하면, 카드 시스템이 「직원의 시간을 절약」했던 것은 분명하다. 랑가나단의 이러한 생각은 「장부에서 카드로」 나아가는 시대의 것으로서 적절하였다. 그러나 그 후 도서관이 커져 감에 따라 카드 매수가 늘어나면, 배열의 문제가 발생하였다. 많은 카드를 항상 실수 없이 기존의 카드 속에 끼워 넣는 것은 결코 간단한 작업이 아니다. 그리고 한 번 잘못 배열되면, 그 다음부터는 그로부터 오류가 재생산된다. 그 때문에, 우선 배열 요원으로서 신중하게 작업을 진행할 사람을 선정하고, 가배열 시킨 후, 책임자가 점검하는 업무가 추가되었다. 또한 카드가 점차 증가해가면, 카드 캐비닛을 증설하고, 기존 카드를 그곳으로 옮기는 일이 필요하게 된다. 이것은 이용자가 찾기 쉽도록 하는 점을 충분히 고려하고, 그 후의 증가에 따른 여유도 생각하여, 목록 카드 전체의 편성을 변경하는 것이다. 오늘날의 IT 기술에 의한 새로운 방식은 한 도서관의 작업만 보더라도 ≪직원의 시간의 절약≫에 크게 공헌하고 있다고 말할 수 있을 것이다.

그러나 문제가 없는 것은 아니다. 참고 서비스 담당 사서가 증원되고, 제4법칙이 바라는 대로 「독자의 시간의 절약」에 공헌하고 있는 것일까? 또 하나, 스스로 편목 작업을 하지 않게 된 것은 도서관인으로서 자료에 대해 알 수 있는 자기 훈련의 기회를 상실한 것은 아닐까? 그것을 어떻게 보완하는가는 금후(今後)의 커다란 과제라고 생각한다.

8) 카드 방식에서 이루어지는 기술(記述)의 생략: 랑가나단의 원저에서는 이후에 카드를 사용한 자료 선택, 발주, 수입, 도서 원부의 취급, 제적 등의 작업의 세부 사항을 설명하고, 카드식이 우수하다는 점을 주장하고 있다. 이것은 과거의 인도나 일본의 도서관에서는 경청해야 할 의견이었지만, 21세기의 사무 처리는 상당히 달라졌다. 책의 어느 곳에 주목하여 기록을 작성해야 하는가 하는 점에서는 버리기 어려운 면이 있으나, 이 책에서는 생략하고자 한다.

691. 중앙 집중식 편목 작업[9)]

≪직원의 시간을 절약≫하기 위한 또 하나의 방향으로서 중앙 집중식 편목 작업이 있다. 각 도서관에서 따로따로 목록을 만드는 것은 국가의 입장에서 보면 시간 낭비이다. 미국도서관협회(ALA)에서 20세기 직전에 소규모의 실험을 시도하였지만, 실제로 시작되었던 것은 1901년 미국의회도서관(LC)의 인쇄 카드 사업부터였다. 이것은 제4법칙의 획기적인 실현이라고 말할 수 있을 것이다.

미국의 도서관은 제4법칙을 바탕으로 중앙 집중식 편목 작업의 가치를 주저 없이 인정하였다. 1929년부터 1930년에는 이 카드를 예약 구입하는 도서관의 수가 5,011관에 달하였다. 한 권의 책에 대한 카드의 세트를 LC에서 구입하면 4아나(5/8루피)로 충분하지만, 자관(自館)에서 작성하면 10아나가 소요되었다. 현재 세계 각국의 도서관이 구입을 위한 검토를 시작하고 있다.

또한 제4법칙은 세계의 도서관계를 위해 국제적인 협력의 길을 열기 위해, 각국 간에 존재하는 편목 규칙의 상위(相違)의 조정을 강력하게 요청하게 될 것이다.[10)] 【691절】

---

9) 역자주: 랑가나단은 십진식 기호의 단점을 극복하기 위한 방안으로 섹터식 기호법을 채택하여 “8” 다음에 “9”가 아닌 “91,” “92” 등의 연속적인 기호를 사용한다. 타케우치 교수의 원문에는 이 번역본의 “691”과 “692”가 “68” 아래에 포함되어 설명되어 있으나, 이 번역복에서는 랑가나단의 원래 기호법과 장절 구분의 취지대로, “691”과 “692”로 분리하여 정리하였다.

10) 편목 규칙의 조정: 이 발언이 있은 후 30년이 지나, 1961년에 파리에서 국제편목원칙회의(ICCP: International Conference on Cataloging Principle)가 개최되어, 비로소 실현의 움직임이 생기게 되었는데, 랑가나단은 이 회의의 특별 게스트로 초대되었다.

692. 도서관의 입지(立地)

지금까지는 독자가 입관(入館)한 이후에 이루어지는 시간의 절약에 대해 살펴보았다. 제4법칙은 나아가 독자가 도서관에 오는 시간에 대해서도 생각하고 있다. 즉 ≪도서관이 이용자의 시간을 절약≫할 수 있도록, 그 위치를 결정해야 하는 것이다. 그러므로 대학에서는 모든 학생이 다니기 쉽도록 캠퍼스의 중심에 도서관이 있다. 또한 대학의 연구 부문은 가능한 한 대학 도서관 안에 설치한다. 자연 과학 계열 학부의 실험·연구 시설은 도서관과 같은 부지 안에 두도록 한다.

1) 시립 도서관의 입지 조건

시립 도서관의 입지 조건이 제4법칙을 만족시키는 것은 쉽지 않다. 대도시 안에 어느 곳으로부터도 쉽게 이용할 수 있는 장소를 찾아내는 것은 어려운 일이다. 서구(西歐)에서는 분관(分館)과 배본소(配本所)를 시내 각지를 망라하여 설치함으로써 제4법칙의 요구와 지리적인 문제를 절충하고 있다. 이것은 제1장에 제1법칙과의 관계 부분에서 살펴본 바 있다(제13절). 이상적인 것은 시민 누구나가 걸어서 10분 이내에 갈 수 있는 곳에 분관을 만들고 그 방식을 시 전체에 보급하는 것이다. 【6921절】

2) 농촌 지역

농촌 지역의 독자에게 제4법칙을 실현하는 데는 거리보다도 더 큰 곤란한 점이 있다. 집과 집 사이가 떨어져 있기 때문에, 도시에서 주택 옆에 분관을 만드는 것과 같은 일은 할 수 없다. ≪농촌에 사는 독자의 시간을 절약≫하기 위한 유일한 수단은 자동차 도서관(library on wheels)을 순회시키는 것이다. 잘 훈련된 도서관인에 의해 주의 깊게 선정된 책을 자동차에 싣고 정기적으로 마을의 도서관이나 배본소, 멀리 떨어진 곳에 있는 농가에 책을 보내는 것이다. 이에 대해서는 「책을 읽고 싶으면 도시의 도서관으로 오는 것이 좋다」는 반론이 나올 것이다. 그러나 시간의 귀중함에 도시와 시골의 구별은 없는 것이다. 제4법칙은 도시 도서관의 일만을 생각하고 있는 게 아니다. 우편이 지방의 가정에 매일 도착하는 것과 마찬가지로, 책이 각 마을에 한 달에 한 번 도착하는 것은 결코 이상한 일이 아니다. 미국에서는 어느 집에서든 1마일(1.6km 남짓) 이내에 분관이나 배본소를 가지고 있는 곳이 있을 정도이다. 【6922절】

3) 인도 최초의 이동 도서관

인도 최초의 이동 도서관은 두 마리의 소가 끄는 것이었다. 랑가나단의 이야기를 들은 독지가가 책의 운반차를 설계·제작하고, 최초의 자료비를 포함한 유지비까지 기부하였다. 1932년까지 242개 마을 중 75개 마을에 서비스 포인트가 만들어졌다고 한다. 【6923절】

84. 제4법칙과 새로운 도서관 실무 [제8장의 보완]

제4법칙은 참고 서비스의 일손을 확보하기 위해 ≪직원의 시간을 절약하라≫는 명제를 제기한다. 이것은 참고 서비스에 종사하는 사람을 도서관의 다른 업무로부터 방향을 돌리기 위한 것으로, 도서관 실무에 커다란 영향을 미친다. 그 가운데 몇몇 계획은 이미 착수하고 있지만,

그러나 제4법칙의 완전한 만족을 얻기 위해서는 여전히 한층 더 노력할 필요가 있다.

1) 분류·편목 작업의 집중화

제4법칙을 실현하기 위해서는, 분류·편목 작업을 집중하여 실시하는 것이 가장 효과적이다. 이러한 업무는 개개 도서관에서 따로따로 작업해야 하는 것이 아니며, 어느 도서관에나 공통되는, 그 책 자체의 성격을 표현하는 것으로, 그것을 사용하는 도서관에 따른 것은 아니다. 특정 그룹이나 지역의 요구에 따를 경우에는 지역적 변형의 규준(Canon of local variation)이 그 쌍방에 적용된다.

즉 이것은 도서관 서비스에 따라 책을 제공하기 위한 준비적·기술적 작업으로서 집중화할 수 있는 것이다. 그것은 *Headings and Canons*(S. R. Ranganathan 저, 1955)에 제시되어 있는 것처럼, 국내에서 출판된 책을 그 나라의 도서관 시스템이 이용할 수 있도록 하는 작업으로, 노동력의 79%를 절약할 수 있다.

외국 도서의 경우에도 각국이 집중화를 실행하고, 나아가 국제간에 정해진 정리 방법을 채택한다면, 지금까지의 작업량의 79%를 경감할 수 있다. BNB(British National Bibliography)는 제4법칙의 가장 좋은 실례이다. 1950년에 출발했을 뿐이지만, 이미 영국의 도서관 시스템에서 노동력의 경감을 달성하였다. 목록 카드의 인쇄와 공급에서는 주문을 받고 나서 하루 이내에 처리할 수 있다고 하는 높은 수준의 효율성을 실현하고 있다. 【841절】

2) 유통 이전에 이루어지는 분류·편목 작업

제4법칙은 도서관이 책을 입수하고 나서부터 이용에 이르는 오랜 시간을 분류나 편목에 소비하는 데 불만이었다. 만일 유통 이전에 편목 및 분류 정보를 얻어, 책과 동시에 목록 카드를 입수하여 청구 기호를 책등(書背)과 표제지에 기재하고, 그 과정에서 발주(發注)나 다른 사무를 행하면, 도서관은 책을 수취하고 나서 늦어도 며칠 안에 이용할 수 있도록 제공할 수 있다. 이것은 *Headings and Canons*에서 상세히 다루고 있다. 아직 실용화되고 있지는 않지만, 1956년 12월의 영국 방문에서 듣기로는, 이 생각을 발표했던 당시(1948년 8월 12일에 저자가 LC에서 행한 강연)와는 달리, 현재는 실현 가능성이 있고, 출판사의 협력도 얻을 수 있을 것 같다고 했다.[11)]【842절】

3) 국제적 및 전국적 도큐멘테이션

노동력과 경비를 경감하기 위해서는, 국제 레벨에서도 도큐멘테이션 작업을 집중화할 필요가 있다. 그러나 실제상은 1년 이상의 시간차가 생기는 것이 실태이다. 이것은 제4법칙에 대한 중대한 위반이다. 그리하여 제2차 세계대전 후에는 각국의 센터에서 한정된 도큐멘테이션 작업이 시도되었다. 그 센터가 책임을 갖는 것은 자국(自國)에서 입수할 수 있는 잡지에 한하고, 그 주제는 국내에서 연구되는 것에 한정했던

---

11) 유통 이전에 행하는 분류· 편목 작업: 오늘날에는 CIP(Cataloging In Publication)라고 불리는 출판물 그 자체에 서지 정보를 인쇄하는 방식이 각국에서 널리 채택되고 있다. 여기에 더하여, ISBN(국제표준도서번호)과 ISSN(국제표준연속간행물번호)의 활용이나 온라인 서지 데이터베이스의 이용 등을 통해, 관내 작업의 인력 절감과 도서관 간의 상호 협력 활동이 크게 추진되고 있다.

것이다. 이 두 가지의 한정은 개발도상국에서 이차 자료에 수록하는 작업의 부담을 경감시켜 주었다. 잡지 표지(목차의 표시가 있다)의 마이크로 카피를 항공편으로 보냄으로써, 잡지의 도착과 동시에 국별의 도큐멘테이션 리스트가 가입 도서관에 도착하게 된다. 한층 더 진보된 단계에서는, 각국의 도큐멘테이션 센터가 국내에서 발표되는 논문에 대해 유통 이전에 정보를 수집하고, 요약을 붙인 도큐멘테이션 리스트를 발표해야 한다. 제4법칙의 이 제언은 현재 간행중인 많은 잡지의 인쇄비 경감에도 도움이 될는지 모른다. 아주 특수화된 테마의 논문은 그에 대해 관심을 기울이는 전문가에 대해서는 복사기에 의해 오리지널 원고를 송부하면 충분하기 때문이다. 【843절】

4) 기계화

직원의 노동을 경감하는 또 하나의 방법은 인간적인 판단을 필요로 하지 않는 업무의 기계화이다. 예를 들면 문헌 탐색의 기계화 계획은 제2차 세계대전 이후 크게 진전되었다. 분류법상의 패싯 분석과 기계 검색의 결합, 펀치 카드를 거쳐 자기 테이프의 사용에 이르기까지, 독자의 시간을 직접 절약해준다. 마찬가지로 대출 방식에도 자기(磁氣)에 의한 방법 및 그 밖의 방법이 사용될 것이다. 미국의 쇼우(Ralph Shaw)는 사진에 의한 대출 업무의 인력 절감에 공헌하였다.[12)]

12) 랄프 쇼우(Ralph Robert Shaw, 1907-1972): 셰라(J. H. Shera)나 쇼어즈(Louis Shores)와 함께 한 1960년대 미국 도서관계의 지도자. 럿거스대학(Rutgers University) 도서관학교 학장, 미국도서관협회(ALA) 회장, 출판사 스케어크로우(Scarecrow Press)의 창립자로서 도서관학 문헌을 출판하였다. 기계는 사람을 일상의 단조로운 반복 작업으로부터 구해 주기 위한 것이라는 신념 아래 각종의 도서관 기기를 창안하였다. 1940년에는 사진에 의한 대출 시스템을 개발하였다.

제4법칙의 요청에 부응하기 위해서는 여전히 곤란한 점이 있다. 그러나 대부분의 업무의 기계화는 기술자와 경영 전문가의 손에 맡겨져 있다. 도서관 전문직의 입장에서는 그러한 기계화의 필요성을 설명하고, 기계화가 유익하면서도 무해한 영역을 지적하는 데 그치고 있다. 랑가나단은 이러한 문제를 우려하였는데, 이에 대해서는 1956년의 강연 *Mechanization of Library Service*에서 상세하게 다루고 있다. 【844절】

제 7 장

제5법칙
≪도서관은 성장하는 유기체이다≫
A Library is a Growing Organism

제1법칙의 ≪성장하는 유기체≫란 아무리 봐도 이 5법칙의 마지막에 어울리는 격조 높은 표현이다. 그러나 그것은 어떤 것을 말하는 것일까? 여기에서 서투른 문법을 드러내는 것이 어떨는지 생각되기는 하지만, 맨 앞에 나오는 "A"는 「도서관이라는 것」을 의미하는 부정관사라고 생각한다. "Growing"의 의미는 이 장 전체에서 생각하는 것으로 하면, "Organism"은 무엇일까? 5법칙의 일본어 표현으로서는 유기체 그대로도 좋다고 생각한다. 그러나 우리들이 좀 더 일상적으로 상상할 수 있는 단어로 생각해 보면, 「생명체」라는 단어가 떠오른다. 그리고 이 5법칙의 서술의 특징으로서 의인화가 있다는 사실을 함께 생각하면, 이 생명체란 인간을 실마리로 생각할 수 있을 것이다. 즉 도서관이라는 것은 인간처럼 성장하고, 사회에 작용하고, 사회의 영향을 받으며, 자신을 사람과의 관계 속에서 확인해가는 그런 존재라고 생각할 수 있다.

나아가 이 생명체를 “An Organism”으로 생각하면 이 도서관이라는 생명체는 지구상의 많은 생명체 중의 하나이며, 그것이 생존하기 위해서는 「성장」을 조건으로 하게 된다. 여기에서 「인간이라는 생명체」를 통하여, 도서관을 객관적으로, 다른 생명체와 비교하면서 본다는 입장이 생겨난다. 그리하여 자연 과학, 사회 과학, 또는 인문학상의 성과를 원용(援用)하여, 도서관이란 무엇인가, 어떠해야 하는가를 생각하는 입장이 전개되게 될 것이다.

그것은 제1법칙부터 제4법칙의 위에서 성립된다. 저자 자신이 설명하고 있는 것처럼, 제4법칙까지는 도서관의 관리·운영을 주로 하는 사고 방식이다. 그것을 기초로 하고, 재료로 삼고, 아울러 힘으로 하여 제5법칙이 존재한다. 그리하여 이 장에서는 우선 그 성장의 모습을 책의 증가와 그에 따르는 도서관 시설의 확장과 비품류의 증가, 목록과 분류, 독자와 대출, 직원, 도서관의 장래 등의 면에서 검토한다. 이어서 제8장의 보완에서는, 그 후의 도서관의 새로운 관종(館種), 즉 보존 도서관과 이용을 위주로 하는 도서관의 형성을 다루고, 아울러 대학 도서관에서 분리·독립하면서, 여전히 그것을 핵으로 하는 도서관 군의 긴밀한 제휴를 통해 활동하는 새로운 도서관 조직의 가능성에 대해서도 언급하고 있다. 그리고 도서관이 성장하는 생명체라는 사실은 이 5법칙 또한 성장하고 변화하는 생명체라는 것을 보여주고 있다. 70절의 모두(冒頭)에서, 「이 5법칙에 대해 생각하고 행동할 경우에는, 우리들의 견해를 항상 수정할 필요가 있다」고 말하고 있는 것은 분명히 그것이다.

이 생명체로서의 도서관은 「모두에게 통하는 교육의 수단」이라고 랑가나단은 말하고 있다. 여기에서 말하는 「교육」은 널리 인간의 성숙과 성장에 관계되는 것으로 생각하고자 하는 것으로 느껴진다. 학교 수업의 형식과 그 기억에 사로잡혀 있는 「교육」이 아니라, 평생에 걸친 사람의 성숙에 관련되는 것이 「교육」이며, 이를 위해 도서관이 작용하고 있는 것이다.

그러한 도서관에서는 책과 독서 사이에 금전을 개재(介在)시켜서는 안 된다고, 즉 도서관의 이용은 무료이어야 한다고 랑가나단은 강력하게 주장한다. 그 주장을 원저의 제8장에서 옮겨 이 장의 말미에 추가하였다.

70. 서 언

제1법칙부터 제4법칙까지가 도서관의 활동을 다루는 데 대해, 제5법칙이 우리들에게 말하는 것은 도서관이 사회적인 기관으로서 극히 중요하고도 영속적(永續的)인 성격을 갖는다는 것이다. 그러므로 이 제5법칙에 대해 생각하고 행동할 경우에는 우리들의 견해를 항상 수정할 필요가 있다는 사실을 보여주고 있다.

또한 제1법칙부터 제4법칙은 도서관의 관리 운영을 특징지어 주는 사고 방식을 보여 주는 것이지만, 제5법칙은 도서관의 계획이나 조직을 생각할 경우에, 그 사고 방식의 근거가 되는 기본적인 사고 방식을 표명한다. 제1법칙부터 제4법칙은 알기 쉬운 단어로 그 원리(절차)를 보여 주었지만, 제5법칙은 그 정도로 자명(自明)하다고 말할 수 없을는지도 모른다.

1) 제5법칙의 표현

제5법칙은 ≪도서관은 성장하는 유기체이다≫라고 말한다. 생물학에서는 성장하는 생물만이 생존하고, 성장을 멈춘 생물은 경직화되어 사멸(死滅)한다고 말한다. 도서관은 사회의 기관으로서, 성장하는 생물이 갖는 모든 속성을 갖는데, 새로운 것을 받아들이고, 낡은 것을 버리며, 크기를 변화시키고, 새로운 형태를 취하는 것이다. 돌연변이(突然變異)를 별도로 하면, 생물은 천천히, 그러나 계속적으로 변화하고, 새로운 형태로 진화해간다. 변화야말로 생존의 불가결한 원칙으로, 도서관도 마찬가지인 것이다.[1] 【701절】

71. 성 장

우선 크기의 변화를 생각해보자. 도서관에서 검토의 대상으로 하는 것은 책(장서), 독자(이용자), 도서관인으로, 이것이 근대 도서관의 3요소이다. 독자가 없는 장서를 도서관이라고는 부르지 않는 것과 마찬가

---

1) 생물의 존속: 미국의 교육학자 듀이(John Dewey)는 『민주주의와 교육』(*Democracy and Education,* 1916)의 모두(冒頭)에서 다음과 같이 말하고 있다.

> 생물과 무생물 사이의 가장 두드러진 차이는 생물이 갱신에 의해 자기를 유지한다는 것이다. … 생물은 압도적인 힘에 의해 손쉽게 파괴될는지도 모르지만, 그럼에도 생물은 자기에게 작용하는 에너지를 자기의 존속을 위한 수단으로 변화시키려고 한다. 그렇게 할 수 없으면 . . . 이미 어느 특정 생물로는 사라져 버린다. (마츠노 야스오(松野安男) 역)

이 사고 방식에서도, 도서관이 ≪성장하는 유기체≫이기 위해서는, 도서관에 대한 성찰과 역사, 사회, 경제, 과학 기술, 그리고 독자가 요구하는 관점에서 검토하고, 스스로를 변혁할 필요가 있게 된다. 그렇게 함으로써만이 도서관은 랑가나단이 주장하는 것처럼, 「천천히, 그러나 계속적으로 변화하고, 새로운 형식으로 진화하는」 것이 가능하다고 생각한다.

지로, 적절한 독자에게, 적절한 시기에, 적절한 책을 제공하는 도서관인이 존재하는 것이야말로 도서관이라는 사실을 확실하게 인식할 필요가 있다. 도서관 주관 당국이 이러한 요소의 성장에 무관심한 것은 놀랄만한 일이다. 도서관은 정지적(靜止的)이기 때문에, 책도 독자도 도서관인도 수가 늘어나는 것은 아니라는 견해만큼 비난받아 마땅한 것은 없다. 이러한 생각이 도서관은 물론 그 밖의 기관에서도, 그 성장을 저해하고 있는 것이다. 도서관이 작았을 때 가졌던 조직대로의 생각을 가지고 성장 후에도 운영하려고 하면, 반드시 실패하게 된다. 도서관의 조직은 현재의 크기에 얽매여서는 안 되며, 그 계획은 도서관의 성장에 적합할 수 있도록 계획해야 한다. 그리하여 도서관의 3요소 각각이 도서관 조직의 성장과 어떻게 관련되는지에 대해 검토해 보고자 한다.

1) 책

활동적인 도서관의 장서수는 증가하지 않으면 안 되며, 또한 실제로 증가하는 것이다. 최종적인 결정은 재정 당국에 의한 것이겠지만, 세계 주요국의 1927년 현재의 책의 연간 출판 건수를 함께 고려하여, 도서관 장서의 증가에 대한 이해를 구하고자 한다.

세계의 도서 출판 건수: 주요 14개국 중 3국에서는
러시아 36,680건, 독일 31,026건, 일본 19,967건
인도의 출판 건수: 17,120건
도서관의 수입(受入) 책수: 미국의회도서관 202,111책
마드라스대학도서관 3,726책 【711절】

2) 서고(書庫)와 비품(備品)

우선 장서의 증가가 도서관 건축에 미치는 영향에 대해 생각해 보고자 한다. 서고는 그 넓이, 그 위치와 이용과의 관계, 서가, 서가 부품, 서가 안내 표시, 그 밖에 책을 배가하기 위한 다양한 용품 등을, 장서의 증가는 불가피하다는 관점에서 검토하지 않으면 안 된다. 【712절】

3) 서고의 규모

이에 대해 제5법칙이 데이터를 제공하면, 언제나 도서관 주관 당국이 약간 줄여 잡아 예상한 견적(見積)을 상회하여 당국자를 놀라게 하고 있다. 마드라스대학에서는 1911년, 당시의 장서와 다음 해의 증가분을 위해 150m^2에 높이 5.4m, 그 후 25년간을 위해 150m^2가 필요할 것으로 생각하였다. 그러나 1922년에 새로 150m^2를 요구하게 되었다. 이것은 1911년에 7,000권이었던 장서가 1930년에는 70,000권이 되었기 때문이었다. 【7121절】

4) 장래에 대한 준비

예일대학의 계획은 제5법칙을 바탕으로 하고 있다. 종합 도서관에 대해서는 현재의 요구뿐만 아니라, 가능한 한 장래의 요구에 적절하게 대응할 것이 요망된다. 따라서 개관 당시 300만권을 배열할 수 있도록 하는 것은 물론, 400만권으로의 증가분에 대한 준비가 필요하게 되었던 것이다. 알코브(alcove)나 중이층(中二層) 구조에 책을 수장(收藏)하는 것은 제5법칙의 사고 방식과는 어울리지 않아 폐기되었다. 서고 건축의 발전에 따라, **서고탑**(書庫塔) 형식이 탄생하였다.

이것은 열람 및 사무 부문과는 분리하여, 다층의 서고를 만드는 형식이다.

서고를 설계할 때는 장래에 확장하는 데 용이하도록 계획을 세울 필요가 있다. 평면적으로 넓히기가 어려울 경우에는, 서고의 기초를 튼튼하게 만들고, 위로 증축할 수 있도록 하는 것이 바람직할 것이다. 【7122-7124절】

5) 서 가

서고에 넣어 조립하는 식의 서가는 그 규격을 모두 동일하게 한다. 나중에 추가하기가 용이하기 때문이다. 특히 선반은 호환성이 필요하기 때문에, 같은 치수로 해야 한다. 선반은 높이 조절이 가능하도록 한다. 책은 증가에 따라, 그 주제의 순서를 무너뜨리지 않고 선반에서 선반으로 이동시켜야 한다. 이를 위해서는 선반의 호환성과 서가의 조절 가능성이 필요한 것이다. 이것은 제5법칙과 주제별 배가를 종합하여 생각하면 이해하기 쉬울 것이다.[2) 【713절】

6) 선반 안내 표시의 이동

책이 선반에서 선반으로 이동되면, 그에 따라 서가상의 책을 안내하는 선반 안내 표시도 빈번하게 이동하게 된다. 이것은 20권에 1매 정도가 평균적으로 사용되고 있는데, 가장 간편하고 저렴한 방법은 선반의 앞면에 2cm 폭으로 홈을 2개 새겨두는 것이다. 그 다음에 목록 카드의 이면(裏面)을 사용하여 높이 2cm의 가늘고 긴 카드를 만들고, 분

---

2) 서가의 조절 가능성: 오늘날의 철제 서가의 경우 2.5cm, 목제 서가는 1.25cm의 간격으로 높이를 조절할 수 있다.

류 기호를 기재하여, 이 홈에 끼운다. 책을 이동할 때는 단지 이 카드를 새로운 위치에 끼우기만 하면 되는 것이다. 【714절】

7) 잡지실

제5법칙의 관점에서 신중한 설계가 필요한 것은 잡지실이다. 계속적으로 성장하는 도서관에서 현재 간행중인 잡지가 증가하는 것은 불가피하다. 마드라스대학에서는 1908년의 160종이 1931년에는 913종으로, 5.71배 늘어났다. 일리노이대학에서는 1900년의 414종이 1924년에는 9,943종으로 24배가 되었다. 1930년대 초두에 간행되고 있는 과학 잡지의 수는 25,000종 이상, 다른 분야의 잡지를 포함하면 60,000종을 상회할 것이라고 한다. 【715절】

8) 잡지 열람 테이블

제1법칙부터 제4법칙 전체, 특히 제3법칙과 제4법칙을 만족시키기 위해서는, 도서관의 모든 잡지의 최신호를 분류별로 하여, 잡지실에 전시할 필요가 있다. 이 방은 충분히 넓으면서도 동시에 편리한 위치에 두고, 확장이 가능하도록 고려해야 한다. 잡지 열람 테이블은 긴 변을 따라 한쪽 면마다 적어도 6권의 잡지를 열람 부분을 남기고 손이 닿는 위치에 배열한다. 그리고 각 열을 안쪽이 높아지도록 하여 단을 만든다. 그곳에 표지가 잘 보일 수 있도록 잡지를 배열해두는 것이다.[3] 【716절】

---

3) 잡지 열람 테이블: 랑가나단은 열람 테이블 위에 잡지의 서가를 두는 구상이지만, 오늘날에는 잡지가(雜誌架)와 열람 테이블은 따로 하고, 잡지가의 주위에 목적에 맞는 의자나 책상을 두는 예가 많은 것으로 생각한다.

9) 건축의 새로운 원칙

제5법칙을 실현하기 위해서는 도서관 서비스가 자유로이 전개될 수 있도록 도서관의 건물이나 가구·비품류의 설계에 탄력성이 필요하다. 여기에는 모듈러 플랜(modular plan)나 건식 구조(乾式構造: dry construction)와 같은 새로운 원칙이 도입되고 있다.[4)]【717절】

72. 목록실

장서가 증가함에 따라, 충분한 공간을 필요로 하는 것은 목록실이다. 표준적인 목록 카드 캐비닛은 약 58cm×71cm의 바닥 면적을 필요로 한다. 여기에는 48,000매의 카드를 넣을 수 있다. 제2법칙부터 제4법칙을 만족시키기 위해서는, 1권당 6매의 카드를 필요로 하기 때문에, 이 카드 캐비닛의 수용 매수는 8,000권분에 상당한다. 따라서 계속적으로 성장하는 도서관은 목록 카드 캐비닛의 수가 이러한 비율로 증가할 것으로 생각된다. 도서관의 설계에는 이 제5법칙의 요구에 따른 증

---

4) ① 모듈러 플랜: 건축상 하나의 기준이 되는 수치 단위(module)를 설정하고, 그것을 기본으로 하는 설계를 말한다. 기둥 간격을 일정하게 하고, 공정벽보다도 이동식 칸막이를 많이 채택하여, 장래의 도서관의 서비스 변화에 대응할 수 있도록 고려하는 것이다. 이를 위해 바닥의 하중 강도를 서고와 같이 하는 등 건축 단가가 높아지는 문제도 있다.
② 건식 구조: "dry wall construction"이라고도 하며, 내부의 벽을 만들 경우에 금속이나 목재로 뼈대를 만들고, 그 위에 석고 보드를 붙이고, 도장(塗裝)이나 비닐 클로스 등으로 벽면을 완성하는 공법이다. 이 칸막이는 필요에 따라 간단하게 떼어낼 수 있다. 물을 사용하지 않기 때문에, 건조되기를 기다릴 필요가 없고, 비용이 저렴해진다. 책은 습기를 빨아들이기 때문에, 콘크리트에 포함되어 있는 수분에 도서관은 특히 신경을 쓴다. 이러한 유리한 점도 있지만, 건축의 질에 문제가 있는 경우도 있다고 한다.

가와 확장을 고려하지 않으면 안 된다. 아울러 제4법칙은 이 목록실을 서고의 입구에 두어야 한다고 주장할 것이다.

1) 목록의 물리적 형태

≪도서관은 성장하는 유기체≫라면 목록 또한 성장한다. 그 저록(著錄: entry)의 수는 장서수의 6배이다. 이것을 책자식(冊子式)으로 편집하면 연간 6,000권의 증가에 대해 책 1권을 1저록으로 하여 1페이지에 20권분, 총 300페이지, 색인과 분출 저록(分出著錄)을 추가하면 1,800페이지가 된다. 이를 편집하는 데 시간이 소요되는데다가, 매년 누적판(累積版)을 만들어야 한다. 도서관으로서는 결코 유효한 방법이 아니다. 그러나 변화가 없는 도서관에 길들여진 사람은 책자식을 좋아하고, 성장하는 도서관의 방식은 사사건건 불만의 씨앗이 되는 것 같다. 그리하여 설명을 하려고 하면, 그것은 전문가의 폭력이라고 하면서 들으려고도 하지 않는 경우가 있다. 그것은 대량의 장서의 압력 때문인지 아니면 제5법칙의 요구가 엄격하기 때문인지 모른다. 도서관의 전문가는 폭력은커녕, 결코 도서관에 호의적이지 않은 상황 아래에서, 독자를 위해 무엇을 해야 하는지를 항상 모색하고 있는 것이다.

이 책자식 인쇄 목록을 학생에게 사도록 하는 대학도 있는데, 그러한 사고 방식은 도서관의 경제적·효율적 운영과 맞지 않는다. 필사밖에는 방법이 없던 시대에 목록 저록을 필요한 매수만큼 써서 노트에 풀로 붙이는 방법도 있었는데, 책의 증가에는 대응할 수 없었다. 가제식(加除式)으로 1매에 몇 개의 저록을 작성하는 방식이나 가제식 바인더에 의한 1매 1저록 방식도 생겨났는데, 종이가 얇고 다루기 어려웠다. 【721-725절】

2) 카드식 목록

이러한 과정을 거쳐 카드식이 도입되었던 것이다. 그 크기는 5인치 × 3인치가 적당한 것으로 간주되었다. 이 카드 1매에 1저록을 작성함으로써 배열의 순서가 정확하게 유지되는 것이다. 카드는 섬유가 촘촘한 좋은 것을 사용하고, 그 두께는 100매에 1인치(2.54cm) 정도의 것이 적당하다. 이 카드 시스템은 가제식과 마찬가지로, 도서관이라는 업무가 실업계에 영향을 미친 획기적인 것으로, 모든 종류의 기록을 처리하는 데 도움이 된다. 【726절】

3) 서가 목록

서가상에 책이 배열되는 순서로 저록을 배열한 것이 서가 목록이다. 제5법칙의 영향 아래 장부식에서 카드식으로 변형되었으며, 도서관의 장서 점검에 불가결하다.[5) 【727절】

---

5) 도서관의 장서 점검: 상품의 재고 조사와 같은 성격이지만, 책은 한 권 한 권이 독자(獨自)의 존재이기 때문에, 점검은 한 권마다 이루어진다. 종래의 방법은 두 사람이 조를 이루어, 한 사람이 서가 목록의 카드 케이스를 갖고 서명이나 청구 기호를 읽고, 다른 한 사람은 그 책이 있는지의 여부를 확인한다. 만일 없으면, 카드를 세워두고, 후에 대출 기록이나 제본의 기록 등과 대조한다. 그것으로 소재를 알 수 없게 되면, 망실(亡失) 가능성이 있는 것으로서, 그 카드를 일정 기간 보관해두는 방식이다. 당분간의 시간을 두는 것은 배가(排架)의 혼란이나 사무실에서의 이용, 또는 잊어버리고 도서관 안팎에 놓아둔 경우 등과 같이, 나중에 나오는 일도 있기 때문이다. 이것은 상당한 노동이었다. 오늘날에는 책 안에 삽입된 자기 태그의 신호를 읽어 들여, 복수의 책의 점검을 한 번에 그리고 순식간에 할 수 있는 기기도 개발되어 있다.

73. 분류 시스템

제5법칙에 비추어 검토해야 할 중요 사항으로, 책의 분류가 있다. ≪도서관이 성장하는 유기체≫인 것은 지식 자체가 성장하기 때문이다. 세이어즈(Sayers)는 다음과 같이 말하고 있다.

> 분류는 과거에서 현재까지의 넓고도 다양한 지식을 포함하며, 아울러 근년에 나타난 파동 역학을 비롯한 자연 과학이나 공학의 용어, 사회학의 모든 주제 등을 옛날부터 내려온 기억 속에 거두어 들이지 않으면 안 된다. 현행의 모든 분류법은 이러한 점에서 재검토해야 한다. 또한 탄력적이고 전개성이 풍부하며, 최고의 포용력을 가져야 한다.

1) 십진식 기호

분류법에 사용되는 기호는 완전한 유연성을 가져야 한다. 듀이(Melvil Dewey)의 십진분류법(DDC)이 소수점을 채택했던 것은 도서관학에 대한 커다란 공헌이었다. 미국의회도서관분류법(LCC)은 유연하지 않으며, 전개성이 없다. 그 때문에 제5법칙이 요구하는 도서관의 성장에는 불편하다. 소수점을 사용하여 전개하는 기호법은 사고 방식을 명료하게 나타낼 수 있으며; 저작의 장이나 절의 목차에 사용하는 저자도 있다. 【731】

2) 표준 분류법

자관(自館)에서 만든 분류법으로 제5법칙의 요구를 만족시키는 것은 가령 구분의 개방성이나 기호의 유연성을 채택했다고 하더라도 곤란하다. 도서관의 성장 과정에 예기치 못한 장애가 발생할 수 있기 때문이다. 분류법을 만드는 것을 가볍게 생각해서는 안 된다. 옛날 분류법은 10개나 20개의 주류를 정하고, 그 안에서 책을 수입 번호순으로 배가하고 있다. 그것은 도서관의 성장에 따라 곧 도움이 되지 않게 된다. 이러한 분류법을 생각했던 것은 제5법칙을 알지 못했기 때문이다. 그것을 피하는 최선의 방법은 이미 정평이 있는 기존의 분류법을 채택하는 것이다. 그 중에서 가장 잘 알려져 있고, 오랫동안 사용되어 온 것은 DDC와 LCC 두 가지이다.[6) 【732절】

3) 콜론분류법

랑가나단은 콜론분류법(CC: Colon Classification)이라는 새로운 분류법을 만들어냈다. 이것은 마드라스대학도서관과 그 밖의 인도 도서관에서 채택되었다. 숫자와 기호, 알파벳에 의한 혼합 기호를 사용하고, 숫자의 십진적 사용에 의한 유연성이라는 장점을 충분히 받아들이고 있다. 주류를 나타내는 데는 알파벳의 조합을 주의 깊게 사용하고, 분류의 교착(交錯)을 피하여 구분의 일관성을 추구한 결과, 각 구분이 풍부한 융통성을 갖고 있다. 과거 30년에 걸친 콜론분류법의 발전은 주제를 3개

---

6) DDC와 LCC: DDC는 미국의 듀이(Melvil Dewey)가 창안한 십진식 분류법으로, DC라고도 불리고 있다. LCC는 미국의회도서관(LC: Library of Congress)이 채택하고 있는 열거식(列擧式) 분류법으로, 대학 도서관 등에서도 채택되고 있다. 731절(십진식 기호)에서 저자는 LCC에 대해 비판적이다. 732절에서는 그것을 정평 있는 분류법의 하나로 하고 있다. 이것은 731절에서는 이론적인 관점에서, 732절에서는 현실의 보급 상황을 주로 한 시각에서, 그리고 733절에서는 이론적으로나 실용적으로 훌륭한, 즉 자신의 이상을 만족시키는 것으로서의 콜론분류법에 대해 설명하고 있다고 생각할 수 있다.

의 분석법에서 보는 것, 즉 존재의 상(相: phase)과, 그 패싯(facet), 존(zone)으로 파악하는 방법을 만들어냈는데, 이것은 분석 합성식 분류법(analytico-synthetic classification)이라고 불리고 있다. 이것은 제5법칙의 요구를 크게 만족시키는 것이라고 말할 수 있을 것이다. 【733절】

4) 분류법의 변경

여기서는 실무의 세부에 걸쳐 있는 것을 살펴보고자 한다. 도서관이 그 분류법을 변경하는 것은 결코 간단한 일이 아니다. 책이나 목록 저록에 써 넣은 청구 기호는 12곳에 달한다. 그것을 전부 다시 쓰는 노력, 시간, 비용은 상상 이상이다. 【734절】

5) 분류법의 자의적(恣意的) 사용

앞서 살펴본 실무상의 곤란한 점이 있기 때문에, 분류법의 부분적 채택은 하지 않는 편이 좋을 것이다. 제5법칙의 의미, 즉 「도서관은 성장한다」는 사실을 잘 이해하지 못하고 있는 도서관에서는 DDC의 3자리나 4자리까지밖에 사용하지 않는 경우가 많다. 그러나 도서관이 성장하면 더 상세한 분류가 필요해지고, 분류 기호 변경의 필요성이 생기게 된다. 도서관이 소규모였을 때의 방식은 성장 후에는 그다지 도움이 되지 못하는 것이다. 장래를 내다보는 것이 중요하다. 가장 현명한 방법은 채택하려고 생각하는 분류법을 여기저기 수정 등을 하지 않은 채, 그대로 사용하는 것이다.[7] 【735절】

---

7) 기존 분류법을 그대로 사용한다: 장래를 내다보는 것은 어렵다. 여기에서 랑가나단이 강조하고자 하는 것은 지구상의 생물의 하나로서, 도서관도 반드시 성장하는, 성장하지 않으면 지식 자체의 증대에 대응하지 못하고, 사라져 버릴 것이며, 사람이 살아가기 위해 도서관이 필요하다고 생각한다면, 도서관의 성장을 확신해야 한다고 말하고 있는 것일까?

74. 독자와 책의 대출

독자수가 증가함에 따라, 다음과 같은 것들이 영향을 받는다.

① 열람실의 크기
② 대출 방법
③ 안전 대책

1) 열람실

그 넓이에 대해 제5법칙은 항상 도서관 주관 당국의 생각을 상회하는 숫자를 제시하고 있다. 마드라스대학의 경우는 1911년에는 134m^2로 충분하다고 생각되었는데, 1926년에는 737m^2를 요구하기에 이르렀다. 예일대학에서는 5종류의 열람실에 약 1,000석을 갖추고 있다. 【741절】

2) 대출 업무의 증가

독자가 증가하면 대출 업무는 증가하게 된다. 마드라스대학에서는 1914년의 대출 권수는 5,000권이었으나, 1930년에는 113,000권(22.6배)이었고, 컬럼비아대학에서는 1905년의 232,000권이 1924년에는 1,206,000권(5.2배)이 되었다.

영국의 시립 도서관의 사례는 여전한 증가 가능성을 보여주고 있다. 인구에 대한 등록자의 비율이 90%에 달하도록 하는 것이 제2법칙의 목표라면, 아직 이용 증가의 여지가 있다고 할 수 있을 것이다. 각 도서관의 등록률은 8.7%에서 30%, 나아가 60.3%에 달하는 도서관도 있다. 【742절】

3) 개가제(開架制)

종래의 서고 출납식으로는 대출의 증가에 대처할 수 없다. 개가제가 제5법칙의 요구를 견뎌낼 수 있는 유일한 방법이다. 종래의 **장부식 대출 시스템**은 많은 독자의 요구에 부응할 수 없게 되어, **복식 카드 시스템**이 만들어졌다. 이 덕택에 번잡스런 대출 절차가 해소되었다. 그리하여 독자는 대출권에 의해 대출받은 책에 대한 책임을 지는 동시에, 대출권을 잘 보관하여, 타인이 이용하는 일이 없도록 하는 것이 그 일이 되었던 것이다. 【743-745절】

4) 평평한 바닥

제5법칙에 의한 대출의 증가는 도서관의 설계에도 영향을 미쳤다. 대출 권수의 증가는 서가에 되돌아오는 책이 증가하는 것을 의미한다. 그리하여 북 트럭이 필요하게 되었다. 이를 위해서는 바닥에 튀어나온 턱이 없어야 하고, 바퀴가 부드럽게 움직일 수 있도록 해야 한다. 배가(排架)해야 할 책이 각 층에 분산되어 있을 때는, 북 트럭용의 리프트를 설치한다. 리프트의 바닥은 각 층의 바닥과 같은 높이의 평면으로 한다. 【746절】

5) 안전 대책

개가제를 채택하여 독자수가 증가하면 절차를 밟지 않고 이루어지는 책의 반출이 심각한 문제가 된다. 따라서 이를 방지하기 위한 안전 관리 시스템이 필요하게 되었다. 그것은 우선 도서관에 대한 출입을 단

하나의 입구와 하나의 출구로 제한하는 것이다. 그 출구의 문은 평소에는 폐쇄되어 있고, 카운터의 담당 직원이 그 자물쇠를 풀었을 때만 열도록 한다. 독자가 나간 후에는 자동적으로 잠긴다. 그 밖의 출입구나 창은 책이 통과될 수 없도록 촘촘한 철망으로 한다. 독자가 열람한 책을 자신이 서가에 다시 꽂도록 해서는 안 되며, 일정한 장소에 두도록 해야 한다.[8] 【747절】

---

8) 안전 대책: 오늘날 일본에서는 자료 분실 방지 장치(book detection system)를 도입하는 곳이 많아졌다. 이 명칭 때문에, 도난 방지로 받아들여지는 것은 어쩔 수 없지만, 한 사람의 독자로서 보면, 이것은 도서관 내에서의 최대한의 자유를 확보하고, 아울러 독자를 지켜주는 장치라고 생각할 수 있다. 그것은 도서관의 이용에는 다양한 것이 필요하기 때문이다. 가방을 라커에 넣고 노트와 펜만 가지고 도서관에 들어가는 것은 극히 불편하다. 도서관의 책과 대조해야 하는 자신의 책도 필요하고, 리포트의 원고나 사전, 사람에 따라서는 독서용 안경이나 확대경 등 다양한 것들이 필요하다. 또한 도서관에 가는 것은 단 하나의 자료를 한 곳에서 열람하면 되는 게 아니다. 저것을 보고, 이것을 조사하면서, 도서관 내의 이곳저곳을 돌아다니게 된다. 그때 사용하는 것을 가져가기 위해 가방이 필요한 것이다. 또한 일단 기계가 퇴관(退館)을 인정한 후에는, 무단 반출의 혐의를 걸 수 없을 것이다. 이것은 도난 방지보다는 독자의 목적 달성을 도와주는 기계라고 말할 수 있다고 생각한다. 이 기계를 도입한 후에는 도서관의 사용 편리성이 크게 변하고 있는 것이다.

미국의 도서관에서는 출구에서 소지품 검사가 이루어지고 있었다. 도서관에서 공부를 끝마치고 사용했던 것을 전부 가방에 넣어 출구로 나가면 담당 직원이 가방을 바닥부터 뒤집어 검사한다. 그리하여 그곳을 나와 또다시 전부를 다시 집어넣어야 하는 번거로운 작업을 하지 않으면 안 되었다. 이 안전 장치를 채택한 이후에는 그런 일이 없어졌다. 도서관의 이용이 얼마나 즐거워졌는지 모른다.

또한 도서관인으로서도 이러한 검사를 하는 것은 아무래도 내키지 않는 것이다. 이 일이 없어져서 가장 안도한 것은 도서관인일는지도 모른다. 일본에서는 그러한 과정을 거치지 않고 기계를 도입했던 것이다. 그 때문에 망실(亡失) 대책의 측면만을 강조하고 있는 것으로 생각한다.

6) 개가제의 안이한 도입에 따른 폐해

안전 대책의 문제는 독자수와 대출 권수가 적을 때는 그다지 의식되지 않지만, 도서관이 커지고 대출 권수가 늘어감에 따라 심각한 문제가 된다. 아마도 그 최대의 마이너스 요인은 개가제의 경솔한 신봉자가 안전 확보의 필요성을 무시하고 개가제를 도입하는 데 있다고 말할 수 있을 것이다. 도서관이 커져 망실 도서수가 일정 한도를 넘어서면, 개가제 자체가 비난을 받게 되어버린다. 이러한 잘못된 예측은 극히 초기에, 즉 도서관이 작을 때 회피해야 한다. ≪도서관은 성장하는 유기체≫의 하나로, 아주 조금씩 성장해가는 생물인 것이다. 작을 때의 문제를 성장 후에까지 그대로 가져가야 하는 것은 아닐 것이다. 【748절】

75. 도서관인

제3의 요소는 도서관인이다. 제5법칙이 옳다는 사실을 책이나 독자의 점에서는 이해하는 사람이라도, 도서관인의 성장 필요성을 인식하는 사람은 적다. 도서관은 안전 관리를 갖춘 개가제와 새로운 대출 방식에 의해, 카운터 담당 직원의 수를 줄이고, 도서관인 전체의 수를 제한했던 것이다. 그러나 도서관이 성장함에 따라, 책, 잡지, 편목·분류, 제본, 참고 서비스 등 각 부문의 도서관인을 충실하게 하지 않으면 안 된다. 이 5개 부문 중 처음 3개 부문은 제1의 요소, 즉 장서의 성장에 따라 커진다. 나머지 2개 부문은 장서의 증대와 함께, 독자수의 증가에 따라 업무가 늘어나는 것이다.

제5법칙은 도서관 주관 당국에 대해, 이 다섯 종류의 부서에 도서관인을 배치하고, 각각의 업무를 충실하게 발전시키지 않는 한, 도서관의 유효성은 유지할 수 없다고 강력하게 주장하고 있다.

1) 전문화

설령 도서관 주관 당국이 필요한 증원을 인정했다고 하더라도, 그것은 또한 새로이 해결해야 할 조직상의 문제를 제기한다. 직원수가 늘어나면, 관리 요원이 필요하기 때문이다. 그런데 장(長)을 맡은 사람은 관리 업무의 비대화(肥大化)를 억제하고, 도서관의 전문적인 일을 수행하는 사람의 비율을 가능한 한 높이는 것을 그 임무로 하지 않으면 안 된다. 그것은 그 규모에 걸맞는 전문화를 하는 것이다. 이것은 직원이 늘어날 때마다 한 걸음씩 진전시키는 것이 적절하다. 【751절】

2) 점진적인 전문화

직원이 한 사람에서 두 사람이 되면, 카운터의 업무와 참고 서비스를 다른 모든 업무에서 분리하여, 둘 중 한 사람에게 맡긴다. 다음 단계에서는, 3가지 부문, 즉 관리, 기술(편목·분류), 카운터 서비스로 나눈다. 다음 기회에 참고 서비스 부문을 둔다. 좀 더 인원이 늘어나면, 관리 부문을 발주·수입(受入)·잡지·제본·회계·섭외 등으로 세분한다. 만일 참고 서비스 부문의 도서관인이 각각의 주제를 전문적으로 담당하게 되면, 커다란 진척을 이룰 수 있을 것이다. 【752절】

3) 부내(部內)의 인사 이동

직원을 다수의 부서에 나누어 배치할 때는 한 사람 한 사람의 도서관인에 대해, 체력적, 전문적, 성격상으로 그 일에 적합한지의 여부를 주의 깊게 판단할 필요가 있다. 도서관인의 입장에서 말하면, 부서간의 정기적인 이동은 바람직할는지도 모른다. 그러나 한 사람 한 사람이 그 업무에 대한 능력을 발휘할 수 있을 때만이 도서관은 최고의 서비스를 만들어낸다는 원칙을 존중해야 한다. 【753절】

4) 도서관내 연락 회의

큰 도서관에서는 관내 연락 회의가 효과적인 작용을 한다고 생각한다. 그 구성원은 도서관장, 각 과장, 각 과의 대표자 1명씩이다. 이 회의는 다음과 같은 사항에 대해 협의하고, 도서관장에게 조언하는 것을 목적으로 한다.

① 도서관 자료, 에너지, 시간의 효율화와 경제성에 유념하면서, 각 과의 업무를 조직화한다.
② 각 과간의 관계를 개선하고 해결한다.
③ 도서관 자료의 충실화를 조화로운 방법으로 실현한다.
④ 독자(讀者) 서비스 방법의 개선안을 세운다.
⑤ 모든 도서관 보급 사업을 조직화한다. 【754절】

5) 과내 회의

이러한 종류의 모임은 도서관인 사이에 동료 의식과 협력의 정신을 기르고, 젊은 구성원이 조직과 독창성을 배울 기회가 된다. 또한 책임감과 자신이 가진 권한에 대한 센스를 기른다. 도서관장은 가능한 한 이 회의에 출석하여, 토론에 참가하는 것이 바람직하지만, 모임은 과장

에게 주재하도록 하고, 결의에는 참가하지 않는다. 【755절】

6) 꿀벌의 정신

도서관은 하루 종일, 그리고 장시간 개관하고 있기 때문에, 참고 서비스 부서와 카운터 담당 부서의 체제는 최고의 숙련과 배려를 필요로 한다. 그것은 무조건적으로 이 업무의 연속성을 확보하기 위한 것이며, 아울러 도서관인의 교대를 통해 업무상의 혼란이 조금도 생겨나지 않도록 하기 위한 것이다. 도서관인의 교대의 사정 등은 독자에게는 관계가 없다. 그 상세한 내용은 『참고 서비스와 서지』(*Reference Service and Bibliography,* 1940)와 『도서관 행정』(*Library Administration,* 1959, 둘 모두 S. R. Ranganathan 저)에서 논하겠지만, 여기서는 도서관인으로서의 기본적인 사고 방식에 대해 살펴보고자 한다. 도서관인은 동료끼리 차별하는 일 없이, 마음으로부터 행동을 같이 하고, 모든 점에서 서로 협력해야 한다. 질투나 시기 등은 조금이라도 있어서는 안 된다. 자신의 의견이나 이익을 독점하고자 하는 버릇은 완전히 극복해야 한다. 도서관인 모두가 자신의 이름을 내세우지 않은 채 모든 일을 할 생각이 들 정도까지 개인의 주장을 배제해야 한다. 제5법칙의 실행에 따라 생겨나는 불편함을 피하기 위해서는, 마테를링크(Maurice Maéterlinck)의 『꿀벌의 생활』(La Vie des Abeilles, 1901)에 나타나 있는 「꿀벌의 정신」을 도서관인이 공유함으로써 극복하지 않으면 안 되는 것이다.[9)]【756절】

---

9) 제5법칙의 실행에 따라 생겨나는 불편함: 지금까지 저자는 4개 법칙이 마주치게 되는 곤란함에 대해 살펴보았다. 그것들은 옛날부터의 생각을 그대로 지키고, 새로운 것은 무슨 일이든지 간에 반대하는 사람들로부터 주어지는 것이었다. 그러나 여기에 이르러, 제5법칙의 실행에 따라 생겨나는 불편함(inconvenience = 부자유)이 있다고 말하고 있다. 이것은 또한 제5법칙에 있어서의 불편함, 즉 생각대로 되지 않는 것을 의미하는 것으로도

76. 발 전

지금까지는 크기라는 점만을 살펴보았는데, 다음에는 성장하는 유기체로서의 다른 속성, 즉 변용(變容)과 진화에 대해 검토해 보고자 한다.

1) 초기의 단계

옛날에는 책을 숨기는 장소였다. 다음에는 문자 그대로 책의 감옥이었다. 죄수와 마찬가지로 사슬로 묶여 있었기 때문이다. 17세기부터 18세기

생각된다. 그것은 도대체 무엇일까?

한마디로 말하면, 도서관이 계속적으로 성장하는 것에 대한 사람들의 몰이해와 불안이라고 말할 수 있을 것이다. 이것은 의외로 뿌리 깊은 반응으로, 다양한 방면으로부터 공격을 받는다. 예산과 인원의 부족에도 그것이 나타난다. 또한 도서관이 사회 속에서 무시할 수 없는 존재가 됨에 따라, 독자를 위해서라는 목표를 망각하고, 도서관이라는 조직 안에서 자신들이 차지하고 있는 지위에 만족하고 향상을 생각하지 않는 직원이 생겨나는 것도 피할 수 없게 된다.

이 절의 모두(冒頭)에서 저자는 「책이나 독자에 대해서는 제5법칙이 옳다는 사실을 인식하면서도, 도서관인의 성장 필요성을 인식하는 사람은 적다」고 말하고 있다. 이 절의 마지막 행은 그에 대응하는 것일 것이다. 즉 사람에게 도서관인의 성장(수와 질의)을 인식시키는 것은 도서관인의 성과밖에는 없으며, 그 성과가 바로 사람의 이해를 만들어내는 것이다.

다시 말하면, 「도서관은 많은 생명체의 하나」라는 주장은 이 제5법칙에 공통적으로 나타나는 의인적인 표현에도 존재하지만, 내용상으로는 제1법칙부터 제4법칙을 총괄하는 것이다. 그리하여 각각의 법칙의 주장을 구체화하고, 사람과 사회를 위해 도움이 되도록하는 것은 직원이다. 즉 도서관에 생명을 부여하는 것은 직원이다. 직원이 없이는, 도서관이 「생물의 하나」가 될 수 없다. 직원은 그러한 존재인 것이다. 그러나 제5법칙이 바라는 상태를 이해하지 못하는 가운데서는 그 불편함이 모두 직원에게 닥치게 된다. 그럼에도 불구하고 그 목표를 확실하게 설정하여 노력해야 하지 않을까라는 도서관인에 대한 격려와, 도서관 주관 당국이나 정부 관계자에 대해, 도서관인은 자신을 위해 일하고 있는 것이 아니라 독자를 위해 일하고 있다는, 여러분이 책임을 지고 있는 일을 위해 노력하고 있다는 호소, 그 양면이 여기에 나타나 있는 것으로 생각된다.

에 이르러 사슬로부터는 해방되었지만, 그것은 도서관 안에서만 얻을 수 있는 제한된 자유, 즉 독자에 대한 일은 관내 열람뿐이었다. 그로부터 서서히 마지못해 이루어지는 대출이 시작되었는데, 재산의 보전이라는 의식이 강하여, 재고를 조사하고 망실 책수 및 파손본의 책수와 그 책임 및 처리 등을 기록했을 뿐이었다. 도서관의 등록자수, 도서관과는 관계없는 마을의 비율, 지역에 대한 도서관 보급의 수단 등은 전혀 고려되지 않았던 것이다. 즉 장서 보존에 반하는 이용이라는 생각은 완전히 무시되었다. 그리고 20세기 초에 나타난 완만한 변화는 제1차 세계대전에 의해 크게 변화하였다. 현재 단계에서는 조직으로서의 도서관은 고도로 특수화되고 복잡화되어, 그 성격은 고대 중국의 「책을 숨겨두는 곳」과는 완전히 다른 것이 되었다.[10)]【761-764절】

2) 장 래

앞으로 이 「성장하는 유기체」가 어떤 단계로 나아갈 것인지는 누구도 예상할 수 없다. 지식의 전달은 도서관의 기본적인 기능이지만, 그것이 장래에 책 이외의 수단에 의해 달성할 수 없다고는 할 수 없는 것이다.

---

10) 책을 숨겨두는 곳: 고대 중국의 도서관은 그러했다고 랑가나단은 말한다. 이것은 아마도 귀중한 책을 비서(秘書)라고 하고, 그것을 수장해두는 곳을 비각(秘閣)이라고 했던 것에서 영향을 받았을 것으로 생각한다. 당(唐) 왕조의 왕실 도서관은 비서성(秘書省)의 소관으로, 그 장관은 비서감(秘書監), 종삼품(從三品)의 고관이 맡고 있었다. 이 「비」(秘)는 「숨기다」라는 의미보다는 「귀중한」이라는 의미라고 생각한다. 비서성의 역할은 귀중한 책의 보존뿐만 아니라, 필사본을 만드는 것은 물론 그 교정을 행하는 것이었다고 한다. 이와 관련하여 아베노 나카마로(阿倍仲麻呂)는 753년에 비서감에 임명되었다. 그 후 귀국하고자 하였으나 난선(難船)으로 인해 755년에 장안(長安)으로 돌아갔다. 만일 당나라의 왕실 도서관장이었던 아베노가 일본으로 귀국했었더라면, 그의 지식과 경험을 일본에서 살려나갈 수 있었을까?

적어도 웰즈(H. G. Wells)는 지식의 전달은 구어(口語) 또는 문어(文語)라는 매체를 사용하지 않은 채, 직접적인 사고의 이전(전송)에 의한 세계가 올 것이라고 생각하였다. 인도 고대의 전통은 침묵 속에 이루어지는 커뮤니케이션의 절묘함을 묘사하고 있다. 【765절】

3) 도서관의 다양한 종류

그것은 그렇다 치고, 도서관이라는 조직이 오늘날 어느 정도 다양한지 그 다양한 출현 방식을 살펴보고자 한다. 시립 도서관, 농촌 도서관, 군립 도서관, 학교 도서관, 단과 대학 및 종합 대학 도서관, 기업체 도서관, 상업 도서관, 선원(船員) 도서관, 어린이 도서관, 최근에 출현한 청소년 도서관, 눈이 불편한 사람이나 그 밖의 사람들을 위한 전문 도서관 등이 있다. 이러한 도서관들은 도서관으로서의 공통의 성격 이외에, 각각 해결해야 할 문제를 안고 있다. 【766절】

77. 기본적인 사고 방식: 활력의 원천

도서관의 종류가 변하더라도, 모든 것에 공통적인 것, 그리고 앞으로도 특징으로서 계속 존재하게 될 것이 있다. 그것은 도서관이 모두에게 통하는 교육의 수단(instrument)으로, 교육에 도움이 되는 모든 것을 모으고, 자유로이 전달하고, 이러한 수단과 함께 지식을 전파하는 것이다. 이 기본적인 사고 방식, 즉 도서관의 정신이라고 할 수 있는 것은 도서관의 모든 형식 안에 공통으로 존재하는 것으로, 이른바 「영혼」(the inner man)이라고 말할 수 있을 것이다. 그에 대해서는 인도의 신의 말씀이 있다.

낡은 옷을 벗어 던지고, 새 옷으로 갈아입듯, 몸 안에 있는 정신은 해어진 옷을 벗고 새 옷을 입네. 그럼에도 늘 같은 정신.

무기도 벨 수가 없고, 불 또한 태울 수 없네. 물로도 적시지 못하고, 바람으로도 말리지 못하나니.

그는 벨 수도 없고, 태울 수도 없으며, 적실 수도 없고, 말릴 수도 없다네. 그는 영원하고, 구석구석 가득한 채, 변함없이 부동(不動)이라네. 그는 언제나 그대로라네.[11)]

85. 제5법칙과 그 다양한 의미 [제8장의 보완]

1931년에는 제5법칙은 단 하나의 의미로밖에 해석되지 않았다. 이 책의 제7장은 「어린이의 성장」, 즉 신체의 급속한 발육으로 받아들여졌던 것이다. 그러나 그것은 다른 의미를 가지고 있었다. 「성인의 성장」, 즉 신체의 크기는 그대로인 채, 내용이 변화하는 성장이다. 이 이중(二重)의 함의(含意)는 두 가지 유형으로 나타나, 한 나라의 도서관 조직의 형성을 위해 중요한 원칙을 도출하였다. 그 하나는 「보존하는 도서관」이고, 다른 하나는 「서비스하는 도서관」이다. 이 구별은 『도서관 도서 선택』(*Library Book Selection,* S. R. Ranganathan 저, 1931)에서 처음으로 확실하게 제기되었다.

1) 보존 도서관

이러한 종류의 도서관은 증축, 서가, 유지비 등을 계속적으로 필요

---

11) 출전: S. R. Ranganathan, *The Five Laws of Library Science,* 2nd ed., Asia Publishing, 1957. ©1963. p.353.

로 하기 때문에 그 수에 경제상의 제한이 있다.

국립 중앙 도서관은 보존 도서관이어야 한다. 나라가 크지 않으면 하나로 충분할 것이다. 설사 큰 나라라도 반 다스를 넘을 필요는 없다. 인도와 같은 다언어 국가에서는, 헌법 개정권을 갖는 주에서, 그 주의 출판물을 보존하기 위해 주립 중앙 도서관이 필요하다.

시립 및 군립 도서관, 또는 대학 도서관은 이용을 주로 하는 도서관이다. 특히 지역 자료의 컬렉션을 제외하고는, 보존 책임을 질 필요가 없을 것이다.

한 나라에 둘 또는 그 이상의 보존 도서관을 두게 되면 — 인도에서는 세 개의 도서관을 더 두는 것으로 하고 있지만 —, 자료의 일부 또는 전부를 마이크로화하는 것이 경제적이라고 생각한다.

보존 도서관의 모델의 구체적인 예는 『도서관 발전 계획』(*Library Development Plan,* S. R. Ranganathan 저, 1950)에 나타나 있는데, 마이크로필름에 의한 보존에 대해서는 개정할 필요가 있다. 아니면 그것은 도서관 주관 당국이 판단해야 할는지도 모른다. 【851절】

2) 이용을 중심으로 하는 도서관

이것은 장서 책수, 독자수, 스태프의 처리 능력 및 그에 따르는 건물이나 설비의 점에서, 한계가 있다는 사실을 인정하지 않으면 안 된다. 연간의 수집수와 제적수(除籍數)는 최종적으로 균형 유지를 고려해야 한다.

이용을 주로 하는 도서관은 제적하고자 하는 책 전체를 보존 도서관에 통지할 의무가 있다. 보존 도서관은 모아진 복본(複本) 중에서 보존할만한 가치가 있는 조건을 갖춘 몇몇 책을 장서에 추가한다. 이것은 국제적인 레벨에서도 마찬가지이다. 【852절】

3) 종(種)의 형성, 제3의 의미

제5법칙의 제3의 의미는 진화의 성립으로부터 절멸(絶滅)까지를 더듬어가는 계통 발생을 도서관에 적용하여 생각하는 것이다. 이것은 알에서 발생하여 성장하고 사망하기까지의 개체 발생과는 다른 것이다. 이 제3의 의미는 특정의 기능을 특징으로 하는 전문 도서관의 발생을 강조하여 설명하는 데 있다. 이에 대해서는 『도서관학 서문』(*Preface to Library Science,* S. R. Ranganathan 저, 1948)에서 상세히 설명하고 있다. 즉 어떤 종에는 어떤 기능이 두드러진 작용을 하지만, 다른 기능은 그 정도의 능력을 갖지 못하는 경우가 있는 것이다. 그와 같은 현상은 서비스 지향의 도서관과 보존 지향의 도서관 사이에서도 볼 수 있다. 나아가 서비스 지향의 도서관 안에서는, 매크로적 자료와 마이크로적 자료의 상대적 중요성도 찾아낼 수 있다. 그것은 지식을 넓게 찾는 사람과 전문성을 파고드는 사람이라는 점에서 설명할 수 있을 것이다. 이러한 현상은 자연계의 분류상의 각 문(門)의 상위(相違)와 아주 흡사하다. 이 제3의 의미는 독일 바바리아주립도서관(Bavarian State Library)의 뮬러로트(Martin Mullerott) 박사에 의해 제시되었다. 【853절】

4) 제4의 의미

뮬러로트 박사는 나아가 제5법칙의 네 번째 의미를 찾아냈다. 그것은 사회적 생명체의 네 번째 속성으로부터 만들어졌다. 인간의 가정은 분리 독립해 가지만, 본가(本家)와 분가(分家)의 긴밀한 관계를 가지고 있다. 그와 마찬가지로 앞으로 효율적인 서비스와 편의를 위해 독립적이면서도 동시에 긴밀하게 서로 연락하는 도서관상이 종래의 획일적인 도서관상을 대체할 것으로 생각할 수 있다. 도서관 서비스에 대한 사회 조건과 사회적 압력 속에서, 이러한 생각은 검토할 필요가 있다. 【854절】

5) 파밍턴플랜(Farminton Plan)

이것은 10년 정도 전에 미국에서 성립된 계획으로, 제5법칙의 네 번째 의미와 일치하는 단계를 보여주고 있다. 즉 새로운 종류의 도서관을 성립시키기 위한 새로운 실험으로, 국립 중앙 도서관과 일반의 시립 또는 군립 중앙 도서관의 중간에 해당하는 서비스 기능과 보존 기능을 가지고 있다.[12)]【855절】

6) 분류 색인 저록의 증가

제5법칙은 도서관의 세부적인 것에도 빛을 비추고 있다. 이를 설명하는 데는 도서관 목록의 주제 검색 파일에 대해 이야기하는 것이 좋을 것이다. 이것은 표목이나 부표목(副標目)을 구성하는 단어의 순서를 바꾸어 색인을 만들 수 있다면, 그 유효성이 증대할 것이라는 생각이다. 이것은 『도서관 목록 이론』(*Theory of Library Catalogue,* S. R.

---

12) 파밍턴플랜(Farmington Plan): 미국에서는 제2차 세계대전 중 외국의 연구 문헌의 입수가 곤란하였다. 그 때문에 1948년 60개 기관의 학술 연구 도서관이 협정을 체결하여, 미국의 연구자가 필요로 하는 외국의 연구 문헌의 분담 수집과 정리 및 대출을 하기로 하였다. 세계대전 후에는 다양한 상황이 변화하였기 때문에, 1972년에 활동을 종결하였다. 많은 문제를 안고 있었지만, 이 계획이 미국 내외의 도서관 협력에 새로운 시대를 열었던 것은 높이 평가되고 있다. 이와 관련하여 "Farmington Plan"이라는 명칭은 이 계획이 구상되었던 미국 코네티컷 주의 마을 이름에서 유래하였다.

Ranganathan 저, 1938)에서 처음으로 밝힌 바 있다. 여기에서 연쇄 색인법(chain procedure)이 탄생하였다. 이에 대해서는 『탐색을 위한 분류와 코딩, 기제』(*Classification, Coding and Machinery,* S. R. Ranganathan 저, 1950)에서 상세하게 논하고 있다. 이 방식은 BNB(British National Bibliography, 주간)의 알파벳순 배열 부분에, 그 발족 당시부터 영향을 미치고 있다. 이 이론은 제5법칙에 의한 문제점의 지적으로부터 탄생했던 것이다. 【856절】

7) 도서관 서비스에 금전을 개재시키는 것이 갖는 위험성

제2법칙이 세계 속으로 확산되기 위해서는 다른 예와 마찬가지로 돈이 필요하였다. 그 돈은 주민으로부터 들어오는 것이다. 그것은 국가의 조세 체계를 바탕으로, 지방세, 주세(州稅) 및 연방세를 재원(財源)으로 한다. 제2법칙은 이 세 가지를 재원으로 하기를 바라면서도, 주나 연방으로부터의 커다란 금액에는 「조건」이 붙어서는 안 된다고 주장하고 있다. 미국의 경우는 여론의 엄격한 감시가 제2법칙을 지킨다. 인도에서는 이러한 도서관법이 공포되고 법령집에 게재되기까지, 순차적으로 확립될 것으로 생각한다.

제2법칙이 갖는 좀 더 큰 관심은 독자와 「그 사람의 책」 사이에 금전을 개재시켜서는 안 된다는 것이다. 도서관 서비스를 뒷받침하는 것은 시민 한 사람 한 사람이 도서관 서비스를 사용하는지의 여부에 관계없이, 제대로 정해진 세율에 의해 결정된 세액에 의해야 하는 것으로, 「이만큼 돈을 지불했기 때문에 이만큼의 책이나 정보나 서지에 대한 서비스를 얻었다」고 해서는 안 된다. 즉 금액에 좌우되는 서비스는 안 된다.

그런데 마드라스주 도서관 법안 안에 도서관 주관 당국이 독자로부터 예약금 내지 회비를 징수할 수 있다는 조문이 들어가 버렸던 것이다. 이것은 랑가나단이 외유중(外遊中)에 벌어진 일이었다. 귀국한 랑가나단은 교육 담당 장관에게 문제점을 지적하여, 도서관법 시행 규칙에 이러한 징수를 해서는 안 된다고 규정할 수 있었다.[13) 【886절】

8) 도서관의 대헌장(大憲章)

1948년에 제2법칙에 강력한 영향력을 갖는 도서관으로부터의 위협이 닥쳐왔다. 유네스코의 도서관이 다른 도서관의 자료를 사용하여 조사를 했을 경우에는, 그 도서관에 경비를 지불하라는 안이 발표되었던 것이다. 당시 랑가나단은 UN도서관전문가국제자문위원회(International Advisory Committee of Library Experts of the United Nationa)의 위원이었기 때문에, 대체로 다음과 같은 연설을 통해 그 안의 수정에 성공하였다.

> 어떤 도서관이든 독자에 대해 「받은 만큼 서비스한다」는 실례를 보여주어서는 안 됩니다. 영미 양국은 100년에 걸친 고찰 결과 「도서관 서비스는 무료」라는 원칙을 확립하고, 그것을 실천해왔습니다. 저는 이것을 「도서관의 대헌장」(Library Magna Carta)이라 부르고 있습니다. 각국은 이것을 만들어낸 영미 양국에 사의(謝意)를 표해야 합니다. 유럽이나 아시아의 각국에서는 도서관이 가진 책과 그 책을 이용하는 사람들 사이에 요금을 개재시키는 것, 즉 도서관의

13) 주(州) 당국의 변명: 랑가나단의 항의에 대해, 「도서관 주관 당국이 "열람료를 받아도 좋다"라고는 쓰여 있지만 "받아라"라고는 쓰여 있지 않기 때문에 문제가 될 것은 없다」는 변명이 있었다. 만일 이 법률이 이대로 성립되면, 실제상으로 열람료를 받게 되고, 무료의 원칙은 무너진다. 이념을 무시하고, 의미를 살짝 바꿔치기 했다고 말할 수 있을 것이다.

이용은 유료라는 낡은 사고 방식이 사라지지 않고 있는 경우가 종종 있습니다. 인간이라는 존재는 무엇인가 「이익이 있는 것」에 강하게 이끌리는 경향이 있지만, 이 위원회는 어떤 형식으로든 이익에 끌려, 낡은 관습을 영속시키는 방식을 조장해서는 안 됩니다.

이 경향은 영미 양국에서 장기간에 걸쳐 배제되어 왔기 때문에, 형식을 바꾸어 제안되면 그 본질을 파악하지 못하는 경우가 있습니다. 그러나 다른 나라의 도서관인은 오늘도 그 일로 매일 싸우고 있습니다. 이 위원회는 「지불 금액에 따라 서비스가 달라진다」는 생각이 나타날 때는 언제나 곧바로 반대하지 않으면 안 됩니다. 그리하여 이 제안은 제2법칙에 저촉되지 않도록, 그리고 이 도서관에 적절한 서비스가 이루어질 수 있도록 수정할 것을 제안하고자 합니다.

실제로 도서관인 한 사람 한 사람도, 도서관도, 사회의 한 사람 한 사람도, 도서관의 책과 독자 사이에 금전을 개입시키는 것을 피하기 위해 세심한 주의를 기울일 의무와 도서관의 대헌장을 문자 그대로 실행하고 아울러 그 정신을 끝까지 지켜낼 의무를 제2법칙에 대해 지고 있는 것입니다.[14]【887절】

---

14) 도서관 사이의 사례금의 문제: 조사의 요청에 응해준 도서관에 유네스코의 도서관이 사례금을 지불한다고 하는 것은 일견 자상한 배려로 볼 수 있을는지도 모른다. 그러나 유네스코로부터 사례금을 받은 도서관은 다른 도서관으로부터의 참고 서비스 요청에 대해 요금을 청구하게 될 것이다. 그러면 도서관 사이에 이루어지는 상호 협력의 사고 방식은 무너져 버린다. 또한 일반의 도서관은 독자로부터의 요구에 대해 요금을 받게 될 것이다. 무료의 원칙은 거기서부터 무너져 버린다. 랑가나단은 그것을 예견했었던 것으로 생각한다.

한편, 도서관 협력의 초기에는 참고 서비스가 책을 많이 갖춘 대도서관에 집중되어 비명을 지르고 싶어지게 되는 것이다. 그렇다면 이념을 택할 것인가, 맘몬(Mammon)의 신(재물의 신, 173절)을 따를 것인가? 우리들의 선배들은 일관되게 이념을 택하여 오늘날에 이르고 있는 것이다.

강연중인 랑가나단 박사

제Ⅲ부

랑가나단 박사와 관련하여

5법칙에 대한 내 나름대로의 해석을 제시했지만, 실은 직접 랑가나단 박사를 만나본 적은 없다. 랑가나단 박사가 일본을 방문했던 1958년은 내가 도서관에서 일하기 시작한 지 불과 5년째로, 강연회가 있다는 사실을 알고 랑가나단 박사를 직접 뵙고자 생각하였지만, 신출내기 도서관인에게는 도저히 불가능한 일이었다. 내가 공부했던 미국의 문헌정보학 대학원에서는 두 학교 모두 랑가나단 박사를 모셨지만, 시기가 달랐다. 결국 나는 랑가나단 박사의 주변을 맴돌고 있었던 데 불과하였다. 여기에서는 그 「맴돌기」의 일단을 이야기해 보고자 한다.

1. 랑가나단 박사의 아들과의 만남

1970년의 일이었다. 제2차 세계대전 후 두 번째 세계 여행의 기회를 얻어 하네다 공항(羽田空港)을 출발하였다. 옆자리에 인도 사람 같은 사람이 있었는데, 내가 가지고 있던 미국 잡지(*Library Quarterly*)를 알아보는 것이었다. 「일본의 도서관인인가요?」하고 말을 걸어왔다. 잠시 서로의 나라의 도서관 사정 등을 함께 이야기하던 중에 「일본의 도서관인이라면 제 부친의 이름을 알고 있겠네요」라고 중얼거리듯 말하였다. 나는 놀랐다. 그런 사실을 첫 대면에서 말할 수 있는 것은 랑가나단 박사 외에는 없다고 생각했기 때문이다. 그렇지만 실수하면 실례라고 생각하여 부친이 누구인가 물었다. 「랑가나단」이라는 한 마디를 듣고 기뻤던 나는 「당신이 그 고명(高名)한 시얄리 라맘리타 랑가나단의 아들인가요?」라고 물었다. 이번에는 그가 놀랠 차례였다. 「어떻게 그 긴 이름을 전부 알고 있습니까? 제 학생 시절에는 랑가나단 요게시와르(Ranganathan Yegeshwar)라는 이름이 너무 길어서, "랑"이라고밖에 불리지 않았는데」라고 말하였다. 나는 그래서 가슴을 펴고, 「당신의 아버님은 그 훌륭한 업적 때문에 일본의 도서관인은 전부 그 이름을 알고 있다」고 말하였다. 말해 버리고 나서, 「전부」는 말이 약간 지나쳤다는 생각이 들기는 했지만 말이다.

이 사람도 옆에 앉은 사람이 도서관인이라는 걸 알고 그 우연에 놀라 문득 입을 열었었던 것 같다. 부친의 명성을 자랑하는 인상은 아니었다. 그런데도 그런 말이 나온 것은 랑가나단 박사이기 때문이다. 그 일이 얼마나 큰일이었는지를 새삼스레 다시 생각하게 되었다. 박사가 작고한 것은 그로부터 2년 반 후의 일로, 미국에서 재차 학생 생활을 보내고 있었던 나는 인도인인 동급생과 함께 이 거인의 서거를 애도하였다.

하네다 공항에서 만난 지 39년이 지났다. 이 책에 꼭 랑가나단 박사의 사진을 넣고 싶다고 생각했지만, 서거 후 37년이나 지났기 때문에, 어떻게 하면 좋을는지 알 수 없었다. 박사의 저작의 판권을 가지고 있는 사라다랑가나단도서관학기금(Sarada Ranganathan Endowment for Library Science)으로부터 출판에 대한 이해를 얻은 후에, 「아들 요게시와르 씨의 주소는 어디인가요?」라고 물었더니, 그날 밤중에 메일이 와서, 현재는 룩셈부르크에 살고 있다고 가르쳐 주었다.

곧바로 편지를 보냈다. 아들도 그 만남을 기억하고 있으며, 박사의 전기에도 적었다고 말해주었다. 그로부터 메일을 주고받으면서, 자기가 쓴 전기와 함께 몇 장의 사진을 차례로 보내주었다. 이 책에 게재된 것은 모두 아들이 보내준 것이다. 박사의 애제자 카울라(P. N. Kaula) 교수가 편찬한 전기에도 실려 있지 않은 사진들뿐으로, 특히 박사가 집필중일 때 찍은 사진은 귀중한 것이다. 또한 당시 일본 도서관계의 지도자였던 우라타 타케오(裏田武夫), 카토우 슈우코우(加藤宗厚), 세키노 신키치(關野眞吉), 나카무라 하츠오(中村初雄) 등 여러 선생의 모습도 볼 수 있는데, 이제 어느 분도 생존해 계시지 않는다. 그러한 사진을 게재할 수 있었던 것은 그 비행기 안에서 이루어진 만남으로부터라는 완전히 불가사의한 일 덕분이었다(권두화(卷頭畵) 참조).

2. 이름에 대해

그 만남의 이야기를 읽고 문득 생각나는 것이 있다. 이 책에서 나는 박사에 대한 것을 「랑가나단」이라고 적었다. 그러나 우리들의 대화에서는 「랑가나아단」이었다. 도대체 어느 쪽인가 하고 물을 듯하다. 인도 사람의 이름을 읽는 방법이나 그 구성은 이해하기가 상당히 어렵기 때문에, 아들의 저서를 바탕으로, 그 부자의 이름을 비교해 보고자 한다.

〈표 3-1〉 랑가나단 부자의 이름 비교

구 분	출생지명	부친의 이름	아들의 이름	카스트명
부	시얄리	라맘리타	랑가나단	아야추르
자	토리푸리케인	랑가나아다	요게시와르	아야추르

이것은 인도 남부 타밀 지방의 관습으로, 인도 전체의 것은 아닌 것 같다. 「랑가나단」(Ranganathan)의 말미에 오는 "-an"이나 "-ar"이라는 접미사는 남성을, "-ambal"은 여성을 나타낸다. 자식의 이름 앞에 붙는 부친의 이름에는 "-an"이 붙어 있지 않다. 카스트명은 이 부자는 사용하고 있지 않은 것 같다. 옛날에는 출생지명이 그 일족 공유(共有)의 성(姓)의 역할을 하였으나, 오늘날에는 사람이 출생지를 떠나 생활하기 때문에, 그 기능을 상실하였다. 아울러 오늘날에는 서구풍의 이름 형식

을 택하는 사람도 있기 때문에 더욱 더 복잡하다. 요게시와르 씨도 그 한 사람이다.[1]

다음은 「랑가나단」인가 「랑가나아단」인가이다. 박사 자신은 「랑가나아단」이라고 적고 있다. 이 책의 권두화의 5법칙의 아래, 로마자 아래의 나가리 문자(Nagari)[2]가 그것으로, 그 아래는 타밀 문자에 의한 서명이다. 이것은 1958년에 일본을 방문했을 당시에 쓴 것이다.

그렇지만 이 책에서는 굳이 「랑가나단」이라는 표기를 따랐다. 하나의 언어를 타국어로 표시하는 것은 상당히 번거롭다. 예를 들면 인도 고대의 수행법 「요오가」를 일본에서는 「요가」로 하고 있고, 인도의 「네에루」 수상에게도 「네루우」나 「네헤루」라는 표기가 있었다. 그러므로 타인과 혼동할 우려가 없는 한, 그 나라에서 정착된 표기를 사용하기로 하였다. 다만 대화의 경우에는 「랑가나아단」 쪽이 이해하기가 좋을 것으로 생각한다.[3]

3. 랑가나단은 이해할 수 없다

아들을 만나기 6년 전의 일이다. 나는 미국의 대학원에서 도서관학을 배우고 있었다. 편목법 · 분류법의 상급 코스 수업에서, 학생이 각

1) Ranganathan Yegeshwar, *S. R. Ranganathan: Pragmatic Philosopher of Information Science, A Personal Biography*, Munbai, Bhavan, ©2001. p.390의 기술에 의함.

2) 역자주: "브라흐미 문자(Brahmi)에서 유래하며, 데바나가리(Devanagari, 梵字)를 포함하는 서로 관련 있는 일군(一群)의 필기체 문자로, 인도의 각종 언어를 필기하는 데 쓴다."(Naver 사전).

3) 역자주: 한국어에서는 외국인명에 대해 장음 표기를 하지 않기 때문에, 그대로 「랑가나단」, 「요가」, 「네루」로 표기하게 될 것이다.

각 기존의 분류법을 맡아, 클래스에서 발표하게 되었다. 나에게는 콜론 분류법(CC: Colon Classification)이 배정되었다. 그리하여 랑가나단의 저작 리스트와 콜론분류법의 구조를 설명하는 배포 자료를 준비하여, 판에 박은 듯한 발표를 마쳤다. 그 다음에 질문이 집중되었다. 콜론분류법은 주제가 가지고 있는 「패싯」(facet)의 분석이 특징으로, 그 분석 결과를 기호화하여 일정한 순서로 배열하여 분류 기호로 삼는다. 그 「패싯」은 Personality, Matter, Energy, Space, Time의 다섯 가지이다.

예를 들면 벽돌로 집을 짓는 경우, 집은 Personality를 갖는 것으로 생각된다. 그리고 그 재료(Matter)는 벽돌이다. 그러나 벽돌을 생산할 때는 그 벽돌이 Personality를 갖게 되는데, 이 생각에 질문이 집중되었던 것이다. 집에 Personality가 있다는 것은 알 수 있을 것 같지만, 벽돌에 그것이 있을 것 같지 않으며, 벽돌은 Matter에 불과하다는 것이다. 실은 나는 이 「벽돌도 또한 그 Personality를 갖는다」는 생각에 아무런 의문도 없이 동조하고 있었기 때문에, 이 질문에는 멈칫하였다. 몇 번에 걸쳐 주고받기를 반복한 결과, 「그렇게 생각할 수 없다고 하는 생각이 있다는 것은 인정한다. 그렇지만 세상에는 이를 그대로 인정하는 우리들과 같은 인간도 있는 것이다」라는 말로 마무리하였다.

후에 교수가 「랑가나단의 사고 방식을 이해할 수 없는 것은 그 독자적인 사고 방식을 영어로 표현했기 때문이다. 우리들은 그것을 일상의 영어의 의도로 읽는다. 그러나 그가 쓰는 의미는 다르다. 만일 랑가나단이 자신의 언어로 쓰고, 그것을 다른 사람이 영어로 해명해준다면, 좀 더 이해하기 쉬울 것으로 생각한다」고 말했다. 이 「일상적으로 영어에서 생각하고 있는 것과는 다르다」는 표현 속에 랑가나단의 사고 방식에 다가서는 무엇인가가 있을 것 같다고 생각한다. 다만 곤란한 것은 영어가 아닌 언어로 배운 사람에게는, 「일상의 영어」 그 자체를 제대로는 이해할 수 없다는 것이다. 그 언어로 배운 사람들이 감지하는 것까지는 이쪽의 이해도 감각도 미칠 수 없기 때문이다. 그러므로 다양한 각도에서 생각해보고, 해석을 쌓아갈 수밖에 없게 되었다. 이 책도 그 하나인 것이다.

4. 인도인으로서의 생활과 사고

영국에 유학한 인도인은 영국풍을 몸에 익히고 귀국하는 경우가 많았던 것 같은데, 랑가나단은 달랐다. 고국에 있을 때와 마찬가지로 머리에 터번을 두르고 있었다. 1920년대의 영국에서는 아직 인도의 사정을 잘 알지 못했기 때문에, 한눈에 인도인이라고 알 수 있는 복장은 오해의 불씨가 되는 경우도 있었다. 그렇지만 랑가나단은 인도인으로 살아가는 것을 바꾸지 않은 채, 이 습관을 평생에 걸쳐 계속하였다. 그런 그를 뒷받침했던 것은 고전 『라마야나』(Ramayana)였다. 매일 아침, 영국에서든 인도에서든, 그 534페이지짜리 고전을 1절씩 계속해서 읽고, 끝나면 다시 처음부터 다시 시작해서 읽기를 거듭하여, 적어도 19번이나 읽었다고 한다. 이것은 주지하고 있는 것처럼, 라마(Rama) 왕자와 그 비 시타(Sita)를 중심으로 한 고난의 이야기인데, 이를 낭송함으로써 자신에게 닥쳐오는 고난을 견뎌냈던 것으로 생각한다.

나아가 랑가나단이 소수의 단어로 깊은 의미를 표현하는 방법을 취하는 것에 대해 요게시와르 씨는 『베다』(Veda) 및 그 밖의 인도 고전의 영향이라고 말하고 있다. 그 실례가 제2법칙과 제3법칙이다. 이러한 문장은 읽는 사람에게 그 의미를 깊이 생각하고, 자신의 말로 그것을 표현할 것을 요구한다. 랑가나단이 델리대학에서 도서관학의 박사

과정을 열었을 때는, 학생들에게 세속적인 관계는 완전히 버리고, 도서관학의 연구에 전념할 것을 요구하였다. 인도 고대 우파니샤드(Upanisad) 시대의 스승과 제자의 관계가 델리에서 재현되었던 것이다. 우파니샤드란 진리를 찾는 스승과 제자가「가까이 앉는다」는 의미이다. 스승과 제자가 진리를 찾아「함께 배우는」 진정한 관계였다. 그리하여 학생들뿐만 아니라, 랑가나단 자신의 사고도 연마되었을 것이다. 참으로 엄격한 교육 환경이었다고 생각한다. 랑가나단 박사는 그러한 연구자이면서 동시에 교사였던 것이다.

이러한 환경 속에서 콜론분류법과 연쇄색인법을 포함한 분석 합성식 분류법(analytico-synthetic classification)도 점점 더 깊이를 더해갔을 것이다. 이러한 생각의 기본은 서구적인 것의 관점이 아니라, 현상 세계의 모든 것은 타물(他物)과 서로 관계하면서 생기고, 존재하고, 변화한다는 인도의 사고 방식이 밑바탕에 있다고 생각한다. 이러한 생각을 진전시켜 나가면, 앞으로의 국제적인 도서관 활동과 도서관학의 발전에 새로운 면을 만들어낼 수 있을 것이다. 앞으로는 서구적인 사고의 세계 이외의 곳에서 온 사람들이 이 분야에 참가할 것이기 때문이다.

5. 앞으로의「랑가나단」

영어 세계의 사고 방식은 아니라거나, 인도 고래(古來)의 사고 방식을 바탕으로 하고 있을 것이라는 등으로 생각하면, 랑가나단의 사고 방식은 우리들에게 멀리 있는 것이 되어버리는 것 같다.

또한 한편에서는 랑가나단은 수학을 공부하여 그 논리성을 기른 사람이기 때문에, 그 서술이 엄밀하고 과학적이라는 사실은 많은 사람이 인정하는 바이다. 그리고 이 5법칙이 나타내는 바는 오늘날 유네스코의 『공공도서관선언』(1994)에 살아 있다고 아들은 말하고 있다. 아울러 랑가나단의 정보 관리에 대한 사고 방식이 기계에 사람을 합치는 것이 아니라, 사람을 위해 정보 관리의 기계 처리가 있다고 주장한다는 점에서, 특히 유럽에서 높이 평가되고 있다고도 한다.

가장 중요한 것은 각각의 문화가 배경에 있어, 일률적으로 부정도 긍정도 할 수 없게 되어 버린다. 랑가나단의 사고 방식은 앞으로 어떻게 받아들이면 좋을 것인가?

대략적인 표현이기는 하지만, 사람이 사물을 생각하는 데는 저마다 사고 방식의 기지(基地)라고 할만한 분야가 있어, 그것을 바탕으로 사고가 형성된다. 그 분야의 발언으로 그치면 그뿐이지만, 다른 분야의 존재를 깨닫게 되면, 거기에서 대화가 생겨나게 된다. 그리하여 점차 대화의 광장이 만들어진다. 거기에 사람은 다양한 생각을 가져와서, 다른 생각과 일치하는 것을 맞추어보고, 일치하는 것을 받아들이면서, 대화의 광장을 넓혀나가게 될 것이다. 한편, 일치하지 않는 것에 대해서는, 그 상위(相違)에 대한 연구가 시작되고, 생각을 가져와 제시하는 것과 정리하는 것을 분담하는 사이클이 그곳에서 작동한다. 또한 처음에는 일치한다고 생각했던 것이 실은 근저(根底)에서는 다르다는 사실이 밝혀지는 경우도, 그 반대의 경우도 생겨난다. 그것이 모두 대화의 광장을 넓혀간다.

이 사고 방식의 중심이 되는 것, 그것은 랑가나단의 「사람을 기름으로써 사회가 진보하고, 그 사회가 다시 사람을 기른다. 모두가 자신을 기르는 힘을 갖도록 하기 위해 교육이 있다. 사람은 그 교육을 받을 권리를 가지며, 누구나 그 교육을 받아들일 능력을 갖는다」는 생각이 아닐까?

그리고 그 사람을 기르는 중요한 수단으로서 도서관이 있다. 그것을 전 세계 사람들에게 미치게 하려고 도서관 협력이 있다. 그리고 그 도서관의 특질을 분명하게 하고, 그것을 바탕으로 그 본연의 모습을 제시했던 것이 이 5법칙이다.

요게시와르 씨는 나의 질문에 답하면서, 다음과 같은 명쾌한 답을 해주었다.

> 도서관학의 도달 목표:《책은 이용하기 위한 것이다》
>
> 이로부터 연역하여 다음 세 개의 법칙이 생겨났다.
> 《모든 사람에게 그 사람의 책을》
> 《모든 책에게 그 책의 독자를》
> 《독자의 시간을 절약하라》
>
> 다이내믹한 세계의 변화에 대응하기 위해 항상 생각해야 하는 것은
> 《도서관은 성장하는 유기체이다》이다.
>
> 여기까지의 사고 과정의 갱신은 다음 그림을 바탕으로 이루어진다.
> "과학적 방법의 나선형 구조(spiral)"[4)]

그 그림은 〈그림 3-1〉과 같다. 이것은 5법칙의 제2판 814절에 제시되어 있는데, 이 그림 작성에 참가했던 요게시와르 씨의 현재의 의견에 따라, 원도(原圖)에서 "Nadir," "Ascendent," "Zenith," "Descendent"의 네 개 단어를 생략하였다.

이 중심의 나선형은 과학적으로 검토해야 할 과제, 즉 이 경우는 5법칙을 포함한 도서관학이다. 그것이 나선형으로 표시되어 있는 것은 이 테마가 인간의 문화와 함께 존재하고, 미래로 향해간다는 시간적인

---

4) 출전: S. R. Ranganathan, *The Five Laws of Library Science,* 2nd ed., Asia Publishing, 1957. ©1963. p.360.

길이와 그것이 항상 회전하면서 멈추지 않는 활동적인 현상이라는 사실을 나타내고 있다.

그 주위의 네 개 항목은 1에서 시작하여 4에 이르고, 또 1로 되돌아온다는 연구의 프로세스이다. 5법칙은 이 프로세스에서 탄생하여, 이 프로세스에 의해 스스로를 갱신하는 것이다.

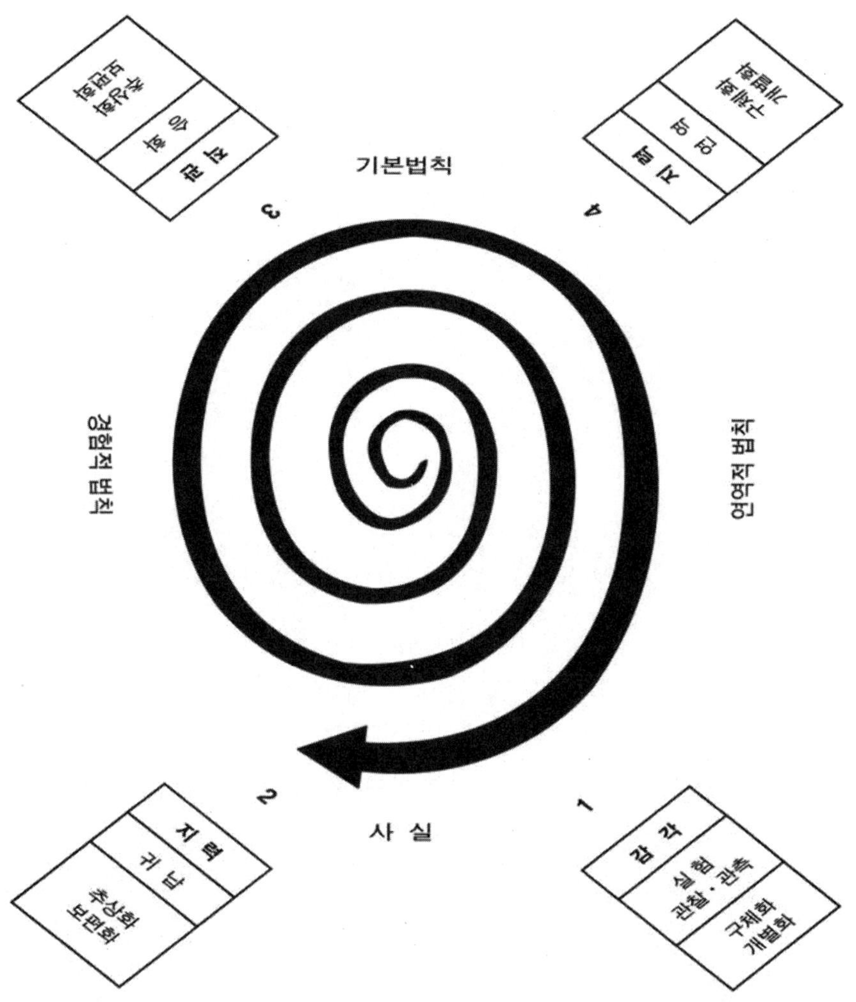

〈그림 3-1〉 과학적 방법의 나선형 구조5)

---

5) 역자주: 이 그림은 타케우치 사토루 교수가 한국어판 서문과 함께 보내준 교정용 자료를 바탕으로 수정하였다. 교정과 함께 타케우치 교수는 다음과 같은 설명을 추가하고 있다. "즉 수집된 데이터를 2는 지력에 의해 귀납하고, 4는 지력에 의해 연역한다는 의미이다. 아울러 이 기회에 「지성」을 「지력」으로 수정하였다."

랑가나단 박사의 아들 요게시와르 씨

후 기

가까스로 여기까지 왔다. 랑가나단이라는 산의 안내도를 그리기 위해서는, 본인이 그 산에 올라보지 않으면 안 된다. 그리하여 그 등산, 즉 원저의 한 단어 한 단어를 읽고 해석하기를 시도하였다. 그 결과는 안내도는커녕 오히려 독자를 미혹(迷惑)시키는 것 같은 것이 되어버렸다. 그래서 방침을 바꾸었다. 랑가나단 선생의 뒤를 따라, 그 도서관을 견학하고, 그 설명을 듣고, 나아가 그 기본적인 사고 방식의 강의를 듣고 한다. 그리고 혼자가 되어,「오늘날의 선생의 이야기는 무엇이었을까? 그것을 일본어로 생각한다면, 표현한다면, 어떻게 될 것인가?」하고 생각하게 되었다. 그 설명을 몇 번이나 고쳐 써서 이 책이 정리되었다.

따라서 이 내용은『도서관학의 5법칙』에 대해 나는 이렇게 이해했다고 하는 보고이다. 그리하여 독자 여러분이「랑가나단이 말하는 것을 타케우치는 이렇게 이해했다. 원래는 어떤 것일까? 완역본(完譯本)에서 원서로 거슬러 올라가 확인해보자」라고 생각해 주시면 다행이다. 그렇게 함으로써 원저자의 사고 방식이 그때그때마다 새로움과 깊이로 독자에게 다가온다고 생각하기 때문이다. 도서관에 대해 배우기 시작하여, 랑가나단 박사의 사고 방식을 듣고 무엇인가 깊은 것을 느끼고 나서 56년 후에, 그것을 위한 안내서로서 이 책을 정리할 수 있었다. 이것 자체가 누리기 어려운 행운이라고 생각한다.

2009년 12월의 『도서』(圖書)(岩波書店)의 「뒷이야기」(こぼれ話)에, 진정한 지식에 이르는 길은「고전적인 책과 문헌」을「주의 깊게 읽으면서, 거기에 담겨있는『경험』의 의미를 그 내측으로 뚫고 들어가 읽

어낸다」고 하는 「독서」라고 적혀 있었다. 그리고 그것은 「진정한 지식에 대한 치열한 갈망」을 바탕으로 한다고 한다. 도서관에 대해 생각한다는 것은 그러한 독서에 기인한다고 생각한다.

랑가나단 박사는 영국과 인도, 그리고 각국의 도서관의 상황을 고찰의 대상으로 하고, 스스로의 「지적 굶주림」을 원동력으로 하여, 「사람이 살아가기 위해 지식을 획득하는 것」을 일생에 걸쳐 추구하였다. 그것이 박사의 「도서관학」이었다. 그러한 박사의 다양한 「경험」, 즉 고찰의 방법과 내용, 그 구체적인 표현으로서의 도서관 활동, 그 새로운 생각과 행동에 대한 사람의 반응 등의 의미를 그 내측으로 뚫고 들어가 읽어내는 것이 도서관을 생각하는 기초의 하나가 되는 것은 아닐까?

이 작은 책을 발판으로 삼아, 그러한 독서와 그것을 바탕으로 하는 연구 및 도서관 활동이 진행될 것을 기대하고자 한다.

여러분의 비판을 기대한다.

일본 도서관법 제정 60주년의 날에
타케우치 사토루

역자 후기

이 책은 타케우치 사토루(竹內悊) 박사의 『圖書館の歩む道: ランガナタン博士の五法則に學ぶ』(일본도서관협회, 2010)을 우리말로 옮긴 것이다. 이 책은 문헌정보학의 새로운 고전이라고 할 수 있는 랑가나단의 『도서관학의 5법칙』의 내용 가운데 핵심적인 부분들을 타케우치 박사님의 풍부한 경험을 바탕으로 해석하고 특유의 해설을 추가하여 알기 쉽게 설명한 흥미로운 책이다. 『도서관학의 5법칙』은 워낙 유명한 책이라서 읽고자 하는 의욕은 있었으나 워낙 방대하여 그 원전이나 번역본을 읽어볼 엄두가 나지 않았거나 이를 읽는 데 어려움을 겪은 독자들에게 특히 도움이 되리라고 생각한다. 또한 문헌정보학에 입문하는 학생들은 물론 도서관 경영을 시작하는 분들, 도서관에 새로이 관심을 가지고 있는 일반 독자들에게도 일독(一讀)을 권하고 싶다.

타케우치 박사님은 일본도서관협회 이사장을 역임한 일본도서관계의 원로로 80세가 넘은 현재도 일본내에서 활발한 활동을 하고 있는 연구자이시다. 본인은 2011년에 있었던 "『도서관학의 5법칙』발행80주년기념국제학술대회"에 참석하기 위해 한국을 방문하셨을 때, 본인도 발표자의 한 사람으로서 선생님을 인천공항으로부터 학술대회장이 있던 대전까지 직접 안내하게 되어, 함께 동행한 본인의 인도 친구들과 더불어 여러 이야기를 나누면서 친분을 나눌 기회를 갖게 되었다. 그 이후 몇 차례의 이메일을 주고받으면서, 이 책을 번역하고자 하는 욕심을 갖게 되었다. 선생님께서는 번역을 흔쾌히 허락해주셨을 뿐만 아니라, 직접 한국어판의 서문을 써주시는 친절을 베풀어 주셨다. 깊이 감사드린다.

본인은 학부에서 부전공으로 공부했던 문헌정보학을 전공하기 위해 대학원 석사과정에 진학하면서 학부에서는 이름 정도로만 알았던 랑가나단 박사와 인도의 도서관학에 대해 관심을 갖게 되었다. 특히 랑가나단의 문헌 분류 이론을 접하면서는, 그의 분석 합성식 분류 이론이 『도서관학의 5법칙』과도 밀접하게 연결된다는 점에 흥미를 느끼게 되었다. 그러나 본인이 대학원에서 공부하던 시절만 해도 인도의 자료들을 입수한다는 것이 여간 어려운 일이 아니었다. 랑가나단이나 그의 분류 이론에 관련된 자료를 입수하기 위해 백방으로 노력하면서 인도대사관을 몇 번이나 직접 찾아간 적도 있었다. 처음에는 잘못된 정보를 전해 듣고 한남동에 있던 인도대사관이 아닌 여의도에 있던 인도네시아대사관을 찾아갔던 해프닝은 두고두고 본인의 이야깃거리가 되고 있다.

본인은 그 후 지속적으로 분류 이론을 공부하고 관련 논문이나 자료를 작성하거나 번역하면서 인도 학자들과의 접촉을 꾸준하게 시도해왔다. 그 과정에서 몇 차례 인도를 방문할 기회를 갖게 되어, 2007년에는 마드라스대학(University of Madras), 인도공과대학도서관(IITM, Indian Institute of Technology Madras Library), 마이수르대학(University of Mysore), 방갈로르대학(University of Bangalore), 2010년에는 SRM 대학(SRM University), 2012년에는 DRTC와 사라다랑가나단도서관학기금(Sarada Ranganathan Endowment for Library Science), 델리대학(University of Delhi) 등에서 특강을 하기도 하였다. 그 덕분에 지금은 인도의 여러 지역과 대학에 있는 친구들과 가끔 왕래도 하고 이메일이나 SNS 등을 통해 수시로 대화할 수 있게 되었고, 본인이 박사학위논문의 심사에 참여하여 박사학위를 수여받은 인도 박사들의 수도 50명 가까이에 이르게 되었다.

이러한 모든 과정에서 본인은 랑가나단이 이루어낸 성과와 그것이 오늘날의 인도 문헌정보학 전반에 미치는 영향을 직접 확인할 수 있는 기회를 갖게 되었다. 특히 랑가나단이 직접 설립한 마드라스대학 문헌정보학과나 DRTC, 사라다랑가나단도서관학기금, 델리대학 문헌정보학과에서는 대 학자가 남긴 자취와 흔적을 그대로 느낄 수 있었다. 사라다랑가나단도서관학기금을 방문하여 특강할 때는 인도 도서관계의 여러 원로 학자들께서 참석해주셨다. 특히 랑가나단 박사님의 제자이며 그 이사장인 닐라메건 박사(Dr. A. Neelameghan)께서 직접 질문을 해주시기도 하고, 랑가나단 박사의 아들 요게시와르 씨가 집필한 랑가나단의 전기와 기금에서 발행하는 국제학술지를 직접 전해주시기도 하였다.

타케우치 박사님은 랑가나단 박사의 아들 요게시와르 씨와의 우연한 인연을 소개하면서 이 책을 집필하게 된 소회를 밝히고 있다. 금년에 본인의 DRTC와 사라다랑가나단도서관학기금, 델리대학 방문 소식을 들으시고는, 고령으로 같이 가지 못하는 점을 아쉬워하셨다. 랑가나단을 중심으로 하여 여러 나라의 저명한 원로 학자들과 교유하고 그 성과를 나눌 수 있게 된 점을 본인은 늘 감사하게 생각하고 있다. 이 번 역서는 그 은총의 결과로 얻어낸 작은 결과물이라는 점에서 본인은 큰 기쁨을 느끼고 있다.

이 책이 나오기까지 여러분의 도움이 있었다. 본인을 문헌정보학 연구의 길로 안내해주시고 지도해주신 정필모 박사님께서는 랑가나단의 분류 이론에 대한 관심을 일으켜 주셨다. “『도서관학의 5법칙』발행80주년기념국제학술대회”를 통해 타케우치 박사님과의 인연을 열어준 한국도서관협회 남태우 회장님과 직원 여러분, 한국문헌정보학회 곽동철 회장님과 임원 여러분, 랑가나단의 자취와 흔적을 함께할 수 있도록 도와

주신 마드라스대학의 Ramesh Babu 박사님과 Asok Kumar 박사님, DRTC의 Krishnamurthy 박사님, 방갈로르대학의 Ramesha 박사님, 마이수르대학의 Kumbar 박사님, 델리대학의 Kumar 박사님, 사라다랑가나단도서관학기금의 사무총장 Prasad 박사님과 이사장 Neelameghan 박사님께도 감사드린다. 아울러 본인과 함께 이 번역 자료의 초고를 검토해준 계명대학교 대학원의 고은정 양, 권정인 양, 김선아 양, 김영우 군에게도 고마움을 전하고자 한다. 매번 훌륭한 편집과 표지 디자인으로 책의 내용을 돋보이게 해주는 태일사 김선태 사장님과 직원 여러분에게도 감사드린다.

랑가나단이라는 위대한 학자의 대 저작을 일본도서관계의 원로 타케우치 교수님께서 해설한 책을 이번 기회에 자세히 읽을 수 있게 되는 개인적인 즐거움을 누리면서도, 본인은 여러모로 부족한 번역으로 인해, 두 거장들의 크나큰 성과에 누가 되지 않기를 바랄 뿐이다. 아울러 이 작은 번역서가 도서관과 문헌정보학에 관심을 갖고 있는 많은 분들에게도 조금이나마 도움이 되길 진심으로 바란다.

2012년 11월

역자 적음

한국어판 서문의 원문

はじめに

-韓国語版に寄せて-

竹　内　悊

本書は、ランガナタン博士の名著『図書館学の五法則』の解説書『図書館の歩む道ーランガナタン博士の五法則に学ぶー(竹内悊・解説　日本図書館協会2010)』の翻訳書です。

ランガナタン博士は、1892年、インド南部の大都市マドラス(現在はChennai)の郊外に生まれました。インドの物語詩ラーマーヤナを父親が朗唱するのを聞いて育ち、大学では数学を専攻、助教授となって学生一人ひとりの数学への興味と能力とに応じる指導を始めました。これがそのクラス全体の理解度を高め「生まれながらの教師」と言われました。

1924年、マドラス大学図書館長に選任され、英国で図書館学を学び、各種の図書館を見学して帰国、図書館の近代化を図りました。つまり博士は、インド古来の人と自然とに対する見方の上に西欧の科学的な考え方を学び、さらに図書館について深く考え319

た人だったのです。その著作は単行書50冊と論文や図書館計画1000点に及びますが、『図書館学の五法則』こそがその最初の著作であり、その後の業績の源泉となりました。これはそれまでの経験と知識と研究とに基づいて、図書館とは何か、人の成熟と成長のために充実発展させるためにはどうするか、その考えを科学的に組み立てるのにはどうすべきかを真剣に考えました。そしてその結果を五つの法則にまとめ、その一つひとつをわずか四語から六語の英文で表現しました。これは天才的な仕事です。これによってランガナタン博士と五法則とは図書館界で知らない人はいない、と言われるほどになりました。

しかし、知名度と内容の理解度とは必ずしも一致するものではありません。この五法則についてランガナタン博士は400ページに及ぶ解説を書きました。これが五法則そのものです。そこでこの五法則を正しく理解するためには、この全部を原文で読むのが本筋です。それは誰でもというわけには行きませんから、完訳版が必要になります。幸いに韓国には完訳版が出版されましたから、皆さんはそれをご覧になればいいのです。私たちの場合も完訳書が出版されましたが、30年たって手に入れにくくなりました。そのうえ、これから図書館について学ぼうとする学生さんや地域の人々にとって、完訳版を+読み通すのはかなりの大仕事です。そこで手引書が必要になり、この 『図書館の歩む道ーランガナタン博士の五法則に学ぶ』が生まれました。それは山に登るときの地図の選択と似ています。ヴェテランは詳細な地図を選びますが、初心者にはまず簡単な図が必要なのです。

つまり私の 『図書館の歩む道』は、登山口にある大まかな案内図です。この案内図の価値を認め、韓国語に翻訳してくださったのは啓明大学校教授、呉東根博士です。私としてはこんな嬉しいことはありません。図書館で働き始めて59年、その中で与えられた大きな名誉の一つです。呉先生に御礼申し上げるとともに、皆さんがこの手引書から完訳版に至り、さらに原書を読んで、五法則をより深く理解してくださることを期待しています。

それは、この五法則が 「これを守れ、これに従え」と要求するものではなく「図書館のことを考える道筋としてこの五本の柱を立てた。これを手掛かりにして、図書館について考えて見よう」と読者に語りかけるものだからです。それについて考えることで、五法則の意味するところが、深く、広く理解され、五つの法則の一つひとつが他の法則と密接に連携して図書館を構成することがはっきり見えてくるのです。つまりこの五法則とその解釈とは固定したものではなく、読者がそれぞれの条件のもとで考え、その考えに基づいて図書館サービスを展開し、それによってこの考え方の確かさを証明するというものなのです。その結果五法則のそれぞれに新しい解釈が加えられ、全体として成長してゆくことになります。

そういう変化とともに、わずか26語によって示される五法則のエッセンスは、時代が移り地域が変わっても図書館の進むべき道を示してくれます。そこにこそこの五法則の持つ「法則性」があると、私は考えております。

そのランガナタン博士の考え方の基礎には、博士の人間観、教育観があります。つまり、人の能力にはほとんど差はないが、違いが見えるのは、指導の良し悪しによる。適切でない指導によって生まれた短所は、非難するよりも修正できるように援助すべきだ。それには、多様な資料を備えて、その人に適切なものを提供できる図書館が大事だ、というのです。これは、最初に述べた「数学教師としてのランガナタン」にもすでに現れています。つまり数学教師としてのこの人の中に、レファレンス・ライブラリアンとしてのランガナタンが早くから住みついていたのです。

五法則に描かれてはいないこういうことは、博士の令息ランガナータ・ヨーガシュワリ氏から教わりました。この方とは1970年に飛行機でたまたま隣り合わせに座り、話を交わしたことがあります。それから40年近くたった後で、私の質問に懇切に答えてくださった上に、ランガナタン博士の貴重な写真を何枚も提供してくださいました。この方はヨーロッパでindustrial engineering という新しい分野を開拓し、ランガナタン博士が1955年に五法則を改訂する時には、助手として父君を助けた方です。さらに博士の没後に令息の立場から伝記を出版され、私にも送ってくださいました。私にとって、これ以上の協力者はありません。

そのほか、今までお世話になった恩師や友人の方々のお名前はあまりに多く、ここには記すことができません。私の原稿を辛抱強く待ち、本にしてくださったのは日本図書館協会です。そして今日、韓国語版を生み出してくださった呉東根先生と、出版の実務を進められた Taeilsa Press の皆さんがいらっしゃいます。この方々に心からの御礼を申し上げるとともに、この韓国語版の読者のみなさんによる新しい図書館像の創造と、それを支える五法則とへの大きな期待を表明して、ご挨拶といたします。

색 인

『도서관의 5법칙』의 주요항목에 대한

◘ 집필자 소개 ◘

타케우치 사토루 (竹内悊)

1927년　도쿄 교외에서 출생
1956년　토요대학(東洋大學) 사서강습 수료
1965년　플로리다주립대학(미국) 도서관학대학원 석사과정 수료(Master of Science)
1979년　피츠버그대학(미국) 문헌정보학대학원 박사과정 수료(Doctor of Philosophy)
1954-55년 세타가야(世田谷)중・고등학교 도서관 근무
1956-66년 릿쇼대학(立正大學) 도서관 사서, 67-68년 문학부 강사(도서관학 담당)
1969-80년 센슈대학(專修大學) 문학부 강사, 조교수, 교수(도서관학 담당)
1981-86년 토쇼칸죠호대학(圖書館情報大學) 교수, 도쿄대학 교육학부 강사 겸임
1987-93년 토쇼칸죠호대학 부학장, 부속도서관장, 93년 퇴직
1998년　일본도서관협회 고문
2001년　일본도서관협회 이사장, 2005년 퇴임, 현재 고문

〈저서〉

『도서관학과 교육』(圖書館學と教育)(편저), 日外アソシエーツ, 1983
『커뮤니티와 도서관』(コミュニティと圖書館)(편저), 雄山閣, 1995
『스토리텔링과 도서관』(ストーリーテリングと圖書館』(편역), 日本圖書館協會, 1995
『도서관이 목표로 하는 것』(圖書館のめざすもの)(편역), 日本圖書館協會, 1997
『인간의 자립과 도서관』(人の自立と圖書館)(강연집), 久山社, 2004
『공생하는 어린이와 도서관』(共生する子どもと圖書館)(강연집), 久山社, 2005

〈논문〉

"比較圖書館學について,"『圖書館學の硏究方法』, 日外アソシエーツ, 1982
"青柳文庫について,"『圖書館情報大學硏究報告』, 12卷 1號, 1993
"Bunko, Local Activities to Develop Children's Reading Interests in Japan," Writer and Illustrator, 1993
"圖書館の備品·用品,"『大倉山論集』, 第52輯, 2006
"Early Book Paths: From China and Korea to Japan, As a Preface to Library Cooperation," 국제도서관연맹연차대회 동아시아지역학술정보유통분과회(2006, 서울)에서의 기조강연

◘ 역자 소개 ◘

오 동 근 (吳東根)

문학사(영어영문학), 이학사(전자계산학), 경영학사(경영학)
중앙대학교대학원 도서관학과 (도서관학석사)
경북대학교대학원 경영학과 (경영학석사)
중앙대학교대학원 문헌정보학과 (문학박사)
행정자치부 외무고등고시(PSAT) 출제위원 및 시험위원 역임
중앙인사위원회 사서직공무원 승진시험위원 역임
중앙인사위원회 고등고시 출제위원 역임
중등교원 신규임용고시(사서교사) 출제위원 역임
국립중앙도서관 및 국회도서관 사서직 채용시험 출제위원 역임
지방공무원 채용시험(사서직 및 기록관리) 출제위원(전국공통, 서울, 경기, 대전, 울산 등) 역임
교육인적자원부 도서관정책자문위원 역임
한국문헌정보학회 및 한국정보관리학회 이사 역임
국립어린이청소년도서관 자문위원 역임
한국도서관협회 분류위원회 위원장 (현재)
한국도서관 · 정보학회 부회장 겸 학술위원장 (현재)
Journal of Information Science Theory and Practice 공동편집위원장 (현재)
Indian Journal of Library and Information Science 편집위원 (현재)
현재 계명대학교 문헌정보학과 교수

〈주요 저서 및 역서〉

문헌분류이론(공역)(구미무역출판부, 1989)
도서관문화사(공저)(구미무역출판부, 1991)
서지정보의 상호교류(공역)(아세아문화사, 1993)
도서관정보관리편람(공편)(한국도서관협회, 1994)
문헌정보학 연구 입문: 의의와 방법(공역편)(계명대학교출판부, 1995)
정보사회와 공공도서관(역)(한국도서관협회, 1996)
도서관·정보센터경영론(공역)(계명대학교출판부, 1997)
학위논문의 작성과 지도(공역)(계명대학교출판부, 1999)
도서관인 박봉석의 생애와 사상(엮음)(태일사, 2000)
DDC 연구(저)(태일사, 2001)
KDC의 이해(공저)(태일사, 2002)
MARC의 이해(역)(태일사, 2002)
학술정보론(공역)(태일사, 2002)
국제표준서지기술법(단행본용 2002년판)(공역편)(태일사, 2003)
객관식 자료조직론 해설 I : 문헌분류편(편저)(태일사, 2003)
메타데이터의 이해(역) (태일사, 2004)
도서관·정보센터의 고객만족경영(공역)(태일사, 2004)[2005 문화체육관광부 우수학술도서]
객관식 자료조직론 해설 II: 목록조직편(편저)(태일사, 2005)
영미편목규칙 제2판 핸드북(역)(태일사, 2005)
영미편목규칙 제2판 간략판 제4판(역)(태일사, 2006)
DDC 22의 이해(저)(태일사, 2006)
KORMARC의 이해(공저)(태일사, 2006)
문헌정보학연구의 현황과 과제(역)(태일사, 2007)
객관식 자료조직론 해설 III: 목록이론·서지기술편(편저)(태일사, 2008)
객관식 자료조직론 해설 IV: 표목·목록자동화편(편저)(태일사, 2008)
공공도서관경영론(역) (태일사, 2009)
FRBR의 이해(공역)(태일사, 2010)
공공도서관 어린이서비스(공역)(태일사, 2010)[2010 문화체육관광부 우수교양도서]
도서관서비스의 평가와 측정(역)(태일사, 2010)[2011년 문화체육관광부 우수학술도서]
문헌정보학 용어 사전(역)(태일사, 2011)

랑가나단 박사의
『도서관학의 5법칙』에서 배우는
도서관이 나아갈 길

2012년 12월 24일 초판 인쇄
2012년 12월 31일 초판 발행

저 자 _ 타케우치 사토루(竹內悊)
역 자 _ 오동근
펴낸이 _ 김선태
발행처 _ 도서출판 태일사
주 소 _ 700-803 대구광역시 중구 2·28길 26-5(남산동)
전 화 _ 053-255-3602 | 팩스 053-255-4374
등 록 _ 1991년 10월 10일 제6-37호

정가 20,000원

 ISBN 978-89-92866-63-7 93020